Fiorella Turolli

Fra Elia – der Engel mit den Wundmalen Christi

Fiorella Turolli

Fra Elia

*der Engel mit
den Wundmalen Christi*

Ein Leben heute
in der Nachfolge Pater Pios

Bibliografische Informationen der Deutschen Bibliothek
Die Deutsche Bibliothek verzeichnet diese Publikation in der Deutschen National-
bibliografie; detaillierte bibliografische Daten sind im Internet über http://dnb.ddb.de
abrufbar.

Fiorella Turolli
Fra Elia – der Engel mit den Wundmalen Christi
Ein Leben heute in der Nachfolge Pater Pios
1. Auflage 2004
© deutschsprachige Ausgabe
GRASMÜCK VERLAG
63674 Altenstadt

Titel der italienischen Originalausgabe:
UN ANGELO con le stigmate s'e fermata a casa mia
© Fiorella Turolli und EDIZIONI SEGNO, Via F. Fermi 80, Faletto Umberto,
I-33010 Tavagnacco (UD)

Übersetzung: Ingrid Malzahn
Titelbild: EDIZIONI SEGNO
Umschlaggestaltung und Layout: Maria Anna Schmitt
Satz und Litho: XPresentation, Boppard
Druck: FINIDR s.r.o., Czech Republik

Bitte besuchen Sie uns im Internet unter: http://www.grasmueck-verlag.de

ISBN 3-931723-24-0

Inhaltsverzeichnis

VORWORT
ZUR DEUTSCHEN AUSGABE

Gottes Wege sind wunderbar, sagt ein altes Sprichwort. Und wie schon in der Bibel steht, hat ER für jeden Menschen einen Plan. Wie wahr das ist, bezeugen die vielen „Zufälle", die zur Veröffentlichung dieses Buches führten. Als Autorin des Buches „Pater Pio von Pietrelcina – Wunder, Heilungen und von der Kraft des Gebets", erschienen im Grasmück Verlag, hing ich sehr an dem schönen kleinen Büchlein „Meine Gebete" von Pater Pio, das ich während seiner Seligsprechung in Rom geschenk bekommmen hatte.

Im Jahre 2002 musste meine in Österreich lebende Mutter wegen einer tiefen Beinvenenthrombose mehrere Wochen im Krankenhaus verbringen. Als mein Ehemann Klaus und ich sie abholten, war sie in einem so schlechten mentalen und körperlichen Zustand, dass sie nach Aussagen der Ärzte nicht mehr allein in ihrem Haus würde bleiben können. Da meine Mutter aber unbedingt in den eigenen vier Wänden bleiben wollte, stand ich vor einem Problem, vor allem, als Klaus aus beruflichen Gründen wieder zurück nach Deutschland musste. Mein einziger Trost war das kleine Büchlein mit Pater Pios Gebeten, den ich Abend für Abend um Fürsprache für meine Mutter anflehte. Entgegen aller Prognosen erholte sich meine Mutter so weit, dass sie mit Hilfe ambulanter Pflege wieder alleine zurechtkam.

Zurück in Deutschland, vermisste ich mein Pater-Pio-Gebetsbüchlein. Ich durchwühlte gründlichst jede Ecke meines Samsonite-Trollys, meine Handtasche – vergebens. Ich rief meine Mutter an und bat sie, im Gästezimmer zu suchen. Doch das Büchlein war nicht zu finden. Ich war deprimiert. Dann erinnerte ich mich, dass auf dem Buchumschlag EDIZIONI SEGNO stand. Meine italienische Freundin Anna Rollinger-Tonello, die mir später beim Übersetzen dieses Buches hilfreich zur Seite stand, fand im Internet die Adresse des Verlages. Ich schrieb an EDIZIONI SEGNO und schilderte mein Unglück. Bald darauf erhielt ich ein Päckchen, in dem sich nicht nur ein neues Gebetsbüchlein befand, sondern auch einige bei EDIZIONI SEGNO erschienene Pater-Pio-Bücher sowie

7

ein Verlagsprospekt, auf dem ein hellblaues Buch mit einer weißen Taube abgebildet war. Der Titel „UN ANGELO con le stigmate s'e fermata a casa mia" und der Name der Autorin, Fiorella Turolli, stachen mir sofort ins Auge. Ich bedankte mich bei EDIZIONI SEGNO für ihre Großzügigkeit und bestellte das Buch. Ich war von dem Inhalt begeistert und schickte meinen Verlegern Karin und Jürgen Grasmück ein Exposé. Und da das Buch mich auf die in Bergamo lebende Autorin neugierig gemacht hatte, zerbrach ich mir den Kopf, wie ich es anstellen könnte, sie persönlich kennen zu lernen. Ende März fragte mich eine liebe Freundin, Mechthild Löhr, eine erfolgreiche Personalberaterin, ob ich nicht Lust hätte, mit ihr geistliche Exerzitien in Carate Urio am Luganer See zu besuchen. „Wie kommt man dort hin?", erkundigte ich mich. „Ganz einfach. Mit Billigflug, über Bergamo." Ich zuckte zusammen – genau dort wollte ich doch hin! Als ich Klaus davon erzählte, bot er mir an, mich mit dem Auto nach Bergamo zu fahren, da er ohnehin im nahen Lugano geschäftlich zu tun habe. Ich nahm Kontakt mit Frau Turolli auf und wir vereinbarten ein Treffen am 21. Mai 2003 in Bergamo. Als ich meinen Samsonite für die Reise packte, entdeckte ich zu meiner Überraschung das verloren geglaubte Pater-Pio-Gebetsbüchlein in einer Seitentasche, die ich schon x-mal zuvor gründlichst durchsucht hatte. Es steckte darin, als wäre es niemals verschwunden gewesen. So unglaublich das klingt: Der unerwartete Fund war für mich ein Zeichen, dass Fiorella Turollis Buch in Deutschland erscheinen sollte.

Der Besuch in Bergamo war die reinste Freude. Frau Turolli holte uns vom Hotel ab und wir waren uns sofort sympathisch. Bevor sie uns in ihrem Haus zum Mittagessen einlud, führte sie uns noch durch die Città Alta mit ihren herrlichen Barockkirchen und historischen Plätzen, von der man an klaren Tagen über die ganze Stadt hin bis Mailand blicken kann. In ihrem Haus angekommen, bat sie uns, noch kurz auf der Terrasse Platz zu nehmen, bis ihr Ehemann Gualtiero vom Büro käme, da sie noch auf einen Sprung weg müsse. Fünfzehn Minuten später kehrte sie mit Fra Elia am Arm zurück. Vor Freude setzte mein Herzschlag fast aus – nie hätte ich erwartet, bei diesem Besuch dem stigmatisierten Mönch so bald persönlich gegenüber zu stehen! Frau Turolli versicherte uns, selbst erst am Vorabend erfahren zu haben, dass Elia an diesem Tag in Bergamo sein würde.

Vor dem Essen gab Frau Turolli mir die Gelegenheit, mich alleine mit Fra Elia zu unterhalten. Mein Hauptanliegen betraf die Gesundheit meines Verlegers, der kurz vor unserer Abreise ins Krankenhaus eingeliefert worden war. Die Prognose klang gar nicht gut. Seine Frau machte sich begreiflicherweise Sorgen und ich fragte mich, ob der Verlag Frau Turollis Buch unter diesen Umständen überhaupt publizieren könnte. Ich gab Elia, dessen liebenswürdige Art mich sofort für ihn einnahm, einige Fotos von meinem Verleger, die ich auf der Buchmesse in Frankfurt 2001 aufgenommen hatte. Während Elia sich auf die Bilder konzentrierte, wehte mir die ganze Zeit ein feiner Rosenduft in die Nase, ein Phänomen, das Frau Turolli in ihrem Buch ausführlich beschreibt. Nach einer Weile sagte Fra Elia: „Sagen Sie Frau Grasmück, dass sie sich keine Sorgen machen soll. Ihr Mann wird wieder gesund. Und – sie werden das Buch machen!" Beruhigt setzte ich mich neben Fra Elia zu den anderen an den Tisch, wo wir mit italienischen Köstlichkeiten verwöhnt wurden. Auch während des Essens hatte ich den Rosenduft kontinuierlich in der Nase, was mich veranlasste zu sagen: „Fra Elia, ich rieche andauernd den Duft von Rosen – genauso wie ich es im Zusammenhang mit Pater Pio in meinem Buch beschrieb." Der Mönch lächelte mich verlegen an und Frau Turolli, die meine Bemerkung gehört hatte, sagte: „Ingrid, der Duft strömt aus seinen Wundmalen…" Klaus, der am Tisch gegenüber neben Frau Turolli saß, roch nichts. Da ich den Rosenduft jedoch permanent in der Nase hatte, wandte ich mich erneut an meinen Tischnachbarn. „Elia, ich habe in meinem Pater-Pio-Buch über diese Phänomene berichtet. Aber es ist doch etwas ganz anderes, sie selbst zu erleben! Pater Pio sagte, es sei der Duft der Heiligkeit." Fra Elia lächelte demütig, sagte jedoch kein Wort.

Wieder zu Hause rief ich Frau Grasmück an, um mich nach dem Befinden ihres Mannes zu erkundigen. „Du kannst selbst mit ihm sprechen", sagte sie, „seit gestern ist er wieder daheim."

„Wie bitte …?" Mir fiel fast der Hörer aus der Hand. Ich schilderte meine Erlebnisse in Italien. So kam es, dass die beiden sich spontan entschlossen, das Buch in Deutschland zu veröffentlichen. Mit Freude übernahm ich ihre Bitte um Übersetzung, da das Buch verdient, auch in Deutschland zu erscheinen. Ich hoffe, Elias Geschichte bringt viel Licht in die Welt und begeistert die Leser genauso wie mich!

14. Januar 2004

Ingrid Malzahn

TEIL I

ES WAR ZUFALL

2. Oktober 2000

„Ciao." Aus meinem Handy erklingt eine schmeichelnde Stimme, undefinierbar, in dem scherzhaften Ton eines Menschen, der erwartet, erkannt zu werden. Ich höre ein leises Lachen und sofort erkenne ich ihn.

„Elia ciao, wie geht es dir, hattest du eine gute Reise? Warte, damit ich anhalten kann, da ich mich gerade auf der Umgehungsstraße nach Mailand befinde, – okay geschafft – jetzt kannst du sprechen", sage ich – alles in einem Atemzug.

Mein Herz fängt an, wie verrückt zu schlagen. Elia beginnt wieder zu reden, mit einem seligen Ton in der Stimme: „Ciao, Mama Fiorella! Man hat mir einen großartigen Empfang bereitet, ganz wunderbar, du kannst dir gar nicht vorstellen wie! Ein herrlicher Ort."

„Geht es dir gut? Bist du glücklich?"

„Ich bin mit mir im Einklang. Ich habe bereits im Chor gebetet". Und dann, mit gedämpfter Stimme, in einem noch vertraulicheren Ton, fügt er, beinahe selbst verwundert, hinzu: „Du hast keine Ahnung, wie viele Engel sich da in der Kirche befanden, du kannst dir nicht vorstellen, wie viele es waren! ... Da waren ganze Scharen von Engeln, so viele ... und ein gleißendes Licht ... überall um mich herum sah ich ein Schimmern ..." Und flüsternd fügt er hinzu: „Dann habe ich bemerkt, dass ich es war: Das Licht strömte aus mir!"

„Elia, bleib auf dem Boden. Ich freue mich für dich. Du bist also mit deiner Wahl zufrieden?"

11

„Ja."

„Elia, können wir dich anrufen?"

„Ja, du kannst die Nummer ruhig den Leuten geben, die ich kenne, aber ruft nur nachmittags zwischen vier und sechs an. Hoffen wir, dass mich auch wirklich wer anruft, weil ich das Bedürfnis habe, mit euch allen in Verbindung zu bleiben, wenigstens per Draht."

„Und ich, kann ich dich jeden Tag anrufen? Ich möchte dich nicht bei deinen Meditationen stören."

„Machen wir es so: einen Tag ja, den andern nicht ... Und wehe, du rufst nicht an! So, jetzt muss ich aufhören. Ciao Mami!"

Mit einem Schlag bin ich wieder auf der Erde, fahre weiter, erreiche Mailand, wo mich Verpflichtungen bezüglich meiner Arbeit erwarten, die ich jetzt viel leichter erledige, ohne die übliche Anspannung. Seltsam, seit Elia so vehement in mein Leben eindrang, läuft alles viel glatter. Es kommt mir vor, als wäre alles sehr viel leichter geworden.

4. Oktober 2000

Es ist neun Uhr und ich nehme meine Schreibarbeit wieder auf. An diesem Morgen gehe ich nicht ins Büro. Man braucht mich heute nicht. Das Telefon läutet.

„Ciao Mami!"

Dass er mich „Mami" nennt, rührt mich. Er ist ein Erleuchteter. Wenn er vom Göttlichen spricht, dieser Liebe, unter Zuhilfenahme wundervoller Parabeln, wenn er philosophische und theologische Themen anrührt, mit der Präzision eines Kartäusermönchs, und dabei so tut, als würdest du ihn verstehen ... dich verändern ...., so macht er das alles mit einer ruhigen Autorität, die keinen Raum für einen Einwand lässt. Er nimmt eine ernste und imposante Haltung ein, seine Augen leuchten, und während er ein Thema behandelt, wendet er sich jedem Zuhörer mit erstaunlicher Schlagfertigkeit zu. In meiner Gegenwart hingegen verwandelt sich sein Verhalten oft in kindliche Unschuld.

„Ciao Mami", wiederholt er, „wie geht es dir?"

„Gut Elia, ich bin am Schreiben."

„Weißt du, dass durch mein Fenster zwei Turteltauben herein-
geflogen sind, die ich gerade streichle? Da ist auch eine diebische
Elster und ein Rabe, der mich mit dem Schnabel in den Nacken
piekt."

„Es ist wohl der Tag des Hl. Franziskus", erkühne ich mich leicht
verblüfft zu sagen.

Elia tut so, als hätte er mich nicht gehört, und bricht in ein fröhliches Gelächter aus.

„Vorhin klopfte es an die Tür und ein Bruder trat ein. Als er den
Raben erblickte, erschrak er und sagte zu mir: ,Gib Acht, der ist
zum Fürchten und wird dich bestimmt gleich attackieren!' Stell dir
das nur vor!" Er lacht.

„Was machst du heute Morgen?"

„Ich werde mich in den Kräutergarten begeben und dem Bruder
Apotheker helfen."

„Hast du ihm schon erzählt, dass du ein ausgezeichneter Pflanzenheilkundler bist?"

„Ja."

Ich versuche meiner Stimme einen normalen Tonfall zu geben und
fahre fort: „Wenn du etwas über neue Rezepte lernst, bitte gib sie
mir. Aber in Wirklichkeit wirst du es sein, von dem sie etwas lernen
können, so tüchtig, wie du bist!"

Er lacht.

„Ciao Mami."

„Einen schönen Tag, Elia."

Ich halte mich für eine erfahrene Expertin in Sachen Heilpflanzen und habe sogar ein Buch über diese Materie geschrieben. Ich
habe studiert, experimentiert und mich jahrelang damit auseinander
gesetzt. Ich bin gut, weil ich viel gelernt habe. Er ist gut, einfach weil
er „weiß". Er kennt „seine" eigenen Heilmittel für jede Krankheit.
Wenn er eine Pflanze oder ein Gemüse empfiehlt, wie zum Beispiel
einen rohen Champignon im Fall eines Lebertumors, verstehe ich
einfach nicht, aus welchem Grund er das macht. Er handelt völlig
außerhalb meines angelernten Wissens. Er handhabt die Pflanzen
mit außergewöhnlicher Geschicklichkeit. Der Minztee, den er auf
marokkanische Art mit verschiedenen Aufgüssen zubereitet, damit
sich Schaum bildet, hat mehr als einen exzellenten Geschmack. Und
er nennt mich „Mami"! Er ruft mich „Mami", aber warum ausgerechnet mich?

August 2000 – Auf den Spuren von Elia

Gewöhnlich verbringen mein Ehemann und ich die Sommerferien am Meer, in weit entfernten Gegenden, indem wir die meiste Zeit faul unter einer Palme liegen, zwischen ausgedehntem Schwimmen und Lesen. Wegen unseres 15 Jahre alten Hündchens, das im vergangenen Jahr fürchterlich unter unserer Abwesenheit gelitten hatte, entschlossen wir uns, in diesem Jahr in Italien zu bleiben und ein Appartement zu mieten, um unseren kleinen Romeo mit uns nehmen zu können. Wohin also sollten wir fahren, um den Monat August in relativer Ruhe verbringen zu können?

An einem Winterabend, als Gualtiero gerade aus Mailand zurückgekommen war, verkündete er mir, dass er eine herrliche Wohnung in Apulien gefunden hätte. Der Ort liegt am Ionischen Meer und war ihm von seinem Freund David empfohlen worden, der dort schon seit etlichen Jahren mit seiner Familie die Ferien verbringt.

„Wie ist das Meer dort?"

„Ganz wundervoll. Ich habe Fotos gesehen ... Es ist wie in der Karibik."

„Können wir Romeo mitnehmen?"

„Na klar, anderenfalls hätte ich doch den Vorschlag gar nicht in Erwägung gezogen."

„Also gut, fahren wir also nach Apulien!"

Wir überwiesen sofort die Anzahlung und legten den Termin für August fest. Leider starb unser Hündchen am 22.02.2000 (das Datum ist unmöglich zu vergessen), aber wir entschieden uns, trotzdem zu fahren.

Unsere Freunde Liane und David erwarteten uns mit ihrem kleinen Mädchen Maria Vittoria freudig. Am folgenden Tag: Besichtigung des Anwesens und Vorstellung aller Bewohner, inklusive der liebenswürdigen Eigentümer unseres Appartements, Maria und Vittorio. Maria war sehr freundlich, aber zurückhaltend. Ich sah sie frühmorgens vorbeilaufen, rasch ein Bad nehmen, um dann wieder in ihrem Patio zu verschwinden. Sie mochte weder die Sonne noch Menschenansammlungen, und bekanntlich ist das Gedränge um diese Jahreszeit hier sehr groß.

Nach etwa einer Woche, es war ein herrlicher Nachmittag, wollte ich am Strand lesen. Nicht weit von mir saß Maria unter einem Sonnenschirm und lächelte mir zu.

„Guten Tag Maria, wieso denn heute am Strand?"

„Dann und wann bleibe auch ich! Ich habe gehört, dass ihr aus Bergamo kommt ...?"

„Ja, wir wohnen in der Città Alta."

„Kann ich dich etwas fragen?"

„Bitte, frag nur."

„Hast du jemals etwas von einem stigmatisierten Mönch gehört, der in Bergamo lebt?"

„Ich kannte einmal einen Mönch, der die Menschen mit Kräutern heilte, aber er lebt nicht mehr."

„Nein, der, den ich meine, heißt Elia, er stammt von hier und scheint Pater Pio ähnlich zu sein: Er hat die Gabe der Bilokation, kann durch Mauern gehen und es entströmt ihm ein intensiver Rosenduft."

„Noch nie davon gehört!", unterbrach ich sie verblüfft.

„Seit zwei Jahren jage ich ihm hinterher", fährt Maria fort, „aber es gelingt mir einfach nicht, ihn zu treffen. Ich habe ihn ein einziges Mal gesehen, nur ganz kurz. Jetzt weiß ich nicht, wo er sich aufhält. Manchmal kontaktiert er einen meiner Cousins – ein enger Freund von ihm. Gerade gestern erst sagte er mir, dass sein Freund ins Kloster zurückkehren müsse. Aber möglicherweise kommt er vorher noch hierher, um seine Eltern zu besuchen. Also hoffe ich, ihn vielleicht doch noch sehen zu können. Ich weiß nicht, ob er von hier wieder nach Bergamo zurückgeht. Wenn ja, würdest du mich vielleicht einmal zu ihm begleiten?"

„Gerne."

Wie seltsam, dachte ich. Ich wohne mein ganzes Leben lang in Bergamo und habe noch nie etwas von dieser Person gehört. Und ich kenne doch so viele Leute dort!

Die Zeit verging und zwischen mir und Maria entwickelte sich eine große Sympathie, auch weil sie auf einer gewissen Gemeinsamkeit unserer Lebensanschauungen beruhte. Wir unterhielten uns über unsere Kinder, über die Wechselfälle des Lebens, über die Lektüre, die unsere Erziehung beeinflusst hatte, und entdeckten dabei, dass wir uns für dieselben Dinge interessierten und im Grunde unseres Herzens die gleiche Art von Spiritualität kultivierten.

So vergingen ungefähr zwanzig Tage. Das Wetter war stets traumhaft, einige Verwandte kamen uns besuchen und wir machten herrliche Ausflüge mit ihnen, in dieses Land voller Magie und Geschichte. Natürlich haben auch wir wie alle Heiligen in Glorie geendet: rund um einen urigen Tisch in der typischen Trattoria dieser Gegend mit ihrem Nudelgericht auf der Menütafel und „primitivem" Wein ...

An Maria Himmelfahrt organisierten alle Gäste von Maria, einschließlich uns, ein großes Fest mit kulinarischem Wettbewerb und Preisen. Wir stellten alle Tische zusammen, jeder bereitete ein Überraschungsgericht vor und wir verspeisten alles gemeinsam im Schatten eines Eukalyptusbaums und eines Lorbeers.

Dann kam die Preisverleihung.

Und wer gewann die Kochmütze für das beste Gericht?

Ich, mit meinen Ohrnüdelchen auf Ricotta-Salat!

Gewiss, wenn ich daran zurückdenke, hatte ich eine Menge Mut, mich mit einem apulischen Gericht hervorzutun, ich, die ich gar keine Apulierin bin!

Leider verging der Urlaub viel zu schnell. Nur noch eine Woche fehlte bis zum Monatsende. Viele unserer Freunde waren schon abgereist. Eine leise Melancholie, so typisch für das Ende des Sommers, beschlich mich. Ein Glück, dass am nächsten Tag noch einmal ein großes Fest stattfinden sollte. Maria hatte uns nämlich alle zum Geburtstag ihres Ehemanns Vittorio eingeladen, zu dem auch ihre Cousins kommen würden, alle Freunde von Elia.

Mein Schwager, mein Ehemann und ich gingen mit einer Flasche Schaumwein zu Maria, wo es sich bereits eine recht große Truppe rund um den Tisch im Patio gemütlich gemacht hatte, zwischen Kuchen und allerlei anderen Leckereien. Die Hausfrau stellte uns ihren Cousin Giuseppe und seine Frau Pompea vor, zwei nette junge Leute um die dreißig, deren Leben durch diesen Mönch Elia völlig durcheinander gewirbelt worden war.

Das gestand uns Maria und erzählte, dass jedes Mal, wenn sie sich trafen, ihre Begegnung damit endete, dass sie ausschließlich von ihm sprachen, und dass neuerdings auch Pompea, anfangs eine Skeptikerin, nun offenbar ernsthaft an die außergewöhnlichen Phänomene glaubte, denen sie schon des Öfteren beigewohnt hatte.

Auch ich, neugierig wie ich nun einmal bin, mischte mich gleich in die Diskussion ein, indem ich die ganz normalen Fragen stellte:

„Wie alt ist er, wo lebt er, was tut er, dass ihr glaubt, er sei etwas Besonderes", und so weiter …

„Elia ist 38 Jahre alt und genauso wie Pater Pio, ihm praktisch gleich", beginnt Giuseppe mir zu erzählen. „Seit ungefähr zehn Jahren hat er die Stigmata, und während der ganzen Fastenzeit ist es ihm unmöglich, feste Nahrung zu sich zu nehmen. Zu Beginn der Karwoche blutet er am Kopf, aus den Wundmalen an Hand- und Fußgelenken sowie aus seiner Brustwunde – exakt bis 15.00 Uhr am Karsamstag, wo die Phänomene wieder verschwinden, ohne eine Spur zu hinterlassen."

„Unglaublich", unterbrach ich ihn. „Wie kommt es, dass niemand darüber spricht?"

„Er hat immer im Kloster gelebt und wollte nie, dass jemand etwas über diese ‚außergewöhnlichen Vorgänge' erfährt. Selbst seiner Mutter blieben sie verborgen, bis vor einigen Jahren gewisse ‚kirchliche Autoritäten' sie informiert haben. Danach wussten alle hier in der Gegend Bescheid."

„Und wo lebt er jetzt?", hakte ich nach.

„Er hat vor fünf Jahren das Kloster verlassen, in der Hoffnung, dass seine Wundmale dann verschwinden würden. Er lebt und arbeitet jetzt in Bergamo. Ab und zu kommt er hierher zu Besuch, erst vor ein paar Tagen rief er mich an, um mir mitzuteilen, dass er sehr großes Heimweh nach dem Kloster hat und dabei ist, wieder einzutreten."

„Aber was tut er denn so Großartiges, dass man ihn mit Pater Pio vergleicht?"

„Vor allem hat er den gleichen gutmütig-raubeinigen Charakter und präsentiert dir keine Schmeicheleien. Denn er sagt dir alles direkt ins Gesicht, was er in dir sieht und was seiner Meinung nach nicht in Ordnung ist. Er ist ein ungewöhnlich begabter Hellseher."

„Neulich", fährt Pompea fort, „rief er mich an und fragte: ‚War es denn nötig, dass du dich mit Giuseppe im Auto gestritten hast? Hast du dich wieder mit ihm versöhnt?' ‚Wer hat dir das denn verraten?', erkundigte ich mich, wie immer verblüfft. ‚Mach dir keine Gedanken, hast du gestritten – ja oder nein?' Es war wahr. Wir hatten in der Tat eine hitzige Debatte geführt. Und so etwas passiert uns, und auch unseren Freunden, oft. Aber das sind dann die Momente, in denen man sich plötzlich verwandelt, und eigentlich verstehen wir gar nicht, wie das passiert. Oft kommt es vor, dass er mitten in einem Gespräch plötzlich eine strenge Haltung einnimmt, sein humorvoller Gesichtsausdruck wird ernst und seine Augen scheinen sich auf einen fernen

Punkt zu fixieren. Dann beginnt er in einem völlig fremden, Respekt gebietenden Ton zu sprechen … Für mich ist er dann nicht mehr Elia!"

Pompea und Giuseppe warfen sich einen Blick zu und waren sich einig, dass Elia über wundervolle und schwierige Themen sprach, für deren Verständnis er manchmal Parabeln heranzog, die noch nie zuvor jemand gehört hatte, immer in Bezug auf die Größe Gottes, auf seine Liebe, Brüderlichkeit und sein Urteil. Ich hörte zu und war total gefangen genommen.

Die zwei jungen Leute fuhren fort: „Und dabei entströmt ihm ein unbeschreiblicher Wohlgeruch … und man hat ihn auch schon an den verschiedensten Orten gesehen, hunderte von Kilometern voneinander entfernt … und er hat sich sogar schon im Himmel aufgehalten und ist von dort wieder zurückgekehrt."

An diesem Punkt wagte ich zu fragen: „Hat ihn denn noch nie jemand um Gefälligkeiten gebeten, ich meine, um spezielle Gnaden?"

„Nun, es gibt viele Menschen, die ihn aufsuchen. Voriges Jahr zum Beispiel ein Ehepaar, das sich seit zehn Jahren vergeblich ein Kind wünschte. Sie sind zu ihm gegangen. Ich war auch dabei", bemerkte Pompea, „es handelt sich nämlich um Cousins von mir. Elia hat sich mit ihnen unterhalten und zum Schluss lächelnd gesagt: ‚Ihr könnt beruhigt nach Hause gehen; wenn ihr mich im nächsten Jahr besuchen kommt, werdet ihr schon zu dritt sein' … Und genauso war es.

Und dann gibt es da noch die wahre Geschichte eines arbeitslosen Mannes, der schon drei Söhne hatte und dessen Frau ein viertes Kind erwartete. Giovanni hielt sich mit Gelegenheitsarbeiten gerade so über Wasser. Da er schon vier Münder zu füttern hatte, stellte die Geburt eines vierten Kindes ein riesiges Problem für ihn dar. Er ging zu Elia und vertraute ihm alle seine Sorgen an. ‚Wo es drei Söhne gibt, wird es auch für einen vierten noch etwas zu essen geben', erklärte ihm Elia mit einem prüfenden Blick, um dann liebenswürdig hinzuzufügen: ‚Warum gehst du nie in die Kirche? Öffne IHM dein Herz, der um so vieles bedeutungsvoller ist, als ich es bin.' Im weiteren Verlauf der Unterhaltung wurde Elia klar, dass Giovannis eigentliche Sorge die Geburt eines vierten Sohnes war. Darum sagte er, ihn gutmütig aufmunternd: ‚Geh nach Hause, es wird ein Mädchen!' Einige Zeit später entdeckte Elia ihn in der Kirche mit einem strahlenden Gesichtsausdruck. ‚Ciao Giovanni, bist du endlich hierher gekommen …' ‚Elia, sie ist wunderschön!' Und solche Geschichten gibt es viele." Pompea schien sich zu konzentrieren, um noch ein paar andere Episoden aus ihrem Gedächtnis hervorzukramen.

„Habt ihr jemals daran gedacht, mit ihm einen Termin zu vereinbaren?", erkundigte ich mich.

„Nein. Daran haben wir noch nie gedacht, aber ich denke, das wäre machbar."

Giuseppe und Pompea waren mir vom allerersten Moment an sympathisch. Sie waren wirklich ein Paar, das Aufrichtigkeit und Liebenswürdigkeit ausstrahlte. Er ruhiger und schweigsamer, sie sprudelnd und voller Interessen für das Theater, ihr Medizinstudium und hundert andere Dinge. Sie ist ununterbrochen auf Achse, und ihre Zeit zwischen ihrem Heim, Theater, Studium und der Arbeit reicht nie aus.

Pompea fuhr mit ihrer Erzählung fort: „Ostern voriges Jahr war er hier in Apulien, wo er sein Kalvarien daheim in seinem alten Zimmer durchleiden wollte, in vollkommener Einsamkeit. Da lag er in seinem Bett leidend und blutend, auf seinem Rücken sieht man dann Striemen wie von grausamen Peitschenhieben, die rechte Schulter ist verrenkt, auf seiner Stirn sieht man ganz deutlich die Spuren, welche die Spitzen einer Dornenkrone hinterlassen, einer ungefähr fünfzehn Zentimeter hohen Krone, die schräg übers linke Auge gerutscht ist und ihn am linken Ohr reichlich Blut verlieren lässt. Sein Kopfkissen und sein Leintuch sind getränkt mit Blut und an beiden Hand- und Fußgelenken öffnen sich geschwollene, eitrige Wunden, sowie eine tiefe Stichwunde zwischen den Rippen. Seine Augen sind verschleiert. Ab und zu schaut ein Verwandter in sein Zimmer, um ihm ein wenig Wasser einzuflößen. – Nun, genau während eines solchen Martyriums hat Elia mich rufen lassen. Er wusste genau, dass ich trotz allem immer noch skeptisch war ... Ich ging hin und er hat mich liebevoll angeschaut, dann meine Hand genommen und sie in seine offene Brustwunde gelegt. Meine Hand drang so tief ein, dass ich den Knochen spüren konnte."

Pompea schien nicht besonders aufgeregt, als sie sich an diese durchaus traumatisierende Episode erinnerte. Ich machte eine diesbezügliche Bemerkung.

„Wir sind an ihn gewöhnt ... Nichts kann uns mehr überraschen."

Wir hörten alle gespannt zu, wohl wissend, dass es solche Dinge schon immer gegeben hat und immer wieder geben wird.

Für mich war es aber das erste Mal, dass ich so etwas direkt von einem Augenzeugen vernahm, und ein Gefühl der Dankbarkeit breitete sich in mir aus, dass ich die Gelegenheit bekommen hatte, von über jeden Zweifel erhabenen, aufrichtigen Menschen etwas über ihre außergewöhnlichen Erlebnisse erfahren zu dürfen.

„Und was passiert dann am Ostersonntag?", drängte ich sie weiter.

„Er ist wie neugeboren, alles ist verschwunden. Wie durch Zauberei fühlt er sich wieder vollkommen fit."

„Und genauso wiederholen sich diese Geschehnisse seit zehn Jahren!" Jetzt ist es Giuseppe, der erzählt: „Einmal, als Elia noch im Kloster wohnte und nicht wollte, dass jemand in sein Zimmer kam, beschloss der Prior, während Elias ganzer Leidenszeit einen jungen Mitbruder vor Elias Zellentür zu postieren, damit – sollte er Hilfe benötigen – die Mönche einschreiten konnten. Der junge Mitbruder hat sich kein einziges Mal von seinem Platz entfernt, und wenn er einmal kurz weg musste, so wurde er immer sofort durch einen anderen Bruder ersetzt. Die Stunden vergingen, Samstagnachmittag kam – alles war still. Der Prior schaute mit einigen anderen Mönchen vorbei und dachte: ‚Eigentlich müsste es Elia um diese Stunde ja bereits besser gehen!', und so schloss er ganz vorsichtig die Zellentür auf. Und was sah er? Ein blutgetränktes Bett, aber leer! Elia war verschwunden. In der allgemeinen Aufregung fragten sich die Brüder, wie Elia denn herausgekommen sei? Das Fensterchen seiner Zelle war viel zu klein, als dass ein Mensch da hätte durchkriechen können ... Alle machten sich auf die Suche nach ihm, besorgt durch die breiten Korridore rennend. Und wo fanden sie ihn? Im gegenüberliegenden Flügel des Klosters, in ein Handtuch eingewickelt, mit nackten Füßen, mit denen er dann ganz ruhig die Kleiderkammer betrat, um sich neu einzukleiden. Nirgendwo an ihm auch nur eine Spur von Blut, er war wohlauf!"

Später, in meinem Haus in Bergamo, hat derselbe Elia mir einmal, an diese Episode erinnernd, erklärt: „Du kannst dir gar nicht vorstellen, welche Kraft der Herr hat ... Er nahm mich und hat mich auf seine Schulter geladen, wie ein Bündel Reisig, ohne jede Mühe hat er mich fortgetragen, ... mich gewaschen ... Als ich dann auf dem Korridor wieder zu mir kam, spürte ich die Kälte des Pflasters unter meinen Füßen, und dann erblickte ich Bruder Gerolamo, der mich mit weit aufgerissenen Augen anstarrte. Ich hatte Hunger!"

Aber alles der Reihe nach. Kehren wir in das Haus von Maria und zum Geburtstag von Vittorio zurück. Man toastete sich zu, verspeiste den Nachtisch und fuhr fort, sich über Elia zu unterhalten.

Auch mein Ehemann und unsere Verwandten hörten fasziniert zu. An dem Abend herrschte eine warme und heitere Stimmung. Wir alle fühlten uns wohl. Pompea nahm das Gespräch wieder auf.

„Bevor ihr nach Hause zurückfahrt, möchte ich euch noch eine Geschichte erzählen, die wir vor zwei Jahren am Weihnachtsabend zusammen erlebt haben." Pompea richtete ihre Augen nach innen, bemüht, jedes kleine Detail zu visualisieren. „Es war am Heiligen Abend 1998, als sich unsere Freunde, an die fünfzehn etwa, auf dem Bauernhof von Nicola, einem Cousin von Elia, versammelt hatten, um gemeinsam zu Abend zu essen, bevor wir alle um Mitternacht in die Messe gehen wollten. Wir lachten, schwatzten miteinander, machten Witze, wie üblich. Gegen elf Uhr schlug Elia vor, das Haus zu verlassen und zusammen in den Olivengarten zu gehen. Also machten wir uns auf den Weg. Es war stockdunkel und schaurig kalt! ‚Wir sollten wieder ins Haus gehen, bevor wir erfrieren!', bemerkte jemand. ‚Lasst uns die Kerzen anzünden', schlug Elia sanft vor. Da wir niemals seine Vorschläge diskutierten, traten wir zu ihm hin und zündeten die Kerzen an, die Elia in den Olivengarten mitgenommen hatte.

Auf einmal kam ein lauer Wind auf und die Luft erwärmte sich. Wir schauten uns verwundert an und folgten Elia, der uns zu einem Olivenbaum mitten auf dem Feld dirigierte. Noch eine Windbö voll lauer Luft und unsere Kerzen verloschen, während die Flamme von Elias Kerze immer lebendiger und leuchtender wurde und schließlich den ganzen Baum erhellte. Elia reichte seine Kerze jemandem neben ihm. Er streckte seine Hände hoch in die Zweige des Olivenbaums und streichelte die Blätter, die sich aneinander reibend hin und her drehten und wie von einem weißen, phosphoreszierenden Licht durchtränkt waren. Elia legte dann die Hände wie eine Schale unter den leuchtenden Blättern zusammen, aus denen ein duftendes Öl hervorquoll. Dann trat er vor jeden von uns hin, damit wir das Öl in seinen Händen riechen konnten. Gemeinsam sprachen wir ein Gebet, während sich in uns allen ein tiefes Gefühl von Frieden und Glück ausbreitete." Pompeas Erzählung endete hier.

Staunend blieben wir noch ein Weilchen. Doch weil es spät geworden war, verabschiedeten wir uns schließlich mit einer herzlichen Umarmung und dem Versprechen, uns wenigstens noch einmal zu sehen, bevor jeder wieder abreisen musste.

Letztes Wochenende im August 2000

Alle waren mittlerweile abgereist. Nur mein Ehemann, seine Familie und ich waren in Marias Wohnung zurückgeblieben. Ich war gerade dabei, mein Gepäck vorzubereiten, als ich Maria von der Veranda her rufen hörte, auf der Gualtiero seine Zeitung las. Ich ging hinaus und erblickte Maria in Gesellschaft von Pompea.

„Pompea hat gestern Elia gesehen", sprudelte Maria heraus. „Er war auf einen kurzen Besuch hergekommen. Ich hätte ihn zu gerne getroffen, aber leider musste er gleich wieder abreisen. Rate mal, was er gesagt hat?"

„Als er kam, um mich zu begrüßen", fuhr Pompea fort, „habe ich ihm erzählt, dass ich eine Dame aus Bergamo kennen gelernt habe ... Er hat mich noch nicht einmal ausreden lassen, sondern mich mitten im Satz mit der Frage unterbrochen: ,Ist sie klein?' ,Ja.' ,Dann gib dieser Dame aus Bergamo meine Handy-Nummer ... Sieh da ..., das ist sie ...' Mehr hat er nicht gesagt!"

Gualtiero und ich schauten uns verwundert an, ich zog mein Notizbuch aus der Tasche und notierte mir seine Telefonnummer, wobei Maria und Pompea mir noch verwirrter vorkamen, als ich es schon war.

Bergamo, erste Septemberwoche 2000

Wir haben genau zehn Tage Zeit, um uns für die „Sana" vorzubereiten, die Gesundheitsmesse in Bologna, wo wir jedes Jahr unsere Neuheiten vorstellen. Für uns ist das ein Termin von allergrößter Wichtigkeit, besonders in diesem Jahr, mit dem neuen Stand von zwölf mal vier Metern, den neuen Vitrinen und der Lancierung unserer neuen Produkte. Wie immer gingen die Dinge nur langsam voran, und diese Verzögerungen versetzten mich zusammen mit den üblichen Scherereien des täglichen Lebens in Anspannung. Der Urlaub existierte mittlerweile schon wieder nur noch in der Erinnerung. Unsere neuen Prospekte waren noch nicht ausgeliefert worden, die englischen Container würden einige Tage verspätet ankommen, die neuen Ausstellungsstücke würden uns erst im letzten Moment ausgehändigt werden, und die neuen „Test-Rosetten" direkt an die Messe geliefert. Dazu kamen die Preislisten etc. etc. Und natürlich musste ich mich auch mit meinem „Outfit" beschäftigen. Ich hatte keine Ahnung, was ich anziehen sollte. Es war noch warm, aber nach dem 10. September konnte sich das Wetter ändern, also sollte ich auch etwas Dickeres mitnehmen. Während ich mich mit diesen banalen Gedanken beschäftigte, an jenem Samstagnachmittag im September, den ich nie vergessen werde, klingelte das Telefon.

„Ciao Fiorella", antwortete mir Maria in aufgeregtem Ton, „alles in Ordnung?"

„Nicht wirklich ... Wir sind mitten in den Vorbereitungen für die Messe und haben alle Hände voll zu tun!"

Maria schien mich nicht zu hören und fuhr fort: „Pompea hat mich angerufen, um mir mitzuteilen, dass Elia in Bergamo ist. Ich wollte eigentlich hinfahren, um ihn endlich zu treffen, aber ausgerechnet gestern habe ich mir einen Fuß verrenkt und es gelingt mir nicht, damit aufzutreten. Deshalb hat man mir eine Bandage gemacht, die ich einige Wochen tragen muss. Also denke ich, dass ich ihn leider wieder nicht zu Gesicht bekommen werde. Möchtest du vielleicht zu ihm gehen?"

„Danke, Maria", entgegnete ich hastig, „ich kann wirklich nicht, ich stecke hier in einem derartigen Schlamassel, du kannst es dir gar nicht vorstellen ... Außerdem möchte ich nicht ohne dich hingehen. Ruf du Elia an. Erkläre ihm, dass du dir das Bein verletzt hast und ich dabei bin, zur Messe nach Bologna zu fahren. Wenn die Messe vorbei ist und ich wieder mehr Muße habe und dein Bein in Ordnung ist, besuchen wir ihn zusammen unter der Adresse, die ich für dich herausfinden werde."

Nach etwa fünf Minuten rief Maria mit ganz aufgeregter Stimme erneut an: „Entschuldige Fiorella, dass ich dich noch einmal störe, aber Elia hat darauf bestanden, dir zu sagen, dass du ihn sofort anrufen sollst, es sei dringend!"

„Dringend?", wiederholte ich stotternd. „In Ordnung, ich rufe ihn sofort an."

Ich legte auf. Gualtiero, der alles mitgehört hatte, schaute mich an und sagte lachend: „Ruf ihn an!"

Meine Knie zitterten, während ich mich bemühte, in meiner Handtasche mein Notizbuch hervorzukramen, das ich nie fand. Da – ich hatte es – zusammen mit der Telefonnummer.

„Hallo!", sagte eine lebhafte Stimme. „Ich bin Elia."

„Hallo! Ich bin Fiorella aus Bergamo, die Freundin von Maria, ich habe ihre Nachricht bekommen."

„Sind Sie gerade dabei, zur Messe aufzubrechen?", erkundigte er sich fröhlich.

„Nicht exakt. Ich fahre in drei Tagen, aber ich habe noch viel zu tun. Wo bist du?"

„Ich bin hier, in Bergamo, vor der Kirche der Heiligen Anna."

„Da befindest du dich fünf Minuten entfernt von meinem Haus. Ich wohne in der Città Alta. Möchtest du, dass ich sofort komme?"

„Nein, ich komme zu dir. Ist dein Mann auch da?"

„Ja, aber mach dir keine Gedanken, er arbeitet in seinem Studio, wir können uns in Ruhe unterhalten. Wenn du auf mich wartest, komme ich dich holen, ich bin in wenigen Minuten da."

„Okay. Ich trage Sandalen und habe ein rotes T-Shirt an, du wirst mich bestimmt finden."

Gualtiero und ich warfen uns einen ungläubigen Blick zu, und ohne einen weiteren Kommentar rannte ich hinunter zur Garage, ein Opfer turbulenter Gefühle. Ich erinnere mich, dass ich einen auffälligen Ring trug, und ein Armband aus gelbem Kristallglas. Ich war richtig aufgeputzt, weil ich gegen Abend in die Boutique einer Freundin gehen wollte, um mir etwas zum Anziehen auszusuchen. Gut, dachte ich, während mein Herz wie verrückt schlug, dann gehe ich eben am Montag zu ihr.

Als ich die Piazza S. Anna erreichte und noch nicht einmal das Tempo gedrosselt hatte, erspähte ich schon einen braunhaarigen jungen Mann mit einem rundlichen, lachenden Gesicht, zwei großen, dunklen Augen, die mich beobachteten, während ich mich bemühte, schnell die Straße zu überqueren. Ich lächelte ihm zu, öffnete die Wagentür, er stieg ein und ich fuhr eilig wieder los. Er sieht Marcellino sehr ähnlich, dachte ich, während wir uns die Hand gaben und uns anblickten wie zwei alte Freunde, glücklich, sich nach langer Zeit wieder zu sehen.

„Du bist wirklich genau das Gegenteil von dem, was ich erwartet habe", rief ich aus, und dann: „Ich habe nicht früher angerufen, weil ich dich nicht stören wollte. Meine Probleme sind so winzig verglichen mit denen, die du täglich zu hören bekommst, so dass es mir nicht passend erschien ..."

Er unterbrach mich in einem ernsthaften Ton, der keinen Widerspruch duldete: „Sag nie, dass dein Schmerz geringer ist als ein anderer, noch dass du weniger wert bist als jemand anders!"

„In Ordnung Elia, danke ... Schau nur, wie aufgedonnert ich bin", sagte ich und zeigte ihm dabei meine Ringe.

„Das macht doch nichts."

Er nahm mir augenblicklich jegliche Befangenheit und sagte in lebhaftem Tonfall: „Weißt du, dass ich genau wie du ein Pflanzenheilkundler bin, ich kenne viele Rezepte, die ich dir verraten werde."

Wir waren gerade erst wenige Minuten im Wagen und schon verstummte ich, rätselnd, wie er es nur anstellte zu wissen, dass ich eine Expertin für Heilpflanzen war.

„Dein Mann – ist er noch immer ein Rebell?", fuhr er in Gedanken versunken fort.

Um ein Haar hätte ich jemanden überfahren. In der Tat, mein Ehemann war immer ein Querkopf gewesen, aber das war es nicht, worum es mir ging, und dazu wollte ich auch jetzt nichts sagen.

Sanft fügte Elia dann hinzu: „Weißt du, dass er schon sehr viel länger auf mich wartet als du?"

Teil II

DIE GESCHICHTE VON ELIA

Elia ist am 22. Februar 1962 in Apulien unter einem Olivenbaum geboren. Seine Mutter hatte sich „in der Zeit geirrt" und im Übrigen, nach sieben Söhnen, stellte der achte für sie auch kein besonderes Problem mehr dar. Das Kind wurde so veilchenblau geboren, dass sie dachte, es sei tot, aber nachdem es massiert und in einen Jutesack eingewickelt worden war, erholte es sich rasch und alle waren überzeugt, dass sein kräftiges und entschlossenes Wimmern, um es milde auszudrücken, eine Persönlichkeit mit großer Willenskraft vermuten ließ. Elia wuchs heiter auf, wie alle Kinder auf dem Lande, geborgen in der Zuneigung seiner großen Familie, seiner Cousins, Tanten und Großeltern.

Aber als er um die sieben Jahre alt war, begann er jedes Jahr im Frühling über Appetitlosigkeit und Übelkeit zu klagen, konnte sich nicht auf den Beinen halten und magerte vor den Augen aller derart ab, dass er sogar ins Krankenhaus eingeliefert werden musste. Da die Ärzte den Grund für seine Leiden nicht finden konnten, diagnostizierten sie neurovegetative Störungen oder Wachstumsstörungen, nichts Ernstes, auch weil sie sahen, dass Elia sich nach Ostern wieder erholte und es ihm das ganze Jahr über gut ging.

Genau in dieser Zeit sah Elia das erste Mal Engel. Es handelte sich dabei nicht um typische große Engel, so wie sie auf Kirchenbildern gemalt sind, sondern um lachende kleine Kinderköpfe mit zwei Flügelchen an den Seiten. So viele von ihnen waren da in seiner Kammer! Und selig betrachtete er sie, übers ganze Gesicht strahlend ... Nie hatte er Angst vor ihnen, im Gegenteil, er erwartete sie sogar, wobei es ihm jedes Mal vorkam, als sei er Darsteller in einem fantastischen Traum. Eines Tages, in strahlendem Licht, erschien ihm ein wahrhaft großer Engel von der Größe eines Menschen, ganz in ein elfenbeinfarbenes Gewand gekleidet, der mit sanftem Lächeln sagte: „Ich bin Lechitiel, dein Schutzengel, ich werde immer bei dir sein, dich führen und vor allem Bösen beschützen."

Und von dem Tag an war Elia nie mehr allein. Er ging in Gesellschaft seines Engels in die Schule, spielte und wuchs heran. Sein Engel begleitete ihn auch an die schönsten und unbekanntesten Orte, und Elia schaute und bestaunte glücklich all die Wunder, welche sein Engel ihm zeigte.

„Wer ist der Herr von all dem?", erkundigte sich Elia.

„Gott", antwortete ihm der Engel, „Gott hat all das für dich und für alle Menschen, die alle Brüder sind, geschaffen."

Und so lernte Elia Gott lieben und alle Menschen als seine Brüder zu sehen. Obwohl Elia sich wie ein ganz normales Kind benahm, hielten ihn seine Freunde für etwas Besonderes und behandelten ihn mit Respekt und Bewunderung. Für Elia war jeder Augenblick des Tages der richtige, um in das Haus des Herrn einzutreten, und er ging oft dorthin, begleitet von seinem Engel, um ihm all seine Liebe zu erweisen.

Mit zwölf Jahren, exakt vierzig Tage vor Ostern, erkrankte Elia schwer. Bleich und fiebernd lag er in seinem Bett, wobei er noch nicht einmal die Kraft hatte, ein Glas Wasser zu trinken. Es handelte sich dabei weder um eine Infektionskrankheit, noch schien es irgendeine andere bekannte Krankheit zu sein. Er konsultierte verschiedene Ärzte, die es mit verschiedenen Heilmitteln versuchten, aber nichts half ihm. Nach ungefähr einem Monat machte sich in der Familie eine schmerzhafte Resignation breit; man rechnete mit dem Allerschlimmsten und die Mutter und die Tante wechselten sich Tag und Nacht dabei ab, in ihre Kopfkissen zu schluchzen und zu beten. Elia lag in den letzten Zügen, und am Karfreitag schien es, als würde er von einem Augenblick zum andern sein Leben aushauchen. Die Nacht verging und beim freudigen Glockenschlag von Christi Auferstehung öffnete Elia die Augen und sagte: „Ich habe Hunger." Er erhob sich von seinem Bett, ging in die Küche, wo er einen Teller vom Mittagessen übrig gebliebener Auberginen fand, die er buchstäblich verschlang.

Unterdessen vergingen die Jahre und Elia wuchs zu einem lebenslustigen Jungen heran, spielte Gitarre, sang, war glücklich und heiter. Er war gerne mit seinen Freunden zusammen, nahm an ihren Festen teil, sang und tanzte, aber er vergaß nie das Haus des Herrn zu besuchen, auch wenn am Vorabend ein Fest oder eine Nacht in der Diskothek erst spät geendet hatte. Manchmal, wenn es an einem Samstagabend wieder einmal sehr spät geworden war und einige seiner Freunde nicht aufwachten, um in die Messe zu gehen, dann erinnerte er – immer sehr ernsthaft auf diese Dinge bedacht – sie etwas enttäuscht daran, dass der Herr, so großzügig zu den Menschen, nicht die Liebe bekäme, die ER verdiente.

„Ich wurde nicht wach, Elia", rechtfertigte sich eines Tages Rosanna. „Auch dir kann das einmal passieren."

„Das ist wahr, aber ich finde immer die Zeit, IHN zu besuchen! Eine Stunde am Sonntag – was kostet euch das?"

Und so sprach er mit allen, griff ein, wo es nötig war, war für alle verfügbar, immer in einer simplen und großzügigen Art und Weise. Die Gruppe um ihn wuchs, sie festigte sich immer mehr und Elia war glücklich. Eines mochte Elia gar nicht: studieren. Obwohl er hellwach und intelligent war und gut mit Worten umgehen konnte, beteuerte er, dass er, in dem Moment, wo er sich hinter seine Bücher setzte, Kopfschmerzen bekam.

Sein Herzensfreund war sein Vetter Nicola, gleich alt wie er, dem er alles anvertraute. „Gestern habe ich die Madonna gesehen", erzählte er ihm, als wäre es das Natürlichste von der Welt, und Nicola schaute ihn ungläubig an, wohl wissend, dass Elia ihn niemals anlügen würde. Nicola war immer perplex über solche Behauptungen, aber er widersprach ihm nicht und tat so, als wäre nichts. Danach verstand Elia es immer, sich rasch wieder in den sympathischen Spielkameraden zu verwandeln, den alle gern hatten, und er ließ keine Gelegenheit aus, seine Scherze zu treiben.

Hin und wieder begleitete Elia seine Freunde samstagabends in die Diskothek, aber danach schleppte er sie wieder zu geistlichen Exerzitien, und nach und nach lernten auch die Zügellosesten unter ihnen zu beten, seine Parabeln zu verstehen und über den Wert des Lebens nachzudenken. Warum sind wir hier? Woher kommen wir? Wohin gehen wir?

Eines Tages fragte ihn ein sehr kultivierter und gebildeter junger Mann: „Warum sollte der Herr ausgerechnet von dir, der nicht studiert und keine Bildung hat, wollen, dass du zu den Menschen über IHN sprichst?"

Ohne eine Miene zu verziehen antwortete Elia: „Auch ich habe mich darüber gewundert, als ich erfahren habe, dass der Herr an seinem Thron einen Esel einem Gelehrten vorzieht!"

Elia wurde achtzehn Jahre alt und gewann einen Wettbewerb um eine Arbeitsstelle in Norditalien. Es sollte eine Stelle in einer Stadt in der Lombardei sein. Durch Bekannte fand er eine bescheidene Unterkunft an der Peripherie der Stadt, aber sehr weit von seinem Arbeitsplatz entfernt, und darüber hinaus auch ziemlich teuer für seine bescheidenen Möglichkeiten. Zum Glück befand sich seine Wohnung neben einer Kirche, so dass er Gelegenheit hatte, seinen Herrn morgens zu besuchen, bevor er sich zur Arbeit begab, und am Nachmittag, wenn er nach Hause zurückkehrte.

Kurz vor Weihnachten wurde Elia beauftragt, ein Paket in ein nahe gelegenes Kloster zu bringen. Er läutete die Glocke an der großen Pforte, man öffnete ihm, und während er darauf wartete, das Paket dem Adressaten auszuliefern, hörte er unweit von sich ein paar Mönche darüber diskutieren, wie man eine große Weihnachtskrippe aufbauen könne. Keiner von ihnen schien sich für geeignet zu halten, sei es aus Zeitmangel oder wegen ungenügender Geschicklichkeit.

„Ich kann es nicht, ich habe dazu kein Talent, ich habe so etwas noch nie gemacht ..."

Diese Aussagen berührten Elia, und weil der Aufbau einer Krippe schon immer seine Leidenschaft gewesen war, mischte er sich sofort in die Diskussion ein: „Wenn Sie möchten, könnte ich es für Sie tun."

Überrascht wandten sich die drei Mönche diesem Jungen zu, der mit einem Paket unterm Arm direkt vor ihnen stand, und einer von ihnen fragte: „Du weißt, wie man eine Krippe aufbaut?"

„Ja", antwortete Elia, „mit Pappmaché und anderen Naturstoffen, so habe ich es für mich gelernt, und ich kann sie wirklich wunderschön bauen."

„Ist das wahr? Wenn du Zeit dafür hättest, würden wir dir diese Aufgabe übertragen, aber du müsstest das ganz allein machen, weil wir dir wirklich nicht dabei helfen können."

„In Ordnung, ich arbeite hier ganz in der Nähe und nur am Morgen, also hätte ich den ganzen Nachmittag dafür Zeit. Das einzig Unpraktische ist, dass ich am anderen Ende der Stadt wohne."

„Wenn du uns wirklich zeigst, dass du so tüchtig bist, eine Krippe für uns aufzubauen, können wir dich bei uns beherbergen, solange du dazu brauchst, so würdest du keine Zeit mit dem Hin- und Herfahren verlieren. Würde dir das gefallen?"

Elia fand diesen Vorschlag ganz wundervoll, insbesondere weil das Kloster ganz in der Nähe seiner Arbeitsstätte lag und weil diese drei Mönche ihm so herzlich und freundlich erschienen.

„Akzeptiert", erwiderte Elia und am übernächsten Tag fing er mit seiner fantastischen Arbeit an. Jeden Tag werkelte er an seinem felsigen Untergrund und an seinem leuchtenden Sternenhimmel herum. Er baute noch ein Bächlein ein, dessen sprudelndes Wasser die grünen Hänge mit Pflanzen beleben sollte. Seine Pappmachéfiguren sahen aus, als würden sie gleich anfangen zu reden. Und so nahm die Krippe Tag für Tag mehr Formen an und schien sich zu beleben. Und während die Mönche seine tägliche Arbeit kontrollierten, voller Bewunderung für so viel Geschick und Fantasie, hatten sie auch Gelegenheit, den jungen Mann besser kennen zu lernen, der so voller Begeisterung, so gutmütig und bereitwillig war.

Die Arbeit war beendet und alle waren der Meinung, dass noch nie jemand eine so schöne Krippe gesehen hatte. Viele Menschen kamen, um die Krippe zu bewundern, darunter auch Autoritäten der Stadt und Journalisten, die sogar in der Zeitung ein Foto von dieser außergewöhnlichen Krippe veröffentlichten.

Elia war darauf vorbereitet, in seine Wohnung zurückzukehren, als der Prior ihn aufsuchte und ihn fragte: „Wenn du hier bleiben möchtest, könntest du uns ein wenig bei der Hausarbeit zur Hand gehen."

Elia glaubte zu träumen! Was für ein Glück, im Kloster bleiben zu dürfen, in der Nähe so wunderbarer Menschen! Er würde nicht mehr unter der Einsamkeit leiden und sein Stipendium würde für den ganzen Monat ausreichen.

Und so zog Elia zu den Brüdern um. Er verbrachte seine Zeit zwischen seiner Arbeit und den Regeln, welche durch die Gemeinschaft vorgegeben waren. Für ihn war es eine großartige Gelegenheit, der Kirche und der Heiligen Eucharistie nahe zu sein. So vergingen einige Jahre.

Elia war glücklich und es fehlte ihm an nichts: Der Prior behielt ihn im Auge, und da er seine große Liebe für die Kirche und die Heilige Eucharistie bemerkte, fragte er sich, ob Elia nicht vielleicht für das mönchische Leben geeignet wäre. Eines Tages, während sie durch den Garten spazierten und sich freundschaftlich unterhielten, nahm er die Gelegenheit beim Schopf, ihn zu fragen, ob er jemals daran gedacht hätte, als Bruder innerhalb der Gemeinschaft zu bleiben, und nicht nur als Gast.

„Nein, absolut nein", war die knappe Antwort von Elia, und damit endete die Unterhaltung.

Eines Tages wurde Elia von seiner Arbeitsstelle versetzt. Man schickte ihn in eine andere Stadt, an einem lombardischen See gelegen, weit weg von den Brüdern und seiner Familie. Obwohl ihn seine neue Arbeit vollkommen ausfüllte, befiel sein Herz augenblicklich eine große Traurigkeit und eine unstillbare Leere, die von Tag zu Tag immer größer wurde. Er begriff, dass ihm die Gemeinschaft der Brüder fehlte, die Kirche und die Eucharistie, und dass er dem Leben außerhalb der Klostermauern kein Interesse abgewinnen konnte.

Er kündigte, kehrte zu seinem Prior zurück, und im Herzen voller Aufruhr bat er ihn, das Postulat beginnen zu dürfen. Elia wurde in ein anderes Kloster versetzt, wo sich im ersten Jahr seines mönchischen Lebens alles ums Gebet, die Arbeit und das Studium drehte, bevor er selbst und seine Gemeinschaft von der Echtheit seiner Berufung überzeugt sein konnten.

Elia war glücklich, immer von gutem Willen beseelt, und er riss sich förmlich ein Bein aus, um anderen zu helfen, ganz besonders den alten und kranken Patres. Eines Tages bemerkte Elia, dass Bruder Anselmino mehr als gewöhnlich hinkte, und er erkundigte sich, was denn mit ihm los sei.

„Es ist mein übliches Knie, das mir die Ruhe raubt", klagte der Bruder.

„Zeig her."

Der Mönch zeigte ihm sein angeschwollenes, dickes Knie, das ihm schon bei der leisesten Berührung unerträgliche Schmerzen verursachte.

„Das werde ich dir kurieren", sagte Elia schlicht.

Er ging in den Kräutergarten, sammelte ein paar Kräuter und Wurzeln, machte daraus eine Paste und trug sie auf Anselminos schmerzendes Knie auf. Nach wenigen Stunden sah es schon viel besser aus, die Schwellung war zurückgegangen und die Rötung hatte sich abgeschwächt. Der alte Bruder, verblüfft über das phytotherapeutische Können Fra Elias, setzte die Behandlung bis zum völligen Ausheilen der Gelenksentzündung fort. Bruder Anselmino wurde zur großen Verwunderung aller von seinem Leiden geheilt, und von diesem Augenblick an wendeten sich alle mit ihren gesundheitlichen Beschwerden an Fra Elia.

„Elia, was gibst du mir gegen meine Magenschmerzen?"

„Ich habe solche Rückenschmerzen, dass ich nicht aufstehen kann." Elia empfahl dann eine Pflanze oder einfach nur eine Massage und die Kopfschmerzen verschwanden, genauso wie die Rückenschmerzen oder andere Wehwehchen. Und Elia war glücklich, die Leiden seiner Mitbrüder lindern zu können. Das Unglaublichste aber war, dass er den Gesundheitszustand seines Gegenübers schon erkannte, bevor der Betroffene selbst überhaupt irgendwelche Anzeichen einer Krankheit bemerkt hatte.

„Wie geht es dir?" erkundigte er sich.

„Gut", antwortete der Gefragte.

Nach einiger Zeit, gar nicht überzeugt, wiederholte Elia seine Frage.

„Wie geht es dir?"

„Ich habe dir doch schon gesagt, dass es mir gut geht", antwortete der andere.

Schließlich, nach der dritten Frage, erwiderte dieselbe Person ärgerlich: „Wo hast du nur heute deinen Kopf, Elia? Ich habe dir doch schon zwei Mal erklärt, dass es mir bestens geht, frag mich bitte nicht mehr!"

Und dann, nach einigen Stunden, entdeckte der Gefragte, dass er auf einmal Fieber hatte. Und diese Dinge wiederholten sich so oft, dass Elia selbst darüber erstaunt war und vor seinen eigenen Fähigkeiten Angst bekam, so dass er versuchte, nicht daran zu denken, sondern sich mehr der Arbeit mit seinen Händen zu widmen, wozu auch die Pflege der Tiere und die Reinigung des Stalls gehörte.

Es geschah an einem Sonntag. Die Mönche hatten sich für ihre Exerzitien zurückgezogen. Elia, der ganz alleine im Stall war, um die trächtige Kuh zu füttern, bemerkte, dass diese sehr unruhig war und seltsame Laute von sich gab. Elia verlor nicht den Kopf, sondern rief sofort einen Tierarzt an, den er kannte, der aber leider nicht zu erreichen war. Er telefonierte nach einem anderen, aber auch bei dem stellte sich heraus, dass er wegen einer Fußverrenkung das Haus nicht verlassen konnte. Wenigstens hörte er Elia zu. Der Veterinär war sich sofort darüber im Klaren, dass die Kuh dabei war, ihr Kalb zu gebären, und gab Elia nützliche Ratschläge. „Gib ihr Salz zu fressen", schlug er vor.

Elia gab der Kuh also große Mengen an Salz, wofür das Tier ihm außerordentlich dankbar war. Es wurde ruhig und entspannte sich, während er die Ratschläge des Tierarztes befolgte, gleichzeitig betete er auch zum Herrn, damit alles gut ginge. Und es ging alles gut. Ein kleines, schwarz-weiß geflecktes Kälbchen wurde geboren, das Elia sofort zärtlich liebte, und um das er sich von dem Tag an kümmerte, als wäre es sein Schoßhündchen.

Später führte er es zur Weide, ging abends vor dem Schlafen zu ihm, um ihm „Gute Nacht" zu sagen, und er verbrachte seine ganze freie Zeit mit ihm. Das Kälbchen folgte ihm wie ein Hund überall hin und gehorchte seinen Anweisungen: Elia redete mit ihm, und ihm kam es vor, als würde es alles verstehen.

In der Zwischenzeit wuchs der kleine Stier heran, er bekam Hörner, doch immer noch folgte er Elia wie ein junger Hund. Eines schönen Tages im Mai lag Elia ausgestreckt auf der Wiese, um eine Lektion zu wiederholen. Mit seinem Kopf lehnte er am Bauch des kleinen Stiers und erfreute sich der milden Frühlingsluft. Wenig später spielten ein paar Jungen auf der Wiese Ball. Plötzlich reagierte der Stier darauf. Er stellte sich auf die Beine und begann schnell wie der Blitz hinter dieser wunderbaren bunten Kugel her zu rennen. Auch er wollte spielen. Elia versuchte ihn einzuholen, doch der kleine Stier war schon dort, mitten auf dem Feld, und spießte den Ball auf seine Hörner.

Nachdem die Jungen geflüchtet waren, beschäftigte sich der kleine Stier noch ein Weilchen mit diesem nunmehr aus der Form geratenen Ding, glücklich, es nach Lust und Laune zerfetzen zu können, bis er plötzlich Elia vor sich stehen sah, der ihn streng anschaute. Der kleine Stier hörte mit einem Schlag auf zu spielen, wohl wissend, dass er sich schlecht benommen hatte, senkte zur Reue den Kopf, und, ohne dass Elia etwas zu ihm sagen musste, trottete er langsam an seiner Seite in Richtung Kloster, als wollte er sagen: „Gehen wir nach Hause, entschuldige bitte, ich mache das nicht wieder."

Natürlich ließ der Prior, der über das Vorgefallene sofort unterrichtet worden war, Elia zu sich rufen, um sich auch dessen Version anzuhören, und entschied dann, dass der Stier nunmehr das Alter erreicht hätte, ins Schlachthaus gebracht zu werden. Elia schlug das Herz bis zum Hals. Groß war der Schmerz über den drohenden Verlust seines Freundes, so dass er den Prior inständig bat, das Tier am Leben zu lassen. Gleichzeitig versprach er ihm, in Zukunft besser auf den Stier aufzupassen.

„Aber wir ziehen die Tiere zum Schlachten auf", erinnerte ihn der Prior.

„Ich weiß, aber dieses hier ist anders, intelligent. Sie werden sehen, es wird Ihnen ein schönes Einkommen einbringen, wenn sie es am Leben lassen", beschwor Elia ihn.

Und er flehte so lange, bis der Prior sich erweichen ließ, die Arme hob und zu ihm sagte: „Verschwinde, du und dein kleiner Stier, bevor ich meine Meinung ändere!"

Elia lief glücklich davon und fuhr fort, sich zwischen Studium und Arbeit um seinen Bullen zu kümmern, der mit der Zeit so schön und so fett wurde, dass er von den Züchtern als Zuchtstier angefordert wurde. Und so trug er dazu bei, dass in die Kassen des Klosters sehr viel mehr Geld floss, als geflossen wäre, wenn er im Schlachthaus geendet hätte.

* * *

Im Unterschied zu den Novizen hatten Postulanten oder Seminaristen die Erlaubnis, zu telefonieren und an Festtagen Besuch zu empfangen. Leider wohnten Elias Eltern in Apulien und hatten wegen der Entfernung kaum die Möglichkeit, ihren Sohn zu besuchen. Und wenn die anderen Besuch hatten, verbrachte Elia diese freie Zeit mit sehr viel Freude in der Kirche.

Eines Sonntags erhielt Danilo, ein junger Seminarist von kaum vierzehn Jahren, von seiner Mutter Anna Besuch, einer prächtigen Seele, großzügig und herzlich. Während Anna mit ihrem Sohn sprach, machte sie in der Absicht, einen Gegenstand vom Boden aufzuheben, der aus ihrer Handtasche gefallen war, eine falsche Bewegung, wobei ihre Wirbelsäule blockierte, begleitet von einem stechenden Schmerz. Ihr war sofort klar, dass es sich um einen so genannten Hexenschuss handelte, und ihr erster Gedanke galt der Sorge, wie sie es schaffen sollte, mit ihrem Auto wieder nach Hause zu fahren. Danilo tat sein Bestes, ihr wieder auf die Beine zu helfen, aber bei jeder Bewegung klagte Anna über schmerzende Stiche, die ihr den Atem nahmen. Schließlich brachte jemand einen Stuhl, und ganz vorsichtig gelang es Anna, sich darauf niederzulassen. Wie alle anderen im Kloster kannte auch Danilo die außergewöhnlichen Fähigkeiten des so freundlichen und hilfsbereiten Elia. Er lief gleich in die Kirche, um ihn zu suchen, und fand ihn. Elia ließ sich nicht lange bitten und war im nächsten Moment an Annas Seite. Sofort sah er ihre Seele und erkannte sie als eine, die ihm vom Schicksal zu begegnen bestimmt war.

Von diesem Augenblick an wurde sie ein fester Bezugspunkt in seinem Leben, genauso wie Danilo, seine Brüder, sein Vater und seine Großmutter. Anna erging es genauso. Sie fühlte sofort eine Welle mütterlicher Liebe für diesen Jungen in sich emporsteigen, der sie bestimmt in Zukunft noch brauchen würde, und von diesem Augenblick an wurde Elia für sie zum zweiten Sohn.

Niemand sagte etwas. Elia führte Anna mit Hilfe Danilos in seine Zelle und gab ihr eine leichte Massage. Das von seinen Händen ausstrahlende Licht ermöglichte es Anna, wieder auf die Beine zu kommen, zu laufen und schließlich mit ihrem Wagen heimzufahren. Von da an wurden Anna, ihr Ehemann Battista, ihre Söhne Danilo, Mario und Carlo und die Großmutter Elsa Elias zweite Familie, ganz spontan und so natürlich, als wäre alles schon so festgeschrieben worden.

Er war bereits Novize, als Elia eines Tages mit einem heftigen Schmerz in der rechten Schulter erwachte. Er machte kein Aufheben davon, da er dachte, es handle sich um eine vorübergehende Pein. Er arbeitete weiter, ohne sich zu schonen, auch weil es immer eine Menge zu tun gab: Neben dem Studium und dem Gebet war die Kirche peinlich sauber zu halten, schwere Teppiche mussten aus- und eingerollt, Kandelaber geputzt und angezündet, kleine und große Statuen abgestaubt werden; die Bibliothek war in Ordnung zu halten, nicht zu reden von seinem Turnus in der Küche, in der Wäscherei, der Arbeit in der Bügelstube und im Stall. Elia war der Flinkste von allen und darüber hinaus der Willigste, und er war glücklich dabei, weil er all die Arbeit mit Liebe verrichtete.

Sein Schmerz an der Schulter ging nicht weg, das Schulterblatt schien verrenkt, welches ihm akute Stiche versetzte, besonders wenn er sich die schweren Tische auf die Schultern lud, die er mit unglaublicher Kraft transportierte. In seinen Gebeten sagte er zum Herrn: „Du hast mich zum Leiden bestimmt, und so will ich auch leiden genauso wie du, ohne mich zu beklagen ... Ich mache das Arbeitstier, um mich dir näher zu fühlen ..." Und so fuhr er fort, hart zu arbeiten, ohne sich bei jemandem zu beklagen und ohne sich vor der schwersten Arbeit zu drücken. Hin und wieder verzog er schmerzlich sein Gesicht, so dass man ihn fragte: „Was hast du, Elia?"

„Nichts."

„Vielleicht bist du erschöpft ...?"

Und Elia lächelte, die Schmerzen verbergend, die ihm das Gefühl gaben, in Gottes Gesellschaft zu sein. Kurioserweise nahm der Schmerz im betroffenen Arm Tag für Tag zu. Dennoch hatte er für alle ein offenes Ohr und half, weil er in allen Menschen seinen Gott erkannte.

Eines Tages bemühte sich sein Prior, ein Mann um die 1,85, einen riesigen Heizkörper zu versetzen, ohne Erfolg. Elia, der nur

1,65 groß war, sah ihn, packte ihn und in einem einzigen Augenblick schaffte er es, das schwere Teil zu verrücken, ungeachtet seiner grässlichen Schmerzen, die ihn ganz verrückt machten.

„Was für eine Kraft du nur hast!", wunderte sich der Prior. „Du bist wirklich ein kleiner großer Ausbund an Tüchtigkeit."

Aber Elia wollte immer noch mehr machen. Und so fragte er Gott: „Was kann ich für dich tun?" Er betete und betete, ohne zu ermüden, und er bat und bat, bis er nicht mehr wusste, was er erbitten sollte ... „Gib mir ein Zeichen", flehte er Gott an. Da erschien sein Engel und nahm ihn mit in eine solche Welt voller Wunder, dass Elia dachte: Das kann unmöglich ich sein, das kann ich nicht sein, dem erlaubt sein soll, all das zu sehen. Aber sein Engel beruhigte ihn, indem er ihm sagte: „Gott ist es, der durch dich arbeiten möchte!"

Alles begann an jenem späten Nachmittag im Herbst, als Elia sich ganz allein in der Kirche befand, um einen großen Teppich auszurollen. Er war sehr müde, weil er neben all den anderen Arbeiten auch noch die Aufgabe hatte, sich um einen alten, kranken Pater zu kümmern. Er war bis spät nachts auf und früh am Morgen war er der erste, der seine Zelle betrat, um ihn zu waschen und seine Kammer in Ordnung zu bringen. Elia war etwa 28 Jahre alt und, wie alle jungen Leute hier, litt er unter dem Mangel an Schlaf. Doch er bot spontan jedem seine Hilfe an, der sie benötigte, indem er seine kostbaren Ruhestunden opferte.

An diesem Tag fielen ihm die Augen zu und er fühlte sich ganz besonders einsam und deprimiert. Er dachte: Ich bin jung, gesund, arbeite den ganzen Tag, gehorche den Regeln, mache alles, was ich nur machen kann, und dennoch, der Herr sieht mich gar nicht ... Die anderen jungen Männer draußen amüsieren sich, und ich, was kann ich noch mehr tun?

Unversehens blickte er hoch zum Altar und sah, dass der Tabernakel strahlte und vibrierte, als ob er aus Licht sei, und zwar so, dass er den Impuls verspürte, hinzulaufen. Er öffnete ihn und flehte: „Komm ein wenig heraus, DU ... Sag mir, was ich tun soll, schau, wie müde ich bin, ich schaffe es einfach nicht mehr!"

Und ER kam heraus, nahm Elia in seine Arme und tröstete ihn so lange, bis Elia in einen tiefen Schlaf fiel. Und während er schlief, streute ein Chor von Engeln duftende Rosenblätter über ihn.

„Wie lange schläfst du eigentlich, Elia?"

Er erwachte vom Klang der Stimme des Küchenbruders, der rief: „Elia, das Frühstück!"

„Das Frühstück?", wiederholte Elia.

Hastig erhob er sich, wusch sich schnell und eilte in die Küche. Er bemerkte, dass die große Uhr im Korridor acht Uhr schlug.

„Mamma mia, schon so spät! Wie soll ich nur den Tisch decken, das Brot toasten, die Milch heiß machen, mit einer Stunde Verspätung?"

Er war beunruhigt. Aber zu seiner großen Überraschung entdeckte er, dass im Refektorium schon alles vorbereitet worden war. Der Tisch war nach allen Regeln der Kunst gedeckt, die Milch in sämtlichen Tassen dampfte, das Brot war warm und kross. Alles genauso wie immer. Elia stieß einen Seufzer der Erleichterung aus und eilte zum Küchenbruder, um ihm wärmstens zu danken.

„Dank wofür? Weil ich dich gerufen habe?"

„Hast du denn nicht das Frühstück vorbereitet?"

„Was denkst du, als ob ich die Zeit hätte, dir zu helfen ... Weißt du denn nicht, dass ich schon zum Markt war?"

Verwundert wandte Elia sich nun an seinen Banknachbar, seinen Mitbruder Ottavio, mit dem er sich ganz besonders verbunden fühlte, um ihm zu danken.

„Meinst du, ich würde eine Stunde früher aufstehen, ohne es dich wissen zu lassen?"

„Dann muss es der Pater Spiritual gewesen sein."

Und Elia machte sich auf den Weg zu seinem Pater Spiritual und bedankte sich bei ihm. Aber auch er hatte das Frühstück nicht vorbereitet. Elia begann den Tag mit seiner Arbeit, die erst spät endete, und als er abends wieder seine Zelle betrat, nahm er dort einen intensiven Rosenduft wahr. Elia riss das kleine Fenster auf und legte sich schlafen. Viel zu schnell graute wieder der Morgen und die Klosterglocke schlug die Stunde zur Heiligen Messe.

Elia, immer noch verschlafen, eilte in den Chor zu seinem gewohnten Platz, neben seinem Kameraden Ottavio, und während er sein Brevier öffnete, fielen ihm die Augen schon wieder zu und er sank in einen tiefen Schlaf. Während sein physischer Körper schlief, umhüllte sein Engel Lechitiel seinen „feinstofflichen Körper" mit weißem Licht und nahm ihn schnell wie der Blitz mit über Bergfelsen, Gletscher, Sterne, in einer Welle sich ausbreitender Liebe, die sie völlig umschloss. Elia fühlte einen Teppich aus Moos unter seinen Füßen und bemerkte, dass er auf einem Berggipfel angekommen war.

Lechitiel befand sich neben ihm und lächelte ihm zu, während er ihm das herrliche Tal zeigte, das sich vor ihren Augen öffnete, eingerahmt von schneebedeckten Gipfeln. Unweit von ihnen sprudelte ein gewundenes Bächlein zwischen rötlichem Kieselgestein, ringsum wuchsen fantastische Blumen in intensivem Blau, die in der lauen Brise sanft hin und her wogten. Elia verspürte den Wunsch, ein paar Blumen zu pflücken, um sie seiner Mutter mitzubringen, aber auf einmal erschien aus dem Nichts ein Wesen, bekleidet mit einer goldenen Tunika. Es stellte sich neben ihn und sagte in strengem Ton: „Du darfst hier nichts anrühren! Du darfst auch nicht hier bleiben. Du gehörst nicht an diesen Platz. Du musst dorthin zurückkehren, woher du gekommen bist."

Elia, enttäuscht, versuchte zu protestieren, aber sein Engel Lechitiel nahm ihn bei der Hand, führte ihn zu einem Tunnel aus Licht und das wunderschöne Tal verschwand in einem feinen Nebel. Von einer mysteriösen Kraft gezogen, durchquerte er den Tunnel rückwärts, eingehüllt von goldenen und silbernen Strahlen, bis Elia auf einmal einen Stoß verspürte, den ihm Bruder Ottavio kräftig in die Seite gab, während er ihm zuflüsterte: „Elia, das Frühstück ..."

Elia kehrte auf die Erde zurück, blickte auf die Uhr und ihm wurde klar, dass er schon wieder zu spät dran war. Rasch erhob er sich, und innerlich betend, die Verspätung irgendwie wiedergutmachen zu können, rannte er mit angehaltenem Atem zum Refektorium. Wie schon am Tag zuvor war der Tisch perfekt in Ordnung, die Milch dampfte, und das Brot war herrlich getoastet. Elia bemerkte, dass alle Brüder schon auf ihrem Platz saßen, und so ging er zu jedem von ihnen hin, um sich zu bedanken. Doch keiner hatte die Arbeit für ihn getan.

Die Schlafkrankheit traf Elia die ganze Woche über hart, doch während er schlief, arbeitete irgendjemand für ihn. Alle Brüder hatten jeden Morgen ihr warmes und reichliches Frühstück fertig auf dem Tisch. Elia gab sich nicht geschlagen. Er ging zu seinem Pater Spiritual und berichtete ihm, was geschehen war, in der Hoffnung, so den Urheber dieser freundlichen Geste finden zu können. Sein Pater Spiritual blickte hoch in den Himmel, breitete die Arme aus und bemerkte weise: „Sag einfach danke, das genügt."

Und Elia sagte „Danke".

Als der Herbst mit seinen ersten Regenfällen herannahte, nahm man seltsamerweise im Kloster immer öfter einen intensiven Rosenduft wahr. Es ist nicht die Jahreszeit für Rosen, dachte der Prior.

Wahrscheinlich benutzen die Novizen zu viel Deodorant. Er benachrichtigte den Vorgesetzten der Novizen, der ihn wissen ließ, dass auch er den Duft bemerkt hätte, aber mutmaßte, dass es sich weniger um Deodorant handele, sondern um echtes Parfum, das seiner Meinung nach von Elia benutzt würde. Der Prior war verwundert, dass ausgerechnet dieser kleine Mitbruder, ganz Kirche und Arbeit, ein Parfum benutzen sollte, und dann ausgerechnet Rosenparfum! Deshalb näherte er sich ihm unter irgendeinem Vorwand und stellte in der Tat fest, dass Elia einen wunderbaren Duft verströmte.

„Womit wäschst du dich?", erkundigte sich der Prior bei ihm.

„Mit der Seife von Marsiglia", war seine Antwort.

Und schon machte Elia sich wieder an seine Arbeit. Am Abend, als er wieder in seine Zelle trat, bemerkte er, dass einige seiner Bücher verstellt waren, die Schreibfeder lag auf dem Boden, der Wandschrank stand halb offen. Sofort schloss er daraus, dass jemand in seinem Zimmer gewesen und seine Sachen durchwühlt haben musste.

„Warum nur?", fragte er sich, während er eilig zum verantwortlichen Mitbruder rannte. „Warum hast du mein Zimmer betreten und darin rumgestöbert?", erkundigte er sich.

„Ich war es nicht. Frag den Prior", antwortete er ihm.

Am nächsten Tag betrat er, immer noch ziemlich erregt, ohne anzuklopfen das Studio des Priors und bestürmte ihn mit der Frage: „Wieso hast du dir erlaubt, meine Zelle zu durchsuchen, ohne mich vorher zu fragen?"

„Beruhig dich – ruhig, lieber Elia. Die Fragen stelle hier ich. Bei uns benutzen die Brüder nämlich kein Parfum."

Es folgte eine hitzige Debatte ohne Resultat, da Elia zugab, dass auch er den Rosenduft in seiner Zelle gerochen hatte, es aber unmöglich sei, dass der Duft durch sein Fensterchen käme, da dieses sich ja zum Stall hin öffne. Vielleicht hatte jemand zu viel Deodorant versprüht, vielleicht um den üblen Geruch zu verscheuchen. Und so blieb also das Geheimnis des Rosendufts ungelöst.

Kurze Zeit darauf hockte Elia wie jeden Morgen auf seiner Bank und grübelte über ein Problem nach. Er starrte auf sein Heft, den Kopf zwischen den Händen, vor der Stirn mit seinem Kugelschreiber herumspielend, in der Hoffnung, dass ihm auf wundersame Weise eine Lösung käme. Plötzlich sah er, wie auf sein Heft große Tropfen Blut fielen. Sofort wurde ihm klar, dass das Blut von seiner Stirn kam. Verflixt, wie hatte er es bloß angestellt, sich mit dem Kugelschreiber zu verletzen?

Der Lehrmeister bemerkte es, genauso wie die Mitbrüder, und sie bemühten sich, so gut sie konnten, etwas zu stillen, was wie eine starke Blutung aussah. Als ihnen das nicht gelang, entschloss man sich, ihn ins Krankenhaus zu bringen. Der Arzt säuberte ihn, untersuchte ihn und stellte fest, dass da keine Spur einer Wunde zu finden war. Er schlug vor, ihn für ein paar Tage zur Beobachtung im Krankenhaus zu behalten, doch auf Elias Proteste hin willigte er ein, ihn mit seinem Lehrer wieder ins Kloster zurückkehren zu lassen. Elia machte von der Episode nicht viel Aufhebens, auch weil er sich schon von Kindheit an an seine seltsamen Krankheiten gewöhnt hatte, die regelmäßig von selbst wieder verschwanden. Seinem Lehrer jedoch, der besorgt und von tausend Zweifeln geplagt war, entschlüpften die Worte: „Hoffen wir, dass es nicht das ist, was ich denke …"

„Und woran denkst du?", fragte Elia alarmiert.

„An nichts."

Inzwischen nahm Elia sein übliches Leben als Novize wieder auf, ohne jedoch die sonderbare Bemerkung seines Lehrmeisters zu vergessen. Es wird doch nicht der Beginn einer unheilbaren Krankheit sein, fragte er sich. Das beschäftigte ihn so, dass er sich nach drei Tagen entschloss, seinen Lehrer aufzusuchen, damit er ihn bezüglich seines Falles vollkommen aufkläre.

„Ist es möglich, dass du es nicht kapierst, Elia?"

„Was sollte ich kapieren?"

„Dieses Ereignis könnte das Vorspiel zu einer Stigmatisierung sein!"

Elia hatte noch nie etwas so Lächerliches gehört, und nachdem seine Verwunderung darüber, etwas derart Abstruses vernommen zu haben, abgeflaut war, entfuhr ihm ein Seufzer der Erleichterung, und damit war für ihn das Thema beendet.

Weihnachten ging vorüber und schon kam die Fastenzeit, als Elia anfing, sich nicht wohl zu fühlen. Wir sind wieder beim Üblichen, dachte er, es ist ja wieder einmal Frühling. Hoffen wir, dass diese merkwürdige Krankheit nicht zu lange dauert. Stattdessen aber manifestierte sich sein Leiden in der akuten Phase ganz plötzlich: heftige Schmerzen am Kopf, Knochenschmerzen, speziell an den Hand- und Fußgelenken, und zwar waren die Schmerzen diesmal so stark, dass er sich kaum auf den Beinen halten konnte. Darüber hinaus bildeten sich zwei dunkle Flecken am Ansatz der Pulsadern und Elia hatte Angst, dass sich sein Leiden diesmal verschlimmerte. Einem Impuls folgend rief er Mamma Anna an.

„Mir geht es sehr schlecht, bitte komm und schau dir an, was mit mir passiert ist!"

„Jag mir keine Angst ein ... Erklär dich besser ..."

„Das kann ich nicht, komm, ich bitte dich ..."

Elia war Novize und durfte keinen Besuch empfangen, aber Anna, die intuitiv den Ernst der Angelegenheit erfasste, bat den Prior um die Erlaubnis. Sie wurde vom Lehrmeister empfangen. Er begleitete sie zu Elia, der ganz aufgeregt vor der Kapelle auf sie wartete.

„Schau, Mamma Anna", und er zeigte ihr die dunklen Flecken. Er lüftete auch die Kutte, um ihr eine stark gerötete Stelle auf seiner Brust zu zeigen. „Ich weiß nicht, was mit mir geschieht, ich spüre überall ein schreckliches Brennen. Ich glaube, das Feuer des Heiligen Antonius ist über mich gekommen, was meinst du?"

Anna betrachtete ihn stumm, und während ein ungeheurer Verdacht in ihr aufstieg, versuchte sie ihn mit den Worten zu beruhigen: „Es könnte auch etwas sein, das man, was immer es sein mag, jetzt noch nicht ganz verstehen kann. Geh ins Bett und ruf morgen früh den Bruder Krankenpfleger an. Jedenfalls handelt es sich nicht um eine schwere Krankheit, wenn auch um eine sehr schmerzhafte ..."

Beruhigt ging Elia in seine Zelle und Anna eilte nach Hause, eingetaucht in ein Gewirr sich widersprechender Gedanken, denen sie nicht so recht Gehör schenken wollte.

Einige Tage vergingen und Elia meldete sich nicht, obwohl es ihm in der Tat nicht besser ging. Die Flecken an den Pulsadern hatten sich vergrößert und brannten wie Feuer, genauso wie sein Brustkorb, der sich anfühlte, als wäre er von einer Ahle durchbohrt worden. Elia jedoch fuhr fort zu beten, zu arbeiten und zu studieren, ohne zu jammern und ohne jemandem ein Wort zu sagen. Es gelang ihm noch nicht einmal, auch nur einen Bissen herunterzuschlucken. Tagsüber erklärte er, dass er lieber draußen essen wolle, und abends versteckte er das Essen in einer kleinen Tüte, die er dann regelmäßig wegwarf. Er magerte vor den Augen aller ab, und nun machte sich auch sein Lehrer Sorgen um ihn.

„Bist du erschöpft, Elia?"

„Nein, es ist nichts."

Eines Abends, als er in seine Zelle zurückkehrte und dieses unerträgliche Brennen exakt in der Herzgegend nicht länger aushalten konnte, wollte er den Zustand der Haut kontrollieren. Dabei bemerkte er, dass sich da eine tiefe Wunde geöffnet hatte. Sein Schreck war so groß, dass er nun nicht mehr glaubte, vom Feuer des Heiligen

Antonius befallen worden zu sein, sondern von einer viel schweren Krankheit. Da es schon spät war, holte er niemanden, sondern betete einfach. Aber in dieser Nacht schien der Herr gegenüber seinen Hilferufen stumm zu bleiben.

Am folgenden Morgen rief er Mamma Anna an, die sofort zu ihm eilte. Verwirrt untersuchte sie den tiefen, offenen Schnitt mit zerrissenen Wundrändern und stellte bestürzt fest, dass sich auch die Flecken an seinen Handgelenken in blutende Wunden verwandelt hatten. Bemüht, ihre heftigen Emotionen im Zaum zu halten, ging sie sogleich den Bruder Krankenpfleger holen, welcher, nachdem er die Läsionen am Brustkorb und an den Handgelenken inspiziert hatte, mit Mamma Anna einen viel sagenden Blick tauschte, der Elia begreiflicherweise beunruhigte.

„Sagt mir, was ich habe! ... Ihr wollt es mir nicht sagen ...“

Als Antwort hob der Bruder Krankenpfleger Elias Kutte hoch, kniete sich vor ihn nieder und schaute sich seine Füße an. Auch an den Fußsohlen hatten sich rundliche und blutende Läsionen gebildet, mit klaren Umrissen.

„Mein Gott!“, rief Elia aus. „Sagt mir, was ich habe, damit ich weiß, ob es etwas Schlimmes ist.“

Der Bruder Krankenpfleger sagte ganz einfach zu ihm: „Es scheinen Stigmata zu sein, Elia.“

Und Elia, verängstigt, konfus, verstört wegen einer so ungeheuerlichen Sache, in die er da vielleicht hineingeraten sein sollte, wollte es nicht glauben.

„Unmöglich, Stigmata, nein, warum? ... Nein, nein, nein, das ist ganz unmöglich! Es ist alles meine Schuld ... Ich habe den Herrn um ein Zeichen gebeten!“

Mamma Anna und der Bruder Krankenpfleger versuchten ihn zu beruhigen, während sie ihn in seine Zelle begleiteten. Elia begann zu rebellieren. Nein, so etwas konnte der Herr mit ihm doch nicht machen! Er war in der Blüte seines Lebens, ein junger Mann von 28 Jahren ... So was wollte er wirklich nicht haben ..., und dann, wer konnte ihm denn zusichern, dass es sich um echte Stigmata handelte?

„Du hast Recht, Elia, wir werden sehen ... Nun beruhige dich doch, in der Zwischenzeit könntest du dich ja mit dem Prior beraten.“

„Nein, ich bitte euch, sagt es niemandem, ich möchte zuerst mit meinem Pater Spiritual darüber reden!“

Mamma Anna und der Mitbruder versprachen, niemandem etwas zu verraten, sondern zu warten, bis Elia mit einem Pater gesprochen hätte, den er selbst aussuchen würde. Pater Emilio war um die Vierzig und aus einem Guss, wie man so schön zu sagen pflegt. Den Novizen gegenüber zeigte er sich ziemlich streng, aber er flößte ihnen Respekt und Bewunderung ein. Mit ihm zu diskutieren, fiel Elia sehr schwer, daher vermied er es, lange um den Brei herumzureden, sondern fragte ihn geradeheraus: „Was hältst du von Visionen?"

„Absolut nichts. Ich bin diesen Dingen gegenüber total skeptisch. Warum fragst du mich?"

„War nur so eine Frage", blockte Elia ab und schlich sich eilig von dannen.

Verzweifelt wandte er sich an Mamma Anna und den Bruder Krankenpfleger, die ihn aufgeregt erwarteten.

„Elia, diese Dinge passieren halt …, bete und warte erst einmal ab … Wir werden sehen, was kommt; wenn du dein Leben wie bisher weiterführen willst, dann verhalte dich ruhig, bis der Herr dir deinen Weg zeigt. Zieh dich jetzt in deine Zelle zurück und ich werde allen sagen, dass du krank bist."

Auch Mamma Anna stimmte zu. Und so begab sich Elia, mit einem Kopf, der fast zu explodieren schien, und Wunden, die wie Feuer brannten, mit Mühe in sein Bett, in dem er fiebernd und blutend unter fürchterlichsten Schmerzen bis zum Karsamstag liegen blieb.

Aber in dieser Nacht wurde Elia nicht allein gelassen. Ganz plötzlich fingen alle Gegenstände um ihn herum an zu leuchten, und sein feinstofflicher Körper, angezogen von diesem Licht, verließ die Dichte der Materie. In senkrechter Position sah er ganz deutlich seinen physischen Körper leidend da unten liegen, etwa einen Meter unter ihm, um dann, nach ein paar Sekunden, begleitet von seinem Engel Lechitiel, von einem Meer aus Licht angezogen zu werden, das ohne eine Lichtquelle, heller als das Licht selbst war. Und er ließ sich in dieses Meer der Seligkeit tragen, zusammen mit anderen Wesen wie ihm, getrieben von dieser sich ausbreitenden Welle der Liebe und des Friedens, die er so gut kannte. Alle wussten, vereint zu sein durch das Leben, und dass kein Leben ohne Seele existiert und alle Seelen nur auf ein einziges Ziel ausgerichtet sind …

Er erwachte und ihm wurde bewusst, dass er großen Appetit hatte. Auf seinem Körper fanden sich nur ein paar rötliche, schmerzlose Flecken, die Elia zeigten, dass er nicht geträumt hatte. Sein Gesicht sah frisch und erholt aus. Er fühlte sich gut. Er dankte Gott und allen Heiligen im Paradies, dass dieser Albtraum zu Ende war. Gott hatte seine Gebete erhört.

Strahlend vor Glück stieg er den Chor hinab zur Vesper, um sich dann, wieder vollkommen der Alte, ins Refektorium zu begeben, wo ihn alle Mitbrüder mit größtem Wohlwollen empfingen. Unterdessen eilte der Bruder Krankenpfleger, der ihm während der Tage seiner Passion beigestanden, ihm die Stirn getrocknet, seine Klagerufe angehört und seinen Mund mit ein paar Wassertropfen benetzt hatte, in seine Zelle. Er sammelte seine blutbefleckten Bettlaken ein, die nach Rosen dufteten, wusch sie, brachte alles in Ordnung, und vor allem riss er das kleine Fenster auf, um den intensiven Rosenduft rauszulassen, den sonst in kürzester Zeit alle Mitbrüder gerochen hätten.

Elia gelang es nicht, zu vergessen, was ihm widerfahren war. Er fragte sich, was das alles sollte. Ihm fielen all die Ostertage seiner Kindheit ein, seiner Jugendzeit, sein wiederholtes Krankwerden, die voreiligen Diagnosen der Ärzte. Gab es da einen roten Faden, der ihn vielleicht einmal an ein Ziel führen würde? Er fühlte sich einsam. Er hatte das Bedürfnis, mit jemandem zu reden, der sein Leben mit ihm teilte und ihm vor allem glauben würde ..., nicht mit seinem Pater Spiritual, der so unversöhnlich war im Anerkennen solcher Dinge, nicht mit dem Bruder Krankenpfleger, der ihm ja schon geraten hatte, abzuwarten. Mit jemandem, dem er sich vollkommen öffnen könnte.

Vielleicht Ottavio? Ja, sein Kamerad Ottavio, den er so gut kannte, und der ihm bestimmt geduldig zuhören würde. Und so entschloss er sich nach einer Woche intensiven Abwägens, sich Ottavio anzuvertrauen, der ihm erbleichend zuhörte, ohne auch nur ein Wort der unglaublichen Geschichte in Frage zu stellen.

„Die Pläne des Herrn sind zuweilen unverständlich. Auch ich denke, dass du im Moment in aller Stille abwarten solltest, um sie zu verstehen. Bete, und auch ich werde für dich beten."

So fühlte Elia sich von der Anspannung befreit und beschloss, sich vollkommen dem Willen des Herrn zu überlassen. Doch Elia hatte sich verändert, und auch sein Beten hatte sich verändert. Jeden Tag bemühte er sich, zu verstehen, was sein Herr von ihm wollte. Stunde um Stunde verbrachte er in der Kirche, sitzend, ohne Bewegung vor IHM, bis ER zu seinem Herzen sprach, ihn wiegte, ihn in die Wüste schickte, ihn nährte und ihn fühlen ließ, dass ER ihn liebte. Und Elia übertrug dieses stille Gebet auf alle Wesen in Liebe und Demut. Er opferte sich auf für die Schwachen und war immer für jeden da, genau wie es das Evangelium verlangte. In dieser Zeit endete auch sein Noviziat, und nach den Gelübden wurde er in ein anderes Kloster versetzt.

Es war im Monat Februar und Elia machte sich schon Sorgen im Hinblick auf die Fastenzeit. Was würde geschehen? Welche Phänomene würden wieder auftreten? Was würde er ohne die Unterstützung des Bruders Krankenpfleger tun, der dafür gesorgt hatte, dass die blutigen Bettlaken gewaschen wurden? Und so machte Elia sich auf die Suche nach einem neuen Pater Spiritual, der vorher informiert werden müsste, dass ihm „gewisse Dinge passierten", und der fähig sein sollte, ihn zu verstehen und ihm zu helfen, seinen Weg zu finden. Er fand einen neuen Pater, und in dem Augenblick wurde Elia bewusst, dass er den Menschen in seinem dreifachen Aspekt wahrnehmen konnte: Körper, Seele und Geist. Ja, Elia verstand im Herzen und im Geist der Menschen zu lesen, auch in Pater Giuliano, den er wegen der Demut seiner Seele auswählte, und wegen seiner Weisheit. Er entschloss sich, noch abzuwarten, bevor er mit ihm sprechen wollte. Erst wollte er sicher sein, dass sich „sein Leiden" unerbittlich wiederholte. Der Tag der Bestätigung kam bald. Mit dem ersten Tag der Fastenzeit konnte Elia keinen Bissen Nahrung anrühren, er litt unter furchtbarem Übelsein, schrecklichen Schmerzen an der Schulter, an den Knochen, den Gelenken, hatte ein stechendes Brennen an der Wirbelsäule, an den Händen und Füßen. Aber Elia wollte es immer noch nicht annehmen.

Vielleicht würde die Krankheit ja nur auf seine üblichen Beschwerden hinauslaufen. Und so eilten die Tage dahin, während Elia lächelte und vor allen sein Leiden verheimlichte. Er trug die Wunden mit Freude, die wie Feuer brannten, weil er sich nur so mit Gott vollkommen vereint fühlte. An einem Mittwochnachmittag, fiebernd und taumelnd, schaffte er es nicht mehr, jemanden um Hilfe zu rufen. Ohnmächtig brach er neben seinem Zellnachbarn zusammen, der ihn total erschrocken in seine Zelle brachte, in der er dann drei Tage lang blieb. Aber wie immer kam der Herr, um ihn bis zum Karsamstag zu trösten. Beim Schlag der Osterglocken beschloss Elia, wieder völlig frisch und erholt, mit seinem neuen Pater Spiritual zu sprechen. Ohne eine Miene zu verziehen, hörte Pater Giuliano ihm zu und sprach ihm Mut zu, und seit dem Tag waren die beiden durch dieses Geheimnis und durch eine tiefe Freundschaft miteinander verbunden.

Im Monat Mai waren alle im Kloster mit dem Fest, das der Jungfrau Maria gewidmet ist, beschäftigt. Im Klostergarten wurde extra ein Altar mit der Muttergottesstatue aufgebaut, die in einem Blumenbeet stand. Auch Elia trug dazu bei, indem er bunte Girlanden flocht. Alle

Eltern der Seminaristen und der frisch gebackenen Brüder waren eingeladen worden, und so kam auch Mamma Anna mit ihrer ganzen Familie schon am frühen Morgen, um mit ihnen diesen wundervollen Sonnentag zu feiern. Küsse, Umarmungen, Glückwünsche, und dann folgte die feierliche Messe im Freien. Urplötzlich breiteten sich intensive Duftwellen über dem Gelände aus, so dass sich alle Anwesenden wunderten, wie denn diese zarten Blümchen einen so intensiven Duft von sich geben konnten: ein ganzes Duftbouquet von Rosen, Veilchen, Lilien, die Anna nur zu gut kannte. Als sie bemerkte, dass viele Leute mit ihrer Nase hin und her schnupperten, besonders in Richtung Elias, sagte sie mit lauter Stimme: „Nanu, was habt ihr denn da auf die Blumen gesprüht? Mir scheint, ihr habt ein wenig übertrieben!"

„Sag das nicht mir", griff Pater Giuliano ein, „frag diesen deinen Sohn da, der anscheinend eine Duftmanie hat!"

Alle lachten, Elia wurde richtig verlegen, und das Fest der Madonna endete in Heiterkeit.

Wie alle Jahre kam die Zeit des Almosensammelns und auch Elia und sein Freund Ottavio wurden für einen Wochenturnus dazu ausgewählt. Sie sollten alle umliegenden Dörfer besuchen und die Bewohner um eine Spende für den Erhalt ihrer Gemeinschaft bitten. Und so fuhren Elia und Ottavio in ihrem Kleinlaster zu den über die Hügelkämme verstreut liegenden Häusern. Sie klopften an die erste Pforte. Eine ziemlich alte Frau mit einem Kind im Arm öffnete ihnen. Im Inneren sah man einen alten Mann auf einem Sessel sitzen, die Beine zugedeckt.

Die Frau lächelte ihnen zu und lud sie ein, einzutreten. Elia schaute sich um, das Zimmer wirkte sehr ärmlich. Im Nebenraum erspähte er ein Feldbett mit einer schmutzigen Matratze und all das ließ in ihm sofort den Gedanken aufkommen, dass es sich hier um arme Menschen handelte, die Hilfe benötigten. Während er versuchte, seine Betroffenheit zu verbergen, indem er das Kind verlegen streichelte, sagte er: „Heute sind wir gekommen, um euch den Segen zu geben, und morgen bringen wir euch eine neue Matratze und ein paar Geschenke von den Brüdern im Kloster."

Die Frau bemühte sich, ihr Erstaunen zu verbergen, und empfing zusammen mit dem kranken Alten den Segen, und Elia und Ottavio verabschiedeten sich mit leeren Händen.

„Was machen wir jetzt?", sorgte sich sein Mitbruder Ottavio.

„Mach dir keine Gedanken. Wir probieren es bei der nächsten Familie."

Und so versuchten sie es, aber nur, um festzustellen, dass in diesem Dörfchen alle Bewohner sehr viel ärmer waren als sie selbst, so dass sie nicht den Mut hatten, sie um ein Almosen zu bitten. Abends kehrten sie ins Kloster zurück, und zum Glück fragte an diesem Tag keiner mehr nach ihren Einnahmen.

Am nächsten Morgen lud Elia mit Hilfe Ottavios ein paar Matratzen auf den Kleinlaster, dazu noch einige Vorräte und Obst und Gemüse aus dem Gemüsegarten. Sie fuhren zu den bedürftigen Familien und verteilten alles. Natürlich mussten sie abends dem Prior Rechenschaft ablegen.

„Pater", gestand Elia, „es ist alles meine Schuld. Ich schämte mich einfach, diese armen Leute, die weniger haben als wir, um etwas zu bitten. Ich war es auch, der sich erlaubt hat, ihnen ein paar von den Matratzen zu bringen, die aufgestapelt in der Abstellkammer liegen, und auch ein wenig Reis ..."

Der Prior hörte geduldig zu und seltsamerweise geriet er gar nicht in Zorn, machte Elia jedoch klar, dass das Kloster von den Spenden der Gläubigen lebte, und daher nicht in der Lage war, die Bedürfnisse aller Menschen zu erfüllen.

Elia, voller Dankbarkeit für das Verständnis des Priors, versprach ihm, die mangelnden Einnahmen in irgendeiner Form wieder gutzumachen, und im Übrigen würde es ihm bestimmt auch der Herr lohnen. Und in der Tat fand Elia einen Weg, der es ihm erlaubte, allerlei Objekte, köstliche Leckereien, neue Kleidung, Decken und Küchenartikel, Utensilien jeder Art, Teppiche und Töpfe, ins Kloster zu schaffen. Er informierte sich, wann in den einzelnen Gemeinden der Markttag war, und bevor die Aussteller mit ihren Lastwagen anrollten, bereiteten sich Elia und Ottavio auf ihrem Posten vor, indem sie die Kutte ablegten und nachfragten, ob jemand Hilfe benötigte. So arbeiteten die beiden jungen Männer für alle, beluden und entluden die Wagen, bauten Verkaufsstände auf und waren glücklich, mit Ware anstelle von Geld entlohnt zu werden. Wenn die beiden jungen Männer abends ins Kloster zurückkehrten, den Laster so voll beladen mit Ware wie nie zuvor, wurden sie wie Helden empfangen.

Eines Tages fand Elia unter dem Krimskrams zum Wegwerfen eine Herz-Jesu-Statue, die vom Kerzenruß ganz schwarz eingefärbt war. Sie sah ziemlich trist aus, und zwar so, dass die Mönche sie im Kamin verbrennen wollten. Er nahm sie, reinigte sie, stellte sie in seiner Zelle gegenüber vom Bett auf und zündete ein Öllämpchen an.

Auf einmal leuchtete die Statue und fing an zu pulsieren, indem sie ein phosphoreszierendes Licht ausstrahlte, das die ganze Zelle ausleuchtete. Elia erschrak und löschte sofort das Öllämpchen aus. Obwohl er schon als Kind an seinen Schutzengel und an Visionen gewöhnt war, empfand er das hier als etwas anderes. Es war, als hätte der Gegenstand sich belebt. Seine Gefühle waren so heftig, dass Elia dachte, er werde verrückt.

Er sagte zu niemandem ein Wort, verbrachte den Tag wie immer, doch am Abend, immer noch aufgewühlt, konnte er der Versuchung nicht widerstehen, erneut das Öllämpchen vor der Statue anzuzünden. Auch diesmal leuchtete die Statue irisierend, pulsierte mit unendlicher Liebe. Und das wiederholte sich Abend für Abend ...

Elia war glücklich, der Herr war mit ihm, und vielleicht würde ER ihm in Kürze seinen Weg zeigen. In der Zwischenzeit fuhr er fort zu studieren, zu arbeiten und sich um jene zu kümmern, die seine Hilfe brauchten. Doch sein Übermut und seine Unternehmungslust begannen seinem Prior Sorgen zu bereiten. Nicht nur, dass er Dinge voraussah, die dann auch regelmäßig eintrafen, es kam auch vor, dass der junge Mann in der Tat keine Gelegenheit ausließ, seine Nase in Sachen zu stecken, die ihn schlichtweg nichts angingen, nicht nur, was die Gesundheit betraf, sondern auch in alle möglichen anderen Angelegenheiten.

„Gib Acht auf die Stufen ...“

Und schon purzelte der Bruder die Treppe hinunter.

„Warum bist du nach Hause gefahren, um mit deiner Schwester zu streiten?“

„Wer hat dir das gesagt?“, fragte der Angesprochene, und so ging das ständig. Elia schien eine außergewöhnliche Veranlagung für vorzeitige Krankheitsdiagnosen zu haben, wie auch für eine an Wunder grenzende heilende Berührung seiner Hände.

„Deine Kopfschmerzen kommen von ... Deine Rückenschmerzen stammen nicht von einer Arthrose, sondern ...“

Und mit ein paar Mal Handauflegen verschwand der Schmerz. Die Kunde verbreitete sich auch außerhalb des Klosters, und zwar so, dass die Eltern der Brüder anfingen, ins Kloster zu kommen, dann Freunde, und schließlich Leute, die über ihn reden gehört hatten. Solche Dinge gehörten sich nicht für einen Bruder, schon gar nicht, weil Elia sich auch auf sein Studium konzentrieren sollte, und auf seine Gebete, wie es sein feierlicher Schwur gebot. Das waren die Gedanken des Priors. Und da war ja noch die Sache mit dem Parfumgeruch. Man stelle sich nur einmal vor, die Leute würden bemerken, Elia duftete nach Rosenparfum! Es wäre das Ende des stillen Klosters gewesen, wo alle Mitbrüder nach Ernsthaftigkeit und Frieden strebten! Nein, diese Geschichte musste aufhören. Also beschloss der Prior, Elia zu rufen und ihm absolut zu verbieten, sich in Angelegenheiten, die ihn nichts angingen, einzumischen, sei es, um akute Krankheiten zu kurieren, oder chronische Leiden seiner Mitbrüder. Elia gehorchte, obwohl es ihm schwer fiel, die Beweggründe all dessen zu verstehen. Er war ja nur von dem Wunsch beseelt, die Leiden anderer lindern zu helfen. Aber wenn der Prior dagegen war, dann würde er eben versuchen wegzuschauen, sich blind stellen und die Dinge dem Schicksal überlassen.

Eines Tages musste der Bruder, der an der Pförtnerloge Dienst tat, sich für einige Zeit abmelden, und so entschloss sich der Prior, ihn durch Elia zu ersetzen. Elia war immer fröhlich und liebenswürdig zu allen, und daher höchst geeignet, Besucher zu empfangen, Auskunft zu geben und gelegentlich auch ein durstlöschendes Getränk oder einen Kaffee anzubieten. An dem Morgen erwartete der Prior einen Kaufmann, und so gab er Elia Anweisung, diesen sofort in sein Studio zu geleiten, sobald er aufkreuzte. Während er ihm die Sache noch ans Herz legte, sah er durch sein Fenster den Kaufmann kommen und rechnete damit, ihn in wenigen Minuten empfangen zu können.

„Guten Tag", begrüßte der Kaufmann Elia freundlich. „Sind Sie neu?"

„Nein", antwortete Elia. „Ich ersetze in dieser Woche den Bruder Pförtner."

„Würdest du mir einen Gefallen tun?"

„Selbstverständlich."

„Könntest du mir einen starken Kaffee brauen, bevor du mich zum Prior hochbringst?"

Doch Elia widersprach sofort: „Sie sollten keinen Kaffee trinken!"

„Warum nicht?"

„Haben Sie nicht etwa ein Brennen im Magen?"

„Absolut nicht."

„Versuchen Sie doch einmal auf die rechte Seite zu drücken."

Der Kaufmann betastete seinen Magen, ohne irgendwo eine schmerzende Stelle zu finden.

Als der Prior sah, dass der Kaufmann zögerte, hochzukommen, eilte er an die Pforte, in der starken Befürchtung, dass Elia ihn in ungehöriger Weise aufhielt. Und in der Tat sah er die beiden angeregt miteinander sprechen! Dieser Elia war wirklich unbelehrbar! Auf jeden Fall würde er sich ohne mit der Wimper zu zucken nähern, um ihre Diskussion mit anzuhören. Elia erteilte dem Kaufmann Ratschläge, als wäre er ein Arzt, und der Kaufmann hörte ihm aufmerksam zu. Der Prior, bemüht, seine Nervosität im Zaum zu halten, ging nach vorn, trat in die Loge und versuchte Elia per Augensprache klar zu machen, dass er wieder einmal gegen seine Anordnungen verstoßen hatte. Elia merkte jedoch nichts und fuhr mit seinem Vortrag fort. An einem bestimmten Punkt platzte dem Prior der Kragen: „Verflixt noch mal, Elia, du bist doch nicht der Bruder Wahrsager!" Und er fügte noch ein paar andere Dinge hinzu.

Elia indessen, überrascht und im Bewusstsein, wieder einmal in ein Fettnäpfchen getreten zu sein, beeilte sich zu sagen: „Ich bitte um Verzeihung, Prior, ich wollte niemanden beunruhigen, es war doch nur ein Scherz ..." Und somit war die Debatte ohne Konsequenzen erledigt.

Eine Woche später sprach eine Dame an der Pförtnerloge vor und fragte nach Elia.

„Das bin ich", antwortete er ihr. „Was kann ich für Sie tun?"

„Ich bin die Ehefrau des Kaufmanns, der vor ein paar Tagen hier war. Da er sich im Krankenhaus inzwischen von seinen starken Magenschmerzen erholt hat, bitte ich Sie, mir zu sagen, ob Sie noch etwas anderes gesehen haben."

„Nein, nein", antwortete Elia rasch, darauf bedacht, nicht noch einmal denselben Fehler zu machen. „Nein, es war doch nur ein Scherz ... Es tut mir Leid, wegen ihrem Mann. Bitte grüßen Sie ihn, wenn Sie ihn besuchen."

Nach einigen Monaten starb der Mann an einem Magentumor.

Die Sache ging dem Prior sehr zu Herzen, und ebenso Elia, der sich unbedingt vollkommen den Regeln des Klosters unterwerfen wollte. Er verschloss sich, zog sich in sein Schneckenhaus zurück und versuchte gewissenhaft sogar die Hilferufe seiner Mitbrüder zu ignorieren. Er war aber nicht so ganz allein, da er hin und wieder ein Wort mit einem alten Mönch wechselte, der von einem anderen Kloster kam und zu ihm sagte: „Elia, du musst heilen ... Der Herr wünscht es von dir ..."

Elia nickte, schwieg aber und wunderte sich darüber, dass der alte Mönch über seine Fähigkeiten Bescheid wusste.

Die Zeit verging, Ostern ging vorüber, sein Leidensweg jedoch dauerte an. Auf jeder Etappe seines spirituellen Weges wurde sein Geist bereichert und seine Seele entflammte immer mehr in einer tiefen und reinen Liebe zu seinem Herrn. In den intensivsten Momenten seines Gebets, wenn er IHN lächelnd kommen sah, ganz in Weiß gekleidet, mit weit ausgebreiteten Armen, als wolle er ihn umarmen, zerschmolzen sein Herz und seine Seele, und im Überschwang des Gefühls, sich mit seinem Erlöser zu vereinen, hob sein Körper vom Boden ab. Und sein Gebet endete nie. Elia dankte ununterbrochen. Elia war immer bereit. Der Menschensohn hatte keine festgesetzte Stunde für seine Wohltaten. Und Elia war glücklich, weil er sich als Kind Gottes fühlte und alle anderen auch als über die Maßen geliebte Kinder Gottes erkannte. Er war sich sicher, dass ihm der Herr bald Seinen Willen kundtun würde.

Und Gott belohnte ihn. Eines Abends, in seiner Zelle, schickte er ihm die lieblichsten Engel mit wundervollen Botschaften, die er unter ihrem Diktat niederschrieb. Poesie, die von himmlischen Geistern, die von Gott erzählten, von der göttlichen Liebe und der Wahrheit Kunde gaben. Botschaften, die Elia noch heute empfängt, niederschreibt und sorgfältig bewacht.

Es war im Monat Februar, als die Bruderschaft in die Nähe des Mutterhauses in Assisi eingeladen wurde, um an den großen geistlichen Exerzitien teilzunehmen. Der Prior wählte mit Bedacht einige Brüder aus, sowohl unter den jungen wie auch unter den alten, und Elia war mit dabei. In Assisi angekommen, begaben sie sich in das Kloster zu den anderen Brüdern, welche aus allen Teilen Italiens angereist waren, und während die Ältesten sich in ihre Zelle zurückzogen, versammelten sich die Jüngeren im großen Saal, um untereinander Freundschaft zu schließen. Voller Freude und Begeisterung, endlich in der Stadt des Franz von Assisi angekommen zu sein, wollten sie den Prior um die Erlaubnis bitten, gleich nach dem Abendmahl noch ausgehen zu dürfen. Die Erlaubnis wurde erteilt.

Niemand weiß, wie es kam, aber auf einmal tauchte aus irgendeiner Ecke eine Gitarre auf, und Elia nahm sie, ohne viel nachzudenken, einfach mit. Sie versammelten sich an einer prächtigen Piazza, die taghell erleuchtet war und in deren Zentrum ein antiker Springbrunnen

Wasser versprühte. Im Hintergrund erhoben sich majestätisch die beiden Kirchen des Heiligen Franz von Assisi und der Heiligen Klara. Die Brüder waren guter Laune, und obwohl es mitten im Winter war, war die Luft lau und lud zum Verweilen an diesem wunderschönen Patz ein.

Elia setzte sich an den Rand des Brunnens, schlug einige Akkorde an und sang ein lustiges Lied, in das andere einstimmten, gefolgt von weiteren Stimmen. Wie von Zauberhand versammelten sich immer mehr Brüder, aus allen Ecken kommend, auf der Piazza und fingen an, im Kreis rund um den Brunnen zu tanzen, während Elia fortfuhr zu spielen und fröhlich zu singen. Plötzlich war da auch eine Gruppe Leute vom Fernsehen, die diese ungewöhnliche Szene filmte und direkt auf Kanal Eins des staatlichen Fernsehens übertrug, bevor jemand auch nur ein Wort sagen konnte. (Ich erinnere mich, es auch gesehen zu haben.)

Plötzlich schaute Elia auf die Uhr. Es war genau elf Uhr dreißig, exakt die Stunde, die sie mit dem Prior für ihre Rückkehr vereinbart hatten. Er schnappte seine Gitarre und machte sich zusammen mit seinen Mitbrüdern so schnell sie konnten auf den Weg. Keuchend kamen sie im Kloster mit etwa zwanzig Minuten Verspätung an, während der Prior schon mit verschränkten Armen am Tor auf sie wartete, und mit einem Gesichtsausdruck, der nichts Gutes verhieß.

„Brüder geben kein Spektakel!", tobte er.

„Aber Prior, wir haben doch nur eine Viertelstunde Verspätung und wir haben doch nur gesungen."

„Geht sofort in eure Zelle, und morgen Abend möchte ich kein Wort über einen Ausgang hören!"

Wortlos und beschämt verschwand jeder in seiner Zelle, traurig darüber, dass die angenehme Freizeitgestaltung sich nun nicht mehr wiederholen würde. Vom Tun Elias angespornt, versammelten sich am nächsten Abend ein paar Brüder von einem anderen Kloster, ihre Instrumente unterm Arm, um denselben Brunnen, in der Absicht, ebenfalls Lieder und Tänze zu improvisieren. Aber sei es, dass die Musik nicht den gleichen Rhythmus hatte, oder aber ihre Stimmen nicht so gut klangen. Tatsache ist, dass nur wenige Leute an dem Fest teilnahmen, das nicht so lief, wie sie es sich gewünscht hatten. Während Elia und seine Mitbrüder kleinlaut in ihren Zellen hockten, um zu meditieren, beschloss der Prior, der seinen Zorn inzwischen überwunden hatte, ihnen zu vergeben und sie zu einem Spaziergang durch diese wundervolle Stadt einzuladen.

„Ich komme nicht mit, danke", reagierte Elia auf die Einladung.
„Sei nicht eingeschnappt, Elia, die anderen kommen auch."

Und so wanderte die Gruppe still und ohne Gitarre in Richtung der Piazza. Als die Brüder die anderen entdeckten, die sich redlich Mühe gaben, das Spektakel vom Vorabend zu wiederholen, leuchteten ihre Augen auf, aber da der Prior so tat, als würde er es nicht bemerken, gingen sie weiter. Die jungen Mönche waren sich darin einig, dass keiner von der anderen Gruppe Elia das Wasser reichen konnte, und so durfte sich Elia an diesem Abend noch eine Zeit lang seines Ruhmes erfreuen.

Die Fastenzeit stand erneut vor der Tür, und Elia mochte gar nicht daran denken. Vielleicht würde der Herr in diesem Jahr andere Wege für ihn bereithalten, und darum intensivierte er seine Gebete, indem er ununterbrochen fragte: „Warum? Was willst du von mir? Was soll ich tun? Wie viel Geduld muss ich noch aufbringen?"

Da er ein ungestümes Wesen hatte, und ein entschlossenes dazu, fühlte er sich manchmal wie ein Vulkan kurz vor der Explosion. Er wollte doch etwas tun für all diese bedürftigen Seelen da draußen, aber was?

Eines Abends, während er sich in der Kirche befand, ganz in seinem Flehen aufgehend, spürte er die Gegenwart von etwas Niederträchtigem. Er verließ sofort die Kirche und bemerkte, dass das Dunkle ihm folgte. Er eilte in seine Zelle, aber die Macht des Bösen nahm ihn wie ein eiserner Schraubstock in die Zange, schleuderte ihn mit unerhörter Kraft zu Boden und verprügelte ihn mit grober Gewalt. Doch Elia blieb wachsam und klammerte sich an seinen Herrn. Das Böse, außer sich vor Zorn, verwandelte sich auf einmal in eine riesige Schlange. Auf dem Höhepunkt des Kampfes rollte diese sich vor Elia auf und nahm langsam das Aussehen eines Furcht erregenden Drachens an. Während dieser Elia mit offenem Schlund zu verschlingen drohte, kamen zwei hell leuchtende Engel von oben herab, befreiten Elia aus der Gefahr und sagten, ihn zu sich emporhebend: „Dieser hier gehört uns. Ihm kannst du nichts anhaben." Verängstigt und geschlagen machte sich das Böse auf und davon.

Pater Giuliano, der während der ganzen Zeit ein Auge auf ihn hatte, fragte sich, was denn mit ihm geschah. Elia kam ihm immer erschöpfter vor. Er hatte den Hang, sich zurückzuziehen, indem er Stunde um Stunde im Gebet oder in der Meditation verharrte. Perioden des Friedens wechselten ab mit Momenten heftiger Rebellion.

Er wollte kein Priester werden, seiner Ansicht nach war es nicht nötig, ein Priester zu sein, um das Wort Gottes unter den Menschen zu verbreiten. Er hatte darüber auch mit dem alten Mönch geredet, der ihn hin und wieder besuchen kam, und auch er hatte ihm zugestimmt. Elia wollte keine Barrieren zwischen sich und den Menschen, er wollte sich frei unter den Seelen, die ihn benötigten, bewegen können, auf gleicher Augenhöhe, als Gleicher unter Gleichen, ohne irgendwelche Privilegien. Aber wie sollte er das bewerkstelligen mit diesen schrecklichen Malen, die ihn so anders erscheinen ließen?

Währenddessen schien die Zeit gar nicht mehr zu vergehen. Zum Glück waren ihm Anna und ihre Familie in dieser Zeit besonders nahe, weil sie bemerkt hatten, dass der Junge immer mehr verkümmerte, als ob er von einer Last erdrückt würde, die viel zu schwer für ihn war. „Du bist es nicht alleine", bemühte Anna sich, ihn zu beschwichtigen. „Viele andere haben auch diese Wundmale vom Herrn erhalten, richte dich nach ihnen. Lebe dein Leben, ohne zu viel darüber nachzudenken."

Leider ging es auch Anna nicht gut. Sie litt oft unter äußerst schmerzhaften Koliken. Nachdem sie sich einer Röntgendiagnostik unterzogen hatte, stellte man einen ungewöhnlich großen Blasenstein fest. Demzufolge entschloss sie sich zum chirurgischen Eingriff. Sie besuchte Elia, um ihn darüber zu informieren und ihm den Tag der Einlieferung ins Krankenhaus bekannt zu geben. Elia schaute sie an, lächelte ihr mit großer Ruhe zu und sagte dann: „Geh ruhig nach Hause, Mamma Anna, du brauchst keine Operation, der Stein existiert nicht mehr."

Mamma Anna umarmte ihn und kehrte in ihr Haus zurück. Sie ging zu ihrem Arzt, wiederholte die Röntgenaufnahme, und in der Tat, der Blasenstein war verschwunden. Viel später habe ich von Mamma Anna selbst erfahren, dass Elia den Blasenstein von ihr übernommen hatte und an ihrer Stelle operiert worden war. Ich konnte es nicht glauben. Elia hatte mir das nicht erzählt. Also rief ich am selben Abend noch bei Elia an und fragte ihn: „Elia, bist du wegen eines Blasensteins operiert worden, den du von Mamma Anna übernommen hast?"

„Ja."

„Warum hast du das gemacht?"

„Weil sie eine Mutter ist und ein Sohn immer bereit sein sollte, ihr einen Schmerz abzunehmen", fasste er sich kurz.

Wie bereits gesagt, besuchte Mamma Anna Elia sehr häufig in dieser Zeit. Eines Tages begleitete sie eine Frau, die ihr kaum bekannt war, aber sehr einsam vorkam, so als ob sie ein wenig menschliche Wärme gut gebrauchen könnte. Die Frau ließ sich nicht lange bitten und nahm ihre Einladung an. Kaum erblickte Elia die beiden, erkundigte er sich, wer die Frau denn sei. „Jemand, der in meiner Nähe wohnt, ich kenne sie kaum ...“

Sie verbrachten ein paar Stunden zusammen, und beim Abschied nahm sich Elia das große Kruzifix ab, das er um den Hals trug, und legte es Anna um. „Nimm es unter gar keinen Umständen ab, und wenn du zu Hause angekommen bist, rufe mich sofort an.“

Mamma Anna fragte nicht nach Erklärungen und begab sich mit der Frau zu ihrem Wagen. Kaum gestartet, forderte diese sie in barschem Ton auf: „Zeig mir, was er dir gegeben hat.“

„Er hat mir nichts gegeben.“

„Zeig mir sofort, was er dir um den Hals gehängt hat!“

Verwundert nahm Anna die Kette mit dem Kruzifix ab und reichte sie der Frau. Diese verwandelte sich augenblicklich in eine wahnsinnige Furie, indem sie unangemessene Worte jeglicher Art ausstieß und das Kreuz bespuckte.

„So ein Schwein, ekelhaft ..., ich schlag ihn tot!“

Beinahe wäre Anna gegen einen Baum geschleudert, beim Versuch, dieser Irren das Kruzifix zu entreißen. Diese sträubte sich mit unerhörter Kraft, wobei sie Anna im Gesicht und am Hals Kratzwunden zufügte. Schließlich gelang es Anna, den Wagen anzuhalten. Zu guter Letzt landete das Kruzifix wieder in ihren Händen und die Frau beruhigte sich. Dann kehrten beide in ihre Häuser zurück.

Bestürzt telefonierte Anna sofort mit Elia, verwundert, dass er sie nicht gewarnt hatte: „Wie hätte ich es dir sagen sollen? Du hättest dich nicht mehr getraut, nach Hause zurückzufahren. So sollte dich mein Kruzifix beschützen. Warum hast du es abgenommen?“

Und so lernte Anna, Elia immer mehr zu vertrauen, und versuchte das Vorgefallene so schnell wie möglich zu vergessen.

Eines frühen Morgens, während Elia mit seinen Mitbrüdern im Chor das Morgengebet verrichtete, sah er wieder den alten Mönch, der hin und wieder hier im Kloster vorbeikam. Als der alte Mönch Elia erblickte, blieb er lächelnd vor ihm stehen und reichte ihm die Hand zum Gruß. Zum ersten Mal fiel Elia auf, dass er sonderbare

Halbhandschuhe ohne Finger trug. Verwundert reichte auch Elia ihm die Hand zum Gruß und fragte: „Was machen Sie denn hier zu dieser frühen Stunde?"

Sein Kamerad Ottavio unterbrach ihn irritiert, indem er ihm mit dem Ellenbogen einen Stoß in die Seite verpasste.

„Was sprichst du da, Elia? Redest du mit dir selbst?"

Auch der Bruder Krankenpfleger hatte Elia laut reden gehört und machte sich Sorgen um ihn. Da begriff Elia, dass außer ihm niemand diesen Mönch sah. Vielleicht existierte er ja nicht einmal ... und er war gerade dabei, geisteskrank zu werden?

Was geschah nur mit ihm? Ottavio, der pausenlos auf ihn Acht gab, erkannte, dass Elia nicht dabei war, verrückt zu werden, sondern bestimmt nur wieder eine Vision gehabt hatte. Er neigte sich zu ihm und versuchte ihn zu beruhigen. „Elia, ich glaube dir. Du hast jemanden gesehen. War es vielleicht dein Schutzengel?"

„Nein, Ottavio, es war ein Mönch, den du vielleicht auch schon hier im Kloster gesehen hast. Ich weiß nicht, woher er kommt oder was er hier tut. Wenn er mich sieht, gibt er mir immer eine ganze Reihe guter Ratschläge und ich höre ihm gern zu. Heute Morgen habe ich entdeckt, dass er Handschuhe ohne Finger trägt."

Ottavio spürte einen Schauer über seinen Rücken laufen, bei dem Verdacht, Elia könnte vielleicht den Geist eines toten Paters im Ruf der Heiligkeit gesehen haben. „Komm mit mir in meine Zelle, Elia, ich möchte dir was zeigen."

Sie liefen schnell hoch und einen Augenblick später zeigte Ottavio Elia ein Bildchen, das er aus seinem Messbuch holte. „Das ist er!", bestätigte Elia sogleich. „Wer ist das?"

„Es ist Pater Pio", flüsterte Ottavio.

Elia war, um es milde auszudrücken, total verblüfft. Die beiden jungen Männer hatten dem nichts hinzuzufügen und liefen im Sturmschritt die Treppe wieder hinab, eingetaucht im Wirbelsturm ihrer Gedanken, um sich wieder ihrer täglichen Arbeit zu widmen.

Wenige Tage später war Elia an der Reihe, die Kirchenbänke abzustauben, als er das Trampeln von Pferden vernahm, gefolgt vom typischen Geräusch dicker Holzräder. Es war eine Kutsche, die genau vor dem Nebeneingang der Kirche hielt. Nach ein paar Minuten klopfte jemand sehr energisch: „Bruder, mach auf!"

„Das ist nicht der Eingang zum Kloster, Sie müssen etwa zehn Meter weiter gehen", rief Elia ihm zu.

„Ich möchte mit dir reden", gab der Besucher zurück.

Erstaunt öffnete Elia die Pforte. Sogleich erblickte er die alte Kutsche, überdacht wie in früheren Zeiten, gezogen von zwei herrlichen weißen Pferden, noch bevor er den Mönch erblickte. Donnerwetter, dachte er, das muss aber eine wohlhabende Person sein, die uns da besucht! Erst dann sah und erkannte er den alten Mönch.

„Lass mich rein", bat ihn der Mönch, „ich muss mit dir reden."

Sie setzten sich in die letzte Bankreihe und begannen wie üblich miteinander zu plaudern.

„Ich muss dir noch etwas anderes mitteilen ... Ich bin dabei, deine Großmutter zu besuchen, weil ich sie mit mir nehmen muss ... Es wird ihr gut gehen ..."

Elia starrte ihn wortlos an und glaubte seinen Augen nicht zu trauen, wobei er sich ins Gesicht und in den Körper kniff, um zu prüfen, ob er noch lebendig war.

„Sag mir wenigstens, wer du bist, und warum du mich besuchst ..."

„Ich bin Pater Pio ... Du bist genau wie ich, und auch du wirst etwas Wichtiges tun, vorerst aber führe deine Arbeit hier fort. Ich werde noch einmal kommen, um dich aufzusuchen."

Und während sich das Getrampel der Pferde in der Ferne verlor, eilte Elia zum Telefon, um seine Mutter anzurufen. „Mamma, wie geht es dir? Und wie geht es Großmutter?"

„Großmutter ist gerade gestorben, Elia."

Elia, überwältigt von dem Geschehen, bekam es mit der Angst zu tun, Angst vor dem, was noch passieren konnte, Angst vor seiner eigenen Beschränktheit, seiner Unfähigkeit, Angst, sich seinem Schicksal zu stellen. Er ging zu Ottavio und berichtete ihm, was sich zugetragen hatte, indem er hinzufügte, sollte Pater Pio ihn noch einmal besuchen kommen, dass er ihn rufen würde.

Als ich im Monat Dezember 2000 die Gelegenheit hatte, Pater Ottavio, inzwischen ein Akademiker, mehrfach ausgezeichnet und Priester in Rom, telefonisch zu befragen, bestätigte er mir die Geschichte und fügte hinzu, dass seitdem viele Gegenstände, welche Elia berührte, einen intensiven Rosenduft verströmten, besonders solche, die er verschenkte.

„Wenn es mir nicht gut ging, suchte ich mein Zimmer auf und verließ es vollkommen wiederhergestellt. Dass ich heute Priester bin, verdanke ich zum Teil auch ihm. Wenn ich so meine Krisen hatte, dann munterte er mich mit zu Herzen gehenden Worten auf, die man weder Elia noch irgendeiner anderen Person zutrauen würde. Ich saugte seine erleuchteten Ratschläge förmlich auf, die von einem der normalen Realität übergeordneten, höheren Bewusstsein zu kommen schienen. Ich erinnere mich, dass Elia neben seinem Bett ein Foto vom Heiligsten Herzen Jesu aufbewahrte, das jeden Freitag Blut schwitzte."

Wie schon gesagt, Pater Ottavio hat zwei akademische Titel und führt seine Studien beim Vatikan fort. Während ich mir das alles anhörte, stand Elia neben mir und spielte verlegen mit ein paar Sachen, die auf dem Wohnzimmertisch lagen.

„Der Freitag ist für Elia immer ein besonderer Tag gewesen", fuhr Pater Ottavio fort, „die Male seiner Stigmata verdunkeln sich dann und verursachen ihm unerträgliche Schmerzen, und auf seinem Rücken erscheinen mehr oder weniger auffällig die Zeichen der Geißelung. Manchmal klebte sein Hemd an den Wunden fest und es gelang ihm nur unter der Dusche, es von der Haut zu lösen."

Während Pater Ottavio erzählte, beobachtete ich Elia, der sich all dem gegenüber absolut distanziert verhielt. „Erzähle mir noch einmal von Pater Pio", habe ich ihn oft bedrängt.

Ottavio erzählte weiter: „Diese Geschichte dauerte immer lange, und Elia hatte sie auch regelmäßig seinem Pater Spiritual anvertraut, aus Sorge darüber, vielleicht das Opfer eines Dämons geworden zu sein, der, wie man ja weiß, sich unzähliger Tarnungen bedient, um eine erwählte Seele zu verführen. Wie dem auch sei, eines Tages kam Elia, um mich zu rufen: ‚Beeil dich, Ottavio, ich kann die Karosse hören!‘, und kurz darauf erzitterte das Fenster und die Wand des Korridors. Das war das Signal, dass Pater Pio im Kommen war. Blitzschnell war ich in seiner Zelle und sah auch, wie das kleine Fenster erbebte, genauso wie die Wände der Zelle, die sich mit einem intensiven Rosenduft füllte. Ich war nicht einmal mehr erstaunt. Ich kannte Elia, hatte ihm schon bei seiner Passion beigestanden, er hat mir sein Martyrium anvertraut, ich habe seine Leiden gesehen und er hat mir schon Phänomene gezeigt, von denen ich überzeugt bin, dass sie tatsächlich himmlischen Ursprungs sind ... Also war das nur eins unter vielen ... und so nickte ich ergriffen mit meinem Kopf und ließ ihn wieder allein, ganz sicher, dass er sich gleich in der Gesellschaft Pater Pios befinden würde."

Unser Telefonat endete mit dem Versprechen, dass wir uns bald einmal treffen würden. Elia hatte mir nur wenig über Pater Pio erzählt, auch weil er nicht wollte, dass man so viel darüber redet.

„Warum, Elia?", fragte ich.

„Lass die Heiligen Heilige sein! Ich möchte mich nicht Pater Pios bedienen."

„Aber Elia, wenn ich deine Geschichte erzählen soll, und wenn Pater Pio für dich äußerst wichtig war und noch ist ..., du siehst ihn doch noch, nicht wahr?"

„Ja."

Die Tage zogen sich dahin und nichts Neues passierte. Doch, etwas geschah. Die Geschichte von Pater Pio begann sich herumzusprechen, genauso wie die Sache mit dem Duft, den zahlreiche Brüder, insbesondere an Freitagen, wahrnehmen konnten, wenn sie neben Elia standen ... Ein Raunen hier, ein Wort da. Tatsache ist, dass plötzlich Personen von herausragender Stellung, Prälaten und gelehrte Priester, mit dem Wunsch in das Kloster kamen, Elia zu sprechen. Sie befragten ihn pausenlos, mal direkt, mal drängend, dann wieder liebenswürdig. Aber Elia war wie versteinert und öffnete niemandem sein Herz. Keinem wollte er etwas zeigen. Er fühlte sich wie ein Schauobjekt, Gegenstand ihrer Neugier, spürte, dass sie keinen Glauben in sich hatten, und wunderte sich, wie es kam, dass so viele Gottesmänner nicht verstehen konnten, dass der Herr sich manifestieren kann, wie und wann es ihm opportun erscheint, sogar indem er sich eines jungen Mannes bedient, wie er einer war. Sie alle hätten doch wissen müssen, dass solche Dinge immer schon geschehen sind, noch geschehen und auch in Zukunft geschehen werden. Warum also dieser Unglaube?

Zwei Personen fielen Elia besonders auf: Pater Marcello, wegen seiner Bildung und wegen seines völligen Unglaubens (er ist der Autor zahlreicher Bücher, unter anderem auch der Biografie einer Heiligen), und Pater Maurizio, wegen seiner Güte und Weisheit. (Von beiden Geistlichen besitze ich schriftliche Zeugnisse.) Pater Maurizio ist jetzt Prior eines Klosters in Mittelitalien, und er verstand es, mit Elia ein väterliches Verhältnis aufzubauen, das sich auf Vertrauen, Verständnis und Unkompliziertheit gründet. Nach und nach öffnete sich Elia ihm, und ihr gutes Verhältnis dauert bis heute an. Pater Marcello dagegen war ein Wissenschaftler, und die Kontakte, die er mit Elia knüpfte, waren einzig geprägt durch sein Studium von Phänomenen, die Elia ihm aber nicht vorzuführen gedachte. Pater Marcello glaubte ihm nicht, bis zu dem Tag ..., aber darüber sprechen wir etwas später.

Wie auch immer, Elia wollte einzig und allein ein junger Bruder wie jeder andere auch sein, der betete und arbeitete. Auch wenn er sich anders als die anderen fühlte, geplagt von Zweifeln und Ängsten, Ängste, nichts anderes als ein armer Irrer zu sein, wie einige der Patres bereits angedeutet hatten.

„Wer bin ich?", wollte er eines Tages von Pater Maurizio wissen. „Gibt es nicht irgendwo einen Ort, an dem Fachärzte mich untersuchen könnten?"

Und so kam es, dass drei Patres (einer ist heute Missionar in Afrika, ein anderer verstorben, und den dritten konnte ich noch nicht erreichen) mit Elia in die Vereinigten Staaten zu einem Forschungsinstitut reisten, das sich mit der Psychophysik beschäftigte. Leider kann Elia sich weder an den Bundesstaat noch an die Stadt erinnern, in der das „Santa Margherita" sich befand, aber so wie ich ihn kenne, bedeutete ihm das auch absolut nichts. Jedenfalls sind die Dokumente im Kloster aufbewahrt. Nach dieser Reise wurde Elia auch in Italien untersucht, um genau zu sein, in einem auf solche Fälle spezialisierten Zentrum in Mailand, unter der Leitung von Prof. Marco Margnelli, der auch oft bei der italienischen Fernsehsendung mit dem Titel „Miracoli" (Wunder) als Gutachter anwesend ist.

In dem Attest, das er Elia aushändigte, ist Folgendes zu lesen: „Gute Darstellung, auch die Bedingung der ‚Lumineszenz', welche im Allgemeinen spirituelle oder parapsychologische Fähigkeiten anzeigt. Die leuchtende rötliche Strahlung, ausgehend von der Mitte seiner rechten Handfläche, ist sehr ungewöhnlich, da sie an einen Stigmatisierten erinnert. Während ich im Lauf der Jahre Hunderte solcher Fotos gemacht habe, ist es mir nur ein einziges Mal gelungen, ein Zeichen dieser Art sehen zu können, und zwar bei einer Frau, die bald darauf die mystischen Stigmata erhielt. Auch auf der linken Hand kann man ein Areal rötlich leuchtender Strahlung beobachten, welches an einen Stigmatisierten denken lässt, doch befindet es sich versetzt von der Handflächenmitte. Untersuchungsergebnis anhand der chromatischen Farbskala:

Beide Hände strahlen bioplasmatisches Blau aus. In dieser Grundfarbe stellen sich die feinsten Granula der oben beschriebenen Strahlung dar. Nehmen wir an, diese Farbe besteht aus reinstem Weiß, und nehmen wir an, dass das die Farbe der bioplasmatischen Fähigkeit mit maximaler therapeutischer Wirkung ist, so scheint es, als würde die ganze Handfläche ‚pranische Energie' ausstrahlen. Angenommen, wir suchen Beweise, dann möchte ich zwei Dinge feststellen:

1. Wir alle sind potenzielle biomagnetische Heiler, nur gibt es zahlreiche Hindernisse, welche dieser latenten Fähigkeit und ihrer Äußerung in der Praxis den Weg verstellen. Die Verunreinigung, der jeder von uns unterliegt, sei es vom Rauchen, von einem unregelmäßigen Leben, von Lastern, Boshaftigkeit, Schwächen, Hass oder konfusen Ideen, ist es, welche diese Energie daran hindert, sich zu manifestieren. Daher gibt es nur wenige Menschen, denen es gelingt, für sie verfügbar zu sein.

2. Die echte Pranatherapie ist eine priesterliche Kunst, und es gibt nur wenige, die damit umgehen können. Es stimmt, dass neunzig Prozent aller Heiler keine Pranatherapeuten sind. Valerio Sanfo, der bekannte Pranatherapeut, erklärt seinen Schülern immer, dass sie nach ein paar Lektionen durchaus die Fähigkeit erlangen könnten, anderen Menschen zu helfen, ihre Leiden zu lindern, aber das hieße nicht, sie seien auch Pranatherapeuten, sondern bedeute, sie seien schlichtweg nur Heiler. In seinen Lektionen ersetzt Valerio den Begriff Pranatherapie durch Biomagnetismus. Der Pranatherapeut ist jemand, der eine Verwandlung durchgemacht hat, eine Bewusstseinsveränderung, eine Erleuchtung, die Erfahrung der Transzendenz. Der Pranatherapeut weiß, wer die anderen sind, und er liebt sie wie sich selbst."

Alles das kann man von Elia sagen. Als er von seiner Reise in die Vereinigten Staaten zurückkehrte, erzählte Elia, ungefähr zehn Tage vor Ostern, was sich ereignen würde. Daraufhin besuchte und beobachtete ihn ein Dr. Fisher und eine Ärztin, an deren Namen er sich nicht mehr erinnert. Er war geschwächt von der Reise, voller Schmerzen, aber gelassen. Er stellte sich unter den Willen Gottes. Man begleitete ihn in sein Zimmer und er musste sich auf ein Bett legen, unter dem eine zweite Unterlage aus Metall lag, die per elektrischer Drähte mit einem Apparat verbunden war. An der Decke waren Videokameras angebracht worden und unter seinem Körper befanden sich pinzettenartige „Fühler", die an einen Apparat neben seinem Bett angeschlossen waren.

Dunkle Tüllschleier ...
So wollte man das Geheimnis der Seele lüften ...
Aber noch war nicht alles vollbracht.

Aber das Herz warnt dich schon
Vor des Sohnes schrecklichem Leiden

Langsam fließt eine Träne
Die Wange herunter
Eine weitere wagt es nicht mehr
Gekommen ist der Moment
Gefürchtet und durchlitten
Schon lange bevor er kommt
Aber im Schmerz, auf den er wartet
Leuchtet sein Antlitz
Im göttlichen Licht
Und im Herzen erneuert er
Sein Einverständnis.
Die ausgestreckten Arme
In schmerzlicher Erwartung
Beziehen Kraft
Aus der Liebe,
Die ihn leitet und die siegt
Weit über alle Hoffnung hinaus.
Dir vertraue ich mich an,
Du Brunnen des Heils,
Dir meinen Dank, o teure Mutter.
Dir meine Liebe fürs ganze Leben
Amen – Elia

Und Elia schaute IHN noch, während schon die Fernsehkameras liefen und die Mediziner ihre Arbeit verrichteten. Exakt fünfzehn Uhr am Karsamstag lösten sich die Fühler und elektrischen Drähte ganz von selbst, als ob sie von einer höheren Macht herausgezogen worden wären. Die Tür zu Elias Zimmer ging sperrangelweit auf und der Rollwagen mit den medizinischen Geräten machte sich daran, durch den Flur zu rollen, wobei sich alle Türen wie durch Magie öffneten, um ihn durchzulassen ...

In diesen speziellen Zentren für die Erforschung der Psychophysik können die Ärzte echte Fähigkeiten und Potenziale eines Menschen bestätigen, die normalerweise niemals zu hundert Prozent ausgebildet sind. Daher helfen die Ärzte den Personen, die wirklich begabt sind, die Anlagen, die sich noch in der Entwicklung befinden oder aber aus physischen oder existenziellen Gründen verkümmert sind, zu entwickeln. Im Falle Elias baten die beiden Mediziner ihn, anstatt ihm ein Attest auszustellen, in ihr Büro, um ihm mitzuteilen: „Elia, du bist ein ‚himmlischer Paranormaler' und wir können nichts für dich tun. Du bist es, der, wenn du es möchtest, etwas für uns tun kann."

Und so kehrte Elia in Begleitung seiner drei Mitbrüder ins Kloster zurück, immer noch konfus und niedergeschlagen. Aber das Wichtigste für ihn war die Gewissheit, nicht geisteskrank zu sein. Er wusste jetzt, dass er ein ‚himmlischer Paranormaler' war, aber was bedeutete das schon? Er hielt sich selbst für einfach und ungebildet. Was also könnte Gott von ihm wollen?

Wieder verging die Zeit und Elia fand keine Antwort für sich. Er fuhr fort, den Herrn nach dem Warum zu fragen. Warum die Visionen, warum der Schmerz, warum dieses Leben, das ihm nutzlos erschien. Alle seine Mitbrüder kamen ihm so unbeschwert vor, jeder war auf ein ganz bestimmtes Ziel hin ausgerichtet, und auch Ottavio würde, um sein Universitätsstudium fortzuführen, bald nach Rom versetzt werden. Und als der Tag kam, blieb Elia mit einer tiefen Traurigkeit zurück. Bald darauf wurde auch sein viel geliebter Pater Giuliano in ein anderes Kloster geschickt. Elia fühlte sich wie von allen verlassen, allein, nutzlos, ohne Ziel. Manchmal ähnelte er einem Löwen im Käfig, kurz bevor er sich jemanden mit den Reißzähnen packte, und gelegentlich fiel er einer tiefen Depression zum Opfer. Was sollte er tun? Sollte es seine einzige Bestimmung sein, jedes Jahr dieses fürchterliche Leiden durchzumachen? Zu welchem Zweck? Er brauchte keine Bestätigung, um zu wissen, dass Gott existierte, und auch nicht seine Mitbrüder. Nein, nein ..., er hatte wirklich Besseres zu tun und würde dafür sorgen, dass sich diese „peinlichen Dinge" nicht mehr wiederholten. Er wusste auch schon wie ... Und so entschloss sich Elia, nach einer Woche voller schlafloser Nächte, der Gebete und des Flehens, das Kloster zu verlassen.

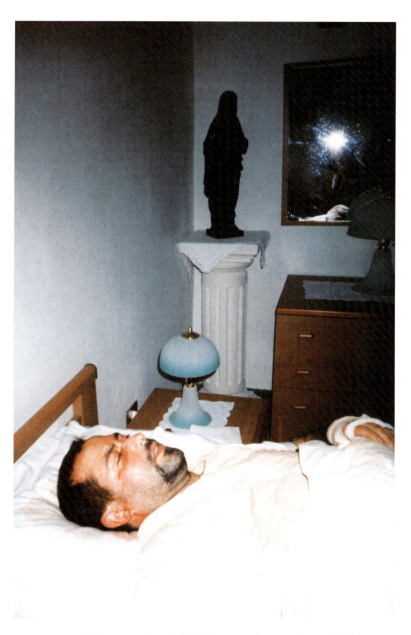

Die Geschichte zu den Abbildungen lesen sie auf Seite 89

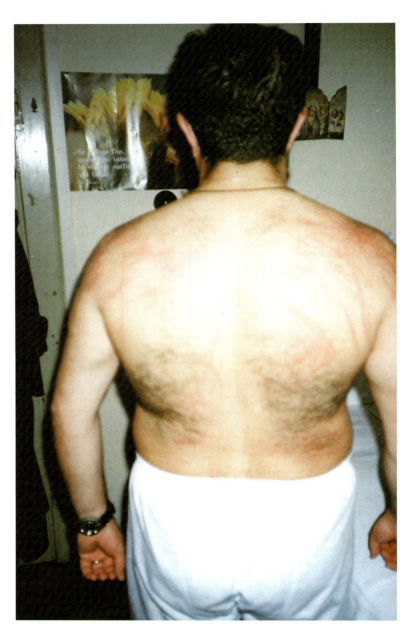

Die Stigmen

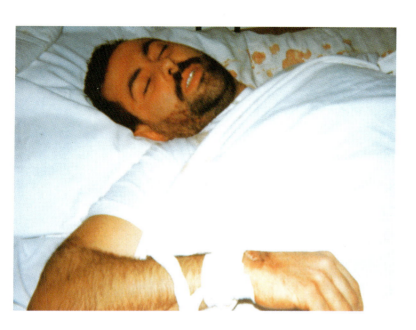

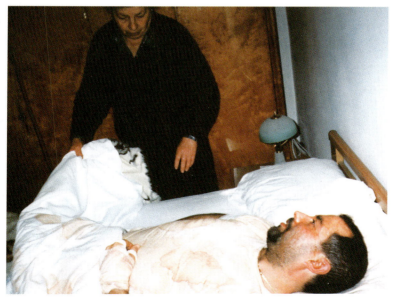

Die Stigmen

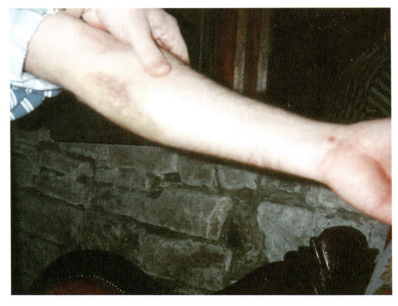

Die Stigmen

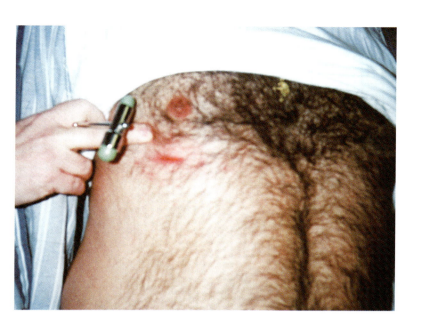

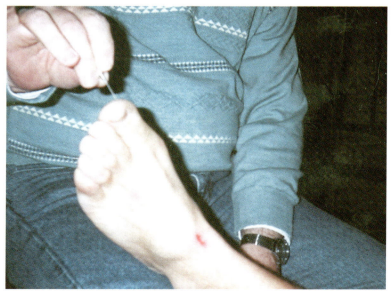

Die Stigmen

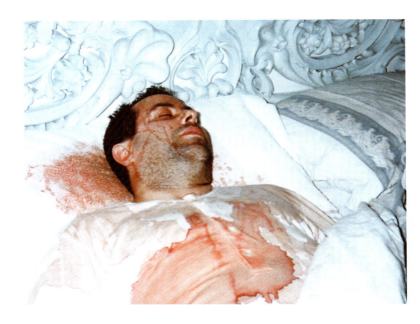

Die Stigmen

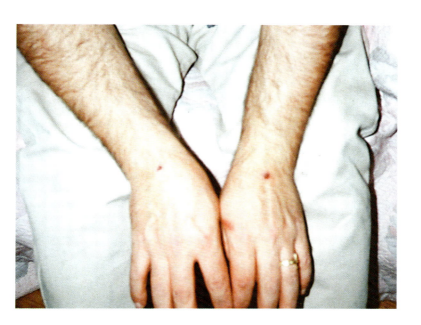

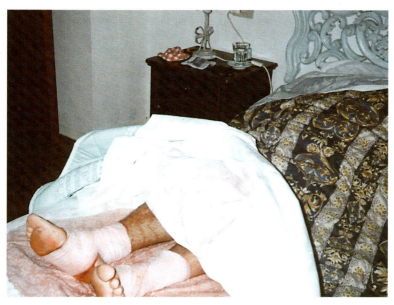

Die Stigmen

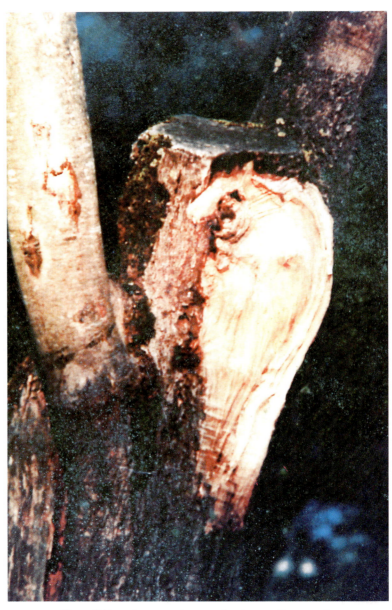

Der Olivenbaum, der nach einem Feuer wie
„Christus, der Gekreuzigte" zurückblieb.

Teil III

DER EROBERER DER SEELEN

Das war die beste Lösung. Sicherlich, in der Welt, fernab von der Kirche und abgelenkt durch die verschiedensten Probleme des Lebens, würde der Herr begreifen, dass er so nicht mehr zur Verfügung stand. Elia entschloss sich, gerade rechtzeitig vor dem Beginn der Fastenzeit das Kloster zu verlassen, und so sah Mamma Anna ihn eines lauen Aprilmorgens mit seinem Koffer bei ihr zu Hause ankommen. Er wirkte so verstört und durcheinander, dass niemand etwas sagte und alle seinen Entschluss akzeptierten.

Gott jedoch hatte sich für Elia entschieden und schenkte ihm weiter seine Liebe, indem er seine Passion pünktlich an dem von IHM festgesetzten Tag manifestierte. Elia stöhnte und weinte, während Anna ihm die Hand hielt und seine fiebernden Lippen befeuchtete. Als das Fieber stieg, zerbrach das Thermometer in tausend kleine Stücke. Anna bekam es mit der Angst zu tun und rief einen Priester. Vielleicht war Elia schwer krank ..., vielleicht wollte er ja die Eucharistie empfangen. Der Priester kam und trat in Elias Zimmer. Als er wieder herauskam, erlitt er einen Schwächeanfall und musste sich, kreidebleich im Gesicht, an die Mauer lehnen, um nicht zu fallen.

Auch diese Tage vergingen, und alle waren erschüttert von dem, was sie gesehen hatten. Aber Elia gab sich nicht geschlagen, sein Geist, immer noch in Rebellion, wollte kämpfen. Er wollte nicht akzeptieren, dass Gott weiter auf dieser Sache beharren könnte. Er war all dessen müde, wollte ganz normal leben, auch weil er in der Zwischenzeit begriffen zu haben glaubte, dass Gott ohnehin nichts von ihm wollte. Er dachte daran, den Bruder Krankenpfleger zu besuchen, den, der beim ersten Mal Zeuge jener unerklärlichen Vorkommnisse gewesen war, und dem er unter gemeinsamen Tränen sein ganzes Unbehagen, seine Verzweiflung und auch seinen Entschluss, all das zu beenden, wenn Gott ihn von diesen Dingen nicht befreien würde, offen legen wollte.

„Gott bemerkt mich ja noch nicht einmal, wahrscheinlich will Er mich nur für irgendetwas bestrafen, wofür, weiß nur ER. Ich glaube nicht, dass ich das verdiene ... Ich habe immer alles für IHN getan und ER hat mich verlassen ...“

Der Bruder Krankenpfleger fand keine rechten Worte, um ihn zu trösten, bemühte sich aber, alles nur Mögliche dafür zu tun, aber Elia, unbeugsam, wollte vernünftige Argumente nicht hören, sondern sagte stattdessen: „Ich muss gehen, ich werde noch einmal darüber nachdenken. Wenn Du mich nicht mehr hier siehst, bedeutet das, dass ich mich meinem Schicksal gestellt habe.“

Und er ging davon, ungeachtet des Protestes vom Bruder Krankenpfleger. Er stieg auf einen Berg, der bei den Einwohnern von Bergamo berühmt war wegen der darunter liegenden Schlucht, die Elia einzuladen schien, sich hinunterzustürzen. Lange starrte er in die Leere, wie besessen davon angezogen, um dann langsam an den Rand des Abgrunds zu treten. In dem Moment erschien ER. ER war in eine ziegelrote Tunika gekleidet, sein Gesicht jedoch hatte einen zornigen Ausdruck und seine Augen flammten. Ohne etwas zu sagen, stieß er Elia mit solcher Gewalt zurück, dass er sich wie betäubt ein paar Meter vom Rand der Schlucht entfernt wiederfand. Elia fasste sich ans Gesicht. Er hatte das Gefühl, eine kräftige Ohrfeige erhalten zu haben. Überrascht und wieder völlig bei Verstand, begriff er, dass der Herr ihm beigestanden hatte, aber nun erzürnt über ihn war.

Er sammelte seine Sachen zusammen, und während ihm sein Engel Lechitiel zulächelte, stieg er in seinen Wagen und kehrte in heiterer Stimmung zurück zu Mamma Anna. Ihm blieb nun nichts anderes übrig als abzuwarten, und in der Zwischenzeit würde er mit seinem Apostolat unter den Menschen beginnen, aber vor allem musste er jetzt erst einmal eine Arbeit finden, die seinen Unterhalt sicherstellte. Elia war es noch nicht bewusst, aber von dem Augenblick an sollte er ein Eroberer der Seelen werden. Mamma Anna fand leicht eine provisorische Arbeit für ihn, und sie nahm ihn für einige Zeit bei sich auf, in Erwartung, dass sich sein Leben bald in geeigneter Weise ordnen würde.

Eines Tages, als beide am Fenster standen, sah er jene Nachbarin allein vorbeigehen, mit der Anna die bestürzende Episode mit dem Kruzifix erlebt hatte. Sogleich entschloss Elia sich, sie in ihrem Haus aufzusuchen. Anna wollte ihn begleiten. Sie traten in ein kleines, aufgeräumtes Appartement. Die Frau stand in der Nähe des Fensters und unweit von ihr starrten zwei andere Frauen sie hilflos an. Elia näherte sich, und als er vor der besagten Frau stand, bekam sie unerwartet einen bösartigen Gesichtsausdruck und schrie: „Du bist ein Ferkel, ein Schwein, eine dreckige Bestie, ekelhaft!"

Elia ließ sich nicht aus der Ruhe bringen, währenddessen eine Stimme klar und deutlich zu ihm sagte: „Elia, umarme sie."

Plötzlich baute sich ein Schutzschild aus Licht vor ihm auf, während er mit aller Macht versuchte, sie an sich zu ziehen. Die Frau schlug um sich, kreischte und spuckte dabei grünen Schleim. Aber Elia fuhr fort, sie zu umklammern, darauf wartend, dass die Stimme ihm Anweisung geben würde, was er tun sollte.

„Weiter so, halt sie fest."

Elia sagte: „Gott liebt dich", während die Frau ihn biss und kratzte und wie eine Wahnsinnige um sich schlug.

Zu guter Letzt stürzte sie ohnmächtig zu Boden. Elia gab ihr zwei Ohrfeigen und die Frau erhob sich, als wäre nichts geschehen. Sie erinnerte sich an nichts.

Elia lebte einige Zeit bei Anna und ihrer Familie, während er als Chauffeur für eine Transportfirma arbeitete und in seiner Freizeit alten Menschen half. Inzwischen hatte sich im Kloster herumgesprochen, dass Elia fortgegangen war, weil er eine Pause zum Nachdenken benötigte. Das hatte zur Folge, dass viele Leute sich wegen ihrer diversen Probleme auf den Weg machten, ihn zu suchen, um ein Wort des Trostes von ihm zu bekommen. Und so half Elia allen, so gut er konnte, obgleich ihn die Neugier der Menschen und die Bedeutsamkeit, die sie seiner Person zumaßen, in Verlegenheit brachte. Er war doch ein Niemand. Die Menschen sollten in die Kirche gehen und Trost bei IHM suchen, der alles vermochte. Vor allem auch, um IHN zu verehren und IHM für die unendliche Liebe zu danken, die er all seinen Geschöpfen schenkte. Warum nur kapierten die Menschen das nicht? Und da war noch das Problem mit seinen Eltern. Sie wussten weder von den Stigmata, noch davon, dass er das mönchische Leben aufgegeben hatte. Was hätte er ihnen sagen sollen? Wie sollte er ihren Einwänden begegnen?

Unterdessen kam die Fastenzeit immer näher und sein Gesundheitszustand zwang ihn, seine Arbeit aufzugeben. Demoralisiert beschloss er, nach Apulien heimzukehren und seiner Familie davon zu berichten. Würden sie sich seiner schämen? Und seine Mutter, ohnedies bei schwächlicher Gesundheit, wie würde sie reagieren? Er sprach mit Mamma Anna darüber, und gemeinsam kamen sie zu dem Schluss, dass dies ein weiterer wichtiger Schritt sei, den er tun musste.

Als er in seinem Geburtshaus ankam, wurde ihm klar, dass ihm bereits jemand zuvorgekommen war. Seine Eltern wussten bereits Bescheid, genauso wie seine Schwestern und Brüder, Onkel und Tanten, seine Cousins wie auch die alten Freunde. Man nahm ihn auf, wie man einen Sohn aufnimmt, doch Elia spürte sofort die Ungläubigkeit seines Vaters, die Furcht und die Ängste seiner Mutter, den Wirbel und den Aufruhr, welche die Neuigkeiten über ihn bei ihnen ausgelöst hatten. Er hatte das alles nicht gewollt ..., aber es war nun einmal so.

„Ist es denn wirklich wahr, mein Sohn?"

„Sieh es dir selbst an, Mutter."

In den folgenden Tagen bat Elia alle um möglichst vollkommene Ruhe. Er wollte in seinem Zimmer allein sein. Er erklärte allen, er habe göttlichen Beistand und brauche von niemandem Hilfe. Dann und wann befeuchteten sie ihm die Lippen mit ein wenig Wasser. Am Aschermittwoch besuchte er seinen Cousin Nicola. Er war erschöpft und hatte Schmerzen, und wie immer, wenn er Trost brauchte, so half ihm auch jetzt die Freundschaft und das Verständnis seines Cousins, die notwendige Kraft zu finden, die er brauchte, um sich seiner Prüfung zu stellen.

Er fand Nicola in Gesellschaft von Rosanna und ihrer Tochter Christina vor. Er nahm das Kind in den Arm, liebkoste es ein wenig und sagte dann, indem er auf eine Skulptur, die das Heilige Herz darstellte, zeigte: „Gib Jesus einen Kuss", und während das Kind seine Bitte mit dem Händchen erfüllte, fing das Antlitz von Christus an, Tränen zu vergießen. Rosanna war es, die es bemerkte. „Jesus ist ja ganz nass, er weint ...“

Unmittelbar darauf legte Elia seine Hände aufs Gesicht, während aus seiner Stirn reichlich Blutstropfen zu sickern begannen. Inzwischen hatte sich der ganze Raum mit einem intensiven Rosenduft gefüllt. Elia hastete nach Hause, sein Fieber stieg enorm an. Das Thermometer zerbrach und während der Nacht öffneten sich dann tiefe Wunden an seiner Brust, an seinen Händen und Füßen. Alles genauso, wie es geschrieben stand. Die Familie glaubte ihren Augen nicht zu trauen, die Nachbarn sahen es und alle Leute bekamen es mit, wie Elia die Passion des Herrn erlitt.

Während sein Körper in einem halb bewussten Zustand daniederlag, wandelte sein Geist selig zwischen langen Reihen von Wesen herum, gekleidet in Licht, die langsam zu einem riesigen Bogen strebten, hinter dem man ein noch viel außergewöhnlicheres Licht wahrnehmen konnte. Elia erkannte einige verstorbene Verwandte und verspürte den Impuls, ihnen zu folgen. Er fühlte sich in einen vollkommenen Frieden eingehüllt, mit der Gewissheit, jenseits des Lichts beobachte ihn eine Kraft. Eine junge Frau hielt Elia an. „Deine Zeit ist noch nicht gekommen, Elia." Es war seine junge Kusine, die erst vor wenigen Monaten gestorben war. Aber Elia fühlte sich zu sehr von diesem Licht angezogen, von dieser Kraft; er sah seinen leidenden Körper und wünschte nichts sehnlicher, als loslassen zu können. Jenseits der irdischen Grenzen würde er nicht mehr leiden müssen, aber Lechitiel rief ihn mit einem strengen Gesichtsausdruck zurück, und augenblicklich spürte er wieder das Feuer seiner Wunden.

Um fünfzehn Uhr am Karsamstag erhob sich wie von unsichtbarer Hand ein riesiger Krug aus Terrakotta in die Luft und zerschmetterte auf dem Fußboden. Es war das Zeichen, dass alles vorüber war. Wie reagierte seine Familie? Sie fuhren fort, nach ihm zu schauen, und behandelten ihren Sohn so, als wäre das alles ganz normal.

Er erholte sich rasch, so dass er bei der Feldarbeit helfen und seine verheirateten Schwestern besuchen konnte, um sich über ihr Leben zu informieren. Er nahm wieder Kontakt mit den Freunden seiner Jugendzeit auf, die inzwischen verheiratet waren und Kinder hatten. Sie alle waren sich einer Sache sicher: Elia hatte spezielle Verbindungen mit einer höheren Welt, aber sie erwarteten von ihm keine außergewöhnlichen Dinge oder seine Fürsprache für besondere göttliche Gnaden. Im Übrigen wollte Elia über seine Angelegenheiten nicht reden, er schämte sich und versuchte sein Leben so zu leben, wie er es immer getan hatte, indem er ein Auge auf einige verirrte Schäfchen warf, Gebetsgruppen zu bilden versuchte, und indem er ihnen wunderbare Gleichnisse erzählte und so zum Wachstum der Herde Gottes beitrug.

Im Gespräch mit Nicola, den ich inzwischen sehr gut kenne und schätzen gelernt habe, konnte ich feststellen, dass viele junge Leute aus der Gruppe ungläubig waren, keine Wertvorstellung für ihr Leben hatten, jedoch mit Hilfe Elias heute regelmäßig die Messe besuchen. Viele von ihnen haben großartige Familien gegründet und betrachten Elia als ihren spirituellen Führer.

„Elia hat eine Stärke", bestätigte mir Nicola. „Wohin er auch geht, da setzt er ein Zeichen!"

Und so folgte Elia gelassen seinem Weg, auch wenn er im Grunde seines Herzens das mönchische Leben vermisste. Ihm fehlte die Stille, das langsame Skandieren des Stundengebets, das gemeinschaftliche Gebet im Chor. Aber er vernahm auch den Ruf der Seelen da draußen, die seine Hilfe brauchten. Und während er zum hundertsten Mal darüber reflektierte, was das Schicksal ihm wohl zugedacht hatte, fiel ihm eine Zeitung in die Hände, die über Missionen in Indien berichtete. Ohne sich auch nur über seine Absichten im Klaren zu sein, fand er sich in einem Flugzeug mit Kurs auf Kalkutta wieder, wo er fast acht Monate blieb. Dort lernte er in einer Arbeitskommune mit Straßenkindern zu leben, hatte Kontakte mit der sanften und freundlichen Bevölkerung, welche das menschliche Elend in heiterer Gelassenheit zu ertragen gelernt hatte, gespeist vom Glauben, dass der Allmächtige sie nicht verurteilte; ein Volk, das Brüderlichkeit demütig und freudig zu praktizieren gelernt hatte. Er lernte in neuen Bahnen zu denken, zu lieben und zu leben. Mit anderen Worten, sein Glaube erreichte eine höhere Stufe.

Als er nach Hause zurückkehrte, war es erneut Ostern. Er verbrachte die Tage bei Mamma Anna und deren Familie. Sofort machte er sich auf die Suche nach einer neuen Arbeit. In Anbetracht der Tatsache, dass er sich im Monat April immer abmelden musste, zog er Gelegenheitsarbeiten jeder Art vor. Zuerst arbeitete er als Florist in der Pfarrei, danach in einem Süßwarengeschäft, in einer Genossenschaft, als Hilfskraft in einem Krankenhaus, ja sogar als Koch in einem Gefängnis in Rom. Er arbeitete als Sozialarbeiter in der Drogenbekämpfung. Mit anderen Worten: Er übte viele Berufe aus, doch vor allem machte er großartige menschliche Erfahrungen und setzte sich dort ein, wo Not am Mann war, indem er sich seinen Nächsten so ausschließlich widmete, dass er sich dabei wie eine brennende Kerze fast selbst verzehrte. Für ihn zählten weder Entbehrung, noch durcheinander gebrachte Zeitpläne. Das Wichtigste für ihn war, Zeit zu finden für die Herde Gottes, welcher auch nicht ein einziges Schäfchen verlieren wollte.

Niemand wusste etwas über ihn, und die Menschen, die Gelegenheit hatten, ihn kennen zu lernen, betrachteten ihn als etwas ganz Besonderes. Mittlerweile war allen bewusst, dass Elia ihnen Dinge vorhersagte und immer das rechte Mittel für ihre Gesundheit kannte, und dass sie ihm keine Lügen auftischen konnten, da er unerklärlicherweise die Wahrheit immer schon im Voraus kannte. Von Tag zu Tag suchten ihn immer mehr seiner Freunde auf. Es schien, als benötigten ihn alle, überzeugt, bei ihm Trost und wertvolle Ratschläge zu finden.

Eines Tages sagte eine junge Frau zu ihm: „Elia, könntest du mir einen Gefallen tun? Am Samstag und Sonntag müsste ich mit einem Kollegen aus dem Büro zu einem Kongress fahren. Sag du es bitte meinem Ehemann, dir vertraut er."

„Kannst du etwas präziser sein? Schließlich ist er doch vielmehr dein Liebhaber als dein Kollege ..."

„Nein, absolut nicht, Elia ..."

„Entweder, du sagst mir die Wahrheit, oder du richtest kein Wort mehr an mich! Was machen wir?"

„Wer hat dir das verraten? Dieser gewissenlose Mensch hat mir versprochen, nicht darüber zu reden!"

Episoden dieser Art waren so häufig, dass die Leute rätselten, wie Elia es bloß anstellte, immer über alle ihre Angelegenheiten auf dem Laufenden zu sein.

„Ich lege die Karten", antwortete Elia ihnen scherzend, „aber nicht vor den Leuten ... Das mache ich allein zu Hause, sonst gelingt es mir nicht so gut ..."

Eines Abends, während Elia, Gualtiero und ich uns ruhig miteinander unterhielten, klingelte Elias Handy. Man konnte deutlich die aufgeregte Stimme einer Frau vernehmen, die zwischen Tränen und Seufzern zu erklären versuchte: „Elia, ich bin verzweifelt, ich habe mich wieder mit meinem Ehemann gestritten, und dieses Mal will er mich verlassen ... Leg mir die Karten, bitte ... Will er sich wirklich von mir trennen?"

Elia zwinkerte uns mit den Augen zu und nahm die Zeitung, die auf dem Tischchen lag, zerknüllte sie, um daraus ein Kügelchen zu formen, mit der Absicht, ein Kartenspiel zu simulieren, und antwortete ihr: „Ich habe sie gerade bei mir, die Karten ..., schauen wir einmal ... Die Zehn Karo sagt mir, dass es sich um eine Geldangelegenheit handelt ..."

Selbstverständlich hatte Elia kein Kartenspiel, er hockte gemütlich auf dem Sofa und schaute ins Leere. „Du hast deinem Ehemann Geld gestohlen ..., viel Geld. Das ist eine schlimme Sache, die du da gemacht hast!"

„Ich wollte es ihm nicht stehlen, ich hätte es ihm in Kürze zurückgegeben ..."

„Wie viel Geld hast du ihm weggenommen?"

„Dreißig Millionen Lire!"

Elia wurde streng und sagte ihr, dass ihr Mann im Moment nicht zurückkommen würde, und er gab ihr den Rat, an ihrem wirklich unakzeptablen Verhalten einiges zu ändern.

„Morgen wirst du dich in die Kirche begeben, dem Herrn dein Herz öffnen und sehen, ob Er dich erhören wird."

Als die Konsultation beendet war, nahmen wir unsere unterbrochene Unterhaltung wieder auf, bis Elias Telefon schon wieder läutete.

Die Berühmtheit Elias wuchs, vor allem auch wegen seiner außerordentlichen Begabung als Heiler. Natürlich arbeitete er nicht professionell, aber er bot seine Hilfe an, wenn er merkte, dass es seinen Freunden schlecht ging. Es war auch einer seiner Freunde, der ihm die Adresse von Prof. Margnelli gegeben hatte. Elia besuchte einen Kurs in Reflexologie und wurde schließlich Pranatherapeut und Reflexologe.

Auch ich habe ihn einige Male kranke Personen behandeln sehen. Manchmal legt er ihnen die Hand auf, und bisweilen behandelt er das betroffene Körperteil mit einer leichten Massage, manchmal genügt eine kurze Berührung, hier und da jedoch dauert es eine Stunde. Bei anderen Gelegenheiten redet er nur mit den Leuten und empfiehlt ihnen eine Pflanzenmedizin. Es gibt bei ihm keine präzise Methode, sondern nur seine Intuition. Sein Handeln wird ihm von Mal zu Mal von den Engeln eingegeben. Eines Abends, als ich in Gesellschaft Elias die Post anschaute, fand ich eine Hochzeitseinladung, geschrieben auf Pergamentpapier. Elia nahm das Pergament und legte es sich auf eine Handfläche. Zu meiner größten Überraschung sah ich, wie sich das Blatt zusammenrollte und in die Luft erhob, aktiviert durch diese außergewöhnliche Energie seiner Hand. Wieder einmal hatte Elia mir seine Fähigkeiten demonstrieren wollen.

Unterdessen breitete sich sein Ruhm durch seine Freunde und die Freunde seiner Freunde immer weiter aus, welche immer zahlreicher zu ihm strömten, wie zu einem rettenden Hafen. In den meisten Fällen handelte es sich nicht um einfache Krankheiten, sondern um bereits vorbehandelte Fälle mit schlechter Prognose. Ich möchte hervorheben, dass Elia dabei weder seine Arbeit aufgab, die seine einzige Einkommensquelle darstellte, noch die Kirche, noch den geistigen Austausch mit seinem Pater Spiritual, noch die Menschen, die seine Gebete benötigten. Er empfing die Kranken, weil er niemals jemandem etwas abschlagen konnte. Die Behandlungsdauer war stets kurz. Es gelang ihm, drei große Zysten im Kopf einer Frau mit nur drei Applikationen aufzulösen. Manchmal begegneten ihm auch Personen, denen wirklich nur noch ein Wunder helfen konnte.

„Ich wirke keine Wunder. Ich bin nicht Gott! Es ist der Herr, der alles vermag. Betet ...“

Aber auch diesen Menschen spendete er Trost, weil er ihre Seele mit Worten der Liebe und Hoffnung anrührte. Trotz all dem wurde er immer wieder von heftigen Zweifeln geplagt. Was mache ich da? Was rede ich da? Wer spricht da in meinem Inneren? Ist das alles richtig, was ich hier tue?

Er hatte sich angewöhnt, zu Hause das Evangelium aufzuschlagen, den Finger auf einen Satz zu legen und dessen Bedeutung zu erfassen. Seiner Ansicht nach bestätigten oder widersprachen die Engel mit Hilfe des Heiligen Buches der Gültigkeit seiner Intuitionen. Auch ich habe viele Male beobachtet, wie er das getan hat, und erstaunlicherweise hat der vorgelesene Satz die Diagnose oder Maßnahme stets in unzweifelhafter Art und Weise bestätigt, für die Elia sich kurz vorher ausgesprochen hatte. Als ich zufällig ein Buch über den Heiligen Franz von Assisi las, entdeckte ich, dass auch er es genauso gemacht hatte, unter der Inspiration des Heiligen Geistes.

Während der Osterferien kehrte Elia nach Apulien in das Haus seiner Eltern zurück. Nachdem alle im Dorf an seiner Passion teilgenommen hatten, wurde Elia von den Leuten als eine Art Bruder Wahrsager angesehen, mit übernatürlichen Fähigkeiten. Oft mussten seine Freunde ihn vor dem Ansturm der Menge in Schutz nehmen, obwohl er sich gern jedem zur Verfügung stellte, der Hilfe brauchte. Seine Intervention bezog sich vor allem auf Familienprobleme, die Kinder und unfruchtbare Frauen, die überraschenderweise Kinder gebaren, wenn Elia es vorhergesehen hatte.

„Zu Weihnachten wird ein hübsches Kind zur Welt kommen.“

Auch ich habe diverse Telefonate mitangehört, von Frauen, die ihm verkündeten, dass sie einen Sohn bekommen hatten, genau wie er es versprochen hatte.

„Danke, Elia.“

„Dankt dem Herrn.“

Den Urlaub verbrachte Elia immer bei seinen Freunden, und er folgte ihnen auch ans Meer oder begleitete sie zu irgendwelchen Festen. Die Zeit, die er mit ihnen verbrachte, gab ihm Kraft und entschädigte ihn für alles. Anlässlich einer Taufe sah Elia zum ersten Mal Rosita, die Verlobte seines Cousins Domenico, einem Bruder von Nicola.

PERSÖNLICHE ERLEBNISSE MIT ELIA

Die Erzählung von Rosita

Ich bin die jüngste von vier Schwestern und galt immer als das schwarze Schaf in meiner Familie. Kaum im Dorf meines zukünftigen Ehemannes angekommen, sprachen alle von Elia, als wäre er ein Außerirdischer, etwas, das mich unheimlich störte, da ich eine starke Abneigung gegen alles habe, was die Welt des Magischen betrifft, wie Kartenlegen, Wahrsagerei, Medien. Im Geiste zählte ich Elia zu dieser Kategorie, und als ich vernahm, dass auch er zur Taufe eingeladen worden war, hätte ich es am liebsten vorgezogen, zu Hause zu bleiben. In Anbetracht der Tatsache, dass ich mir den Cousins gegenüber eine solche Unhöflichkeit aber nicht erlauben konnte, ging ich zu dem Fest, nahm mir aber vor, mich von dieser Person fern zu halten.

Ich erspähte ihn sofort, und da ich voreingenommen war, war er mir schon unsympathisch. Elia dagegen schien mich noch nicht einmal bemerkt zu haben. Nach wenigen Sekunden war er an meiner Seite und redete mit lauter Stimme mit jemandem. Offenbar sprach er über Episoden, die unbekannte Personen erlebt hatten, aber in Wirklichkeit handelte es sich um mich. Er erzählte von meinem bisherigen Leben und sprach über meine schmerzhaftesten Punkte. Er riss dabei Wunden auf, die in der Zwischenzeit vernarbt waren, wobei er Worte des Verstehens und der Rechtfertigung fand, da die erlebten Erfahrungen meiner Entwicklung förderlich gewesen seien. Ich bemühte mich, meine Emotionen nicht zu zeigen, während Elia weiterging, ohne mich zu beachten. Er scherzte mit allen und schien sich zu amüsieren.

Von dem Tag an kam Elia mit äußerster Sanftheit in mein Leben und gab mir ungewöhnliche Zeichen seiner Freundschaft, welche mich über das Warum unserer Begegnung nachdenken ließen. Mir kam er wie ein Engel vor, den der Himmel geschickt hatte, um mir zu helfen, den Sinn meines Lebens zu begreifen. Es war nicht leicht für ihn, mich zu überzeugen. Ich widerstand jedem Anreiz, oder besser gesagt, es waren mein Verstand und mein Herz, die mit Gott kämpften, bis ich mich endlich den Forderungen meines inneren Lebens ergeben musste. Meine Tochter, immer schon krank, genas unerwartet, nachdem er sie berührt hatte. Mein Vater, ein Atheist, der zwei kleine Tumore an den Schläfen hatte, die operiert werden sollten, wurde wieder gesund, nachdem Elia ihn mit seiner Hand berührt hatte. Und meine Schwester bekam, trotz unverträglichem Rhesusfaktor, einen kerngesunden Sohn. Genau wie er es vorhergesagt hatte. Zwischen uns entstand ein außergewöhnlich inniges Band.

Inzwischen gelingt es mir sogar, seine Gegenwart wahrzunehmen, wenn er mich mit seinem Astralkörper besuchen kommt. Ich rede mit ihm, und wenn es ihm möglich ist, dann ruft er mich an, um mir zu bestätigen, dass meine Erfahrungen absolut real waren. Wenn ich ihn brauche, dann rufe ich ihn in Gedanken herbei, und er kommt und hilft mir, wieder Ruhe und Kraft zu finden. Natürlich hat auch mein Vater zum Glauben zurückgefunden, und wenn er ihn sieht, dann fällt er vor ihm auf die Knie, was Elia zwar irritiert, aber man kann dagegen nichts machen. Ich kann sagen, dass Elia mir in jeder Notlage entgegenkommt, auch physisch, sogar unmittelbar nach Ostern. Er lebt für die anderen, opfert sich vollkommen für sie auf ... Heute bin ich dankbar, all das bewältigt zu haben.

Ein Fall von Bilokation

Grazia aus Taranto besuchte Elia oft, um an seinen Gebetszusammenkünften teilzunehmen. Sie hatte ein Leberkarzinom. An einem Sonntagmorgen, während Elia bei der Heiligen Messe gemeinsam mit Freunden betete, hatte er die Vision, dass sie Schmerzen litt und deprimiert war. Er spürte ihren Schmerz und wünschte sich, an ihrer Seite sein zu können, um sie zu trösten. Im selben Augenblick erblickte die Frau ihn neben sich in ihrem Haus in Taranto, er lächelte ihr zu, sie unterhielten sich und er legte ihr die Hand auf, um ihr Energie und Heilkraft zukommen zu lassen. Gegen Abend rief Elia sie an, um sich zu erkundigen, wie es ihr ginge.

„Gut Elia. Ich habe dich heute Morgen neben mir gesehen ... Danke, dass du gekommen bist ... Ich muss wohl eingeschlafen sein, weil ich mich nicht von dir verabschiedet habe ..."

Nach einiger Zeit erfuhr Elia von Grazias vollkommener Heilung.

Zwischen seinem 33. und 38. Lebensjahr teilte Elia fünf Jahre lang sein Leben zwischen Bergamo und Apulien auf, wobei er immer neue Freunde fand, sowie Seelen, die sich von ihm angezogen fühlten. Auch vergaß er niemals Mamma Anna und seine Mitbrüder, die ihm, wie der Bruder Krankenpfleger, besonders nahe gestanden hatten, und seine spirituellen Väter wie Pater Maurizis und Pater Marcello, die trotz all ihrer Skepsis für Elia verehrungswürdige Personen blieben, die er schätzte und bewunderte.

Eines Tages, bei einem Besuch in seinem alten Kloster, begegneten sie sich in der leeren Kirche. Sie begrüßten sich herzlich, beteten zusammen und begannen dann die übliche Unterhaltung, bei der Pater Marcello zum x-ten Mal bekräftigte, dass er wirklich nicht an die charismatischen Phänomene Elias glaubte und sie seiner Meinung nach nicht göttlicher Herkunft waren. Elia sagte nichts und begab sich nach vorne zu einer Statue der Madonna, die auf einem Seitenaltar stand, gefolgt von Pater Marcello. Plötzlich fing die Marienstatue an zu weinen, während sich ein intensiver Rosenduft in der Luft verbreitete. Pater Marcello, Zeuge dieses Wunders, fiel auf die Knie und flehte zum Herrn: „Was für ein Zeichen ist das, mein Herr? Willst du, dass ich Elia glaube? Was soll ich tun?"
Heute bin ich im Besitz eines von Pater Marcello handgeschriebenen Briefes, den er Don Pietro geschickt hat, dem jetzigen Pater Spiritual von Elia. In diesem Brief schreibt er:
„Ich wurde Zeuge der Tränen im Antlitz einer Madonnenstatue, während ich direkt vor ihr stand. Ich wage es nicht, mir in der theologischen oder übernatürlichen Beurteilung Verdienste zu erwerben. Mich interessierte und interessiert vielmehr Elias spirituelle Lebensweise (sein Gebetleben, Sakramente, seine spirituelle Führung). Ich bin glücklich, dass er Sie, Don Pietro, als Führer hat. Gewiss beunruhigt mich das Prekäre an seiner persönlichen Lebenssituation. Vielleicht beruft Gott ihn ja zu einem Leben als Wandermönch, wie den Heiligen Guiseppe Benedetto Lobre. Ich bin für jede Einschätzung Ihrerseits offen. Ich schließe die Hand des Herrn keinesfalls aus."
Im selben Umschlag folgt ein an Elia adressierter Brief:
„Lieber Elia, sowie ich konnte, habe ich an Don Pietro geschrieben. Leider sind unsere Kontakte ein wenig selten geworden. Wenn du im Lichte des Herrn irgendwelche Neuigkeiten für mich hast, wäre ich dir sehr dankbar. In der Verbundenheit des Kreuzes und der Auferstehung umarmt Dich Pater Marcello."

Ein anderer Priester, Pater Domenico, hatte von Elia gehört, und machte sich, neugierig geworden durch die zahlreichen „Legenden", die man über ihn erzählte, auf den Weg nach Bergamo. Der

Pater begab sich zu Elias Haus und sagte ihm ganz einfach, dass er ihn kennen lernen wolle, ohne auch nur im Geringsten seine Neugierde hinsichtlich der Phänomene, von denen er gehört hatte, offen zu legen. Elia empfing ihn freundlich und lud ihn ein, mit ihm zu speisen. Man redete über alles Mögliche, aber nichts geschah, außer dass beide eine angenehme Mußestunde miteinander verbrachten. Pater Domenico blieb für einige Tage in Bergamo, zeigte Elia einen offenen und sympathischen Charakter, doch Elia vertraute ihm nichts an.

Als Pater Domenico in seine Pfarrei am Meer in die Toskana zurückkehrte, dachte er darüber nach, dass er Elia vermutlich viel freundschaftlicher gegenübertreten müsste, um sein Vertrauen zu gewinnen. Daher entschied er, den telefonischen Kontakt mit ihm aufrechtzuerhalten und ihn im Sommer zu einem kurzen Urlaub am Meer in seine Stadt einzuladen.

Die Monate vergingen, während ihre Freundschaft sich festigte, und der Tag der Einladung kam, die Elia mit Freuden annahm. Aber auch bei dieser Gelegenheit öffnete Elia ihm nicht sein Herz. Das passierte schließlich an einem Tag mit schlechtem Wetter und Südwestwind, als Pater Domenico plötzlich das Thema anschnitt, das ihm so am Herzen lag.

„Ich habe gehört, du sollst übernatürliche Kräfte besitzen, man hat mir sogar erzählt, dass du ...“

Elia unterbrach ihn: „Ich habe verstanden ..., aber erst einmal nehmen wir ein Bad ...“

„Wie kannst du nur in einer derart unruhigen See baden wollen?“

„Komm, gehen wir ins Wasser, ich bitte dich darum!“

Und Elia zog rasch sein Hemd und seine Hose aus und warf sich in die nächste Welle. Pater Domenico folgte ihm sofort, aber kaum war er im Wasser, beruhigte sich die See.

„Was passiert da, mein Gott?! Was hast du gemacht, Elia?“

„Ich gar nichts, Gott hat dir nur demonstrieren wollen, dass Er alles kann.“

Um beim Thema Priester zu bleiben: Eines Sonntagmorgens, während der Messe, hatte Elia zu der Predigt, die er hörte, eine vollkommen konträre Meinung. Der Pfarrer erboste sich über Getrennte, die zusammenlebten, über Geschiedene, über geschiedene Wiederverheiratete, indem er sie zum Verlassen der Kirche verdammte, und zum Verzicht auf die Sakramente. Elia schaute sich in der Kirche um und bemerkte, dass einige Frauen in Tränen ausbrachen, und sofort begriff er, dass es sich um Personen handelte, welche die Bürde einer Scheidung auf ihren Schultern trugen. Als die Messe zu Ende war, begab er sich in die Sakristei, wandte sich an den Pfarrer und konfrontierte ihn damit.

„Wie kannst du dir nur erlauben, verzweifelte Menschen zu verdammen, welche, wie auch immer, Gott in ihrem Herzen tragen? Erinnere dich, dass Jesus Maria Magdalena vergeben und sie geliebt hat! Gott verdammt niemanden, während die Menschen sich anmaßen, das zu tun!"

Dann sprach er in einem versöhnlicheren und eindringlichen Ton weiter, und als er fortging, ließ er den Pfarrer in Tränen zurück. Und so stellte sich Elia Tag für Tag dem Leben mit all den Problemen, die ihn herausforderten.

Trotzdem wurde er in jener Zeit von vielen als ängstlich eingeschätzt. Er sprach mit niemandem über seine Wundmale, er schämte sich deswegen und war ganz aufgeregt, wenn der Pfarrer ihn einlud, mit lauter Stimme aus dem Messbuch vorzulesen, oder ihn ersuchte, jemandem eine Botschaft zu überbringen, die er für wichtig hielt. Denn Elia hielt sich für gering, doch konnte er zum Löwen werden, wenn es darum ging, andere zu verteidigen.

An einem späten Nachmittag im September, als er mit seinem kleinen Wagen die Città Alta herunterfuhr, sah er in einer Ecke der Stadtmauer undeutlich einen ihm unbekannten Mann, der im Begriff war, ein Mädchen zu schlagen, welches einen total verängstigten Eindruck machte. Sofort hielt er an und eilte zu den beiden, die gar nicht wussten, was auf sie zukam. Elia packte rasch das Mädchen, stellte sich vor sie hin und brüllte den Mann an: „Schämst du dich nicht, eine arme Drogensüchtige zu bestehlen, die nicht einmal weiß, wie sie ihr Leben bestreiten soll ...! Hau ab und lass dich hier nicht mehr blicken! Ich kenne dich und es fehlt nicht viel, dass ich dich anzeige ..."

Elias Zorn war so offenkundig, dass der Mann floh, zu überrascht, um zu reagieren. Elia wandte sich der jungen Frau zu, die bisher noch keinen Ton von sich gegeben hatte, nahm ihre Handtasche und wühlte in ihren Sachen. Er holte ein Päckchen mit weißem Pulver heraus, während das Mädchen in Tränen ausbrach.

Ich möchte auch gerne eine Geschichte erwähnen, die einen Freund von Elia, Sandro, betrifft, der im Freiwilligenkorps wohl bekannt ist. Auch heute noch hilft Sandro alten Menschen und den

Aidskranken, und er teilt sich seine Wohnung mit einem Ex-Junkie, dem er hilft, seine Miete zu bezahlen. Wenn man jedoch seine spärlichen Einnahmen in Betracht zieht, kann Sandro wegen seiner täglichen Ausgaben keine großen Sprünge machen.

Gerade erst kürzlich habe ich zufällig erfahren, dass Elia sich einmal in der Woche zu einem Kloster in Bergamo begibt, um von den Mönchen Proviant zu erbetteln. Die großzügig gespendeten Vorräte bringt Elia dann zu Sandro und den anderen bedürftigen Menschen, die ein schweres Leben haben.

Diese Art Geschichten könnte ich unendlich lange weiter erzählen. Ich erinnere mich an die junge und viel versprechende Malerin Luisa, die wie ein Engel malte, der es aber nicht gelang, auch nur ein einziges Bild zu verkaufen.

„Warum malst du keine Engel?", schlug Elia ihr eines Tages vor.

Und so fing Luisa an, himmlische Kreaturen zu erschaffen, die so fantastisch aussahen, dass sie die Nachfrage kaum noch befriedigen konnte.

Und da ist auch noch die Geschichte mit dem Obdachlosen, der an einem kalten und regnerischen Herbstabend auf den Stufen einer Kirche eingedöst war. Als Elia sich ihm näherte, um nachzuschauen, ob ihm nicht etwas Schlimmes zugestoßen war, wachte der Obdachlose auf und sagte, er hätte Hunger. Elia wühlte in seiner Tasche und bot ihm 10.000 Lire an.

„Ich will dein Geld nicht ... Ich ziehe eine Umarmung und ein wenig Gesellschaft vor."

Überrascht ließ Elia sich das nicht zweimal sagen. Er umarmte ihn mit unendlicher Wärme, und dann gingen die beiden in eine Pizzeria und aßen zusammen.

Und da gab es auch noch das junge Ehepaar, denen es auf einmal nicht mehr gelingen wollte, sich zu vertragen. Er vernachlässigte sie und verbrachte seine ganze freie Zeit mit seinen Freunden, während sie desillusioniert und verzweifelt daheim hockte und über den Verlust des einzigen Mannes, den sie je geliebt hatte, nachgrübelte. Nach nur acht Monaten Ehe hatte es den Anschein, als würde bereits eine Scheidung ins Haus stehen. Es war der Ehemann, der Elia kontaktierte und behauptete, seine Frau wäre ein alter Griesgram. Zusammen begaben sie sich zu seiner Wohnung und in der Tat präsentierte sich die Ehefrau mit gerunzelter Stirn und mürrisch.

„Wie geht es dir?", erkundigte sich Elia.

„Er hat dir doch sicher schon gesagt, wie es mir geht", gab sie trocken zurück.

Elia lächelte milde und fuhr fort, als hätte er die Bemerkung nicht gehört: „Man kann nicht gleich bei der ersten Schwierigkeit aufgeben ... Wenn ich mich nicht irre, war es doch anfangs Liebe."

„Ja, ich habe aus Liebe geheiratet, aber bald schon habe ich alle seine Fehler bemerkt ... Er tut nichts anderes als fernsehen und besucht die Bars, und er wird sogar handgreiflich", fuhr sie in einem arroganten Ton fort.

An diesem Punkt bekam Elias „ungestümer" Charakter die Oberhand.

„Und wie bist du? Hast du dich einmal im Spiegel angeschaut? Da gibt es doch auch schlechte Seiten, und nicht nur gute ... Ich sehe sie alle."

Und tatsächlich sah Elia da einen schwachen Lichtfaden, der sie noch vereinte, ein Band der Liebe, das noch nicht ganz gerissen war. Die beiden selbst aber konnten das nicht wahrnehmen. Elia begriff, dass dieses Band gottgewollt war und er es unbedingt wieder zum Leben erwecken musste.

Eine der Aufgaben, die Elia anvertraut wurden, ist, die Christusliebe zu verbreiten, angefangen in der Familie, wo sich die natürlichste und intensivste Liebe manifestiert. Eine Familie, die gemäß göttlicher Ordnung lebt, ist ein Beispiel für die Gemeinschaft. Positive Energie breitet sich dort aus und bringt jedem, der damit in Berührung kommt, Freude. Die Freude, hat Elia mir erklärt, ist wie ein Segel inmitten eines Ozeans, das sich aufbläht und weht, wohin es will. Und Gott, der darüber gebietet, genauso wie er dem Wasser gebietet, schickt den Seelen Sturm oder Frieden auf ihrem Weg. Wir alle müssen die Freude wieder entdecken, aber wenn man in Angst lebt, in Unverständnis, in Kaltherzigkeit, dann kann man keine Freude empfinden.

Darum entschloss Elia sich, dem Ehepaar zu helfen, das blind und taub geworden war durch eine Barriere aus Unverständnis, die sie sich selbst aufgebaut hatten. Und so gelang es Elia, Tag für Tag, mit Ausdauer und Autorität, in die Tiefe ihrer Herzen vorzudringen, und sie von ihrer Anspannung, ihrem Groll und ihrem Misstrauen zu befreien, und bald war das junge Paar wieder vereint und verliebt wie früher. Heute haben sie drei Kinder, arbeiten und sind glücklich.

Und Pater Pio stimmte Elia befriedigt zu und spornte ihn an, so weiterzumachen. Auch wenn Elia wieder einmal am Bett irgendeines

Kranken saß, gesellte sich Pater Pio oft zu ihm und sagte: „Dein Platz ist hier, nicht eingesperrt hinter Klostermauern!"

„Hier, im Krankenhaus?"

„Nein, nicht im Krankenhaus, sondern überall dort in der Welt, wo Menschen leiden, an ihrer Seite."

Elia dachte ständig über diese Worte nach und verstand nicht, ob Pater Pio physisch Kranke oder seelisch Kranke oder alle beide meinte.

„Hast du denn immer noch Angst, das zu tun, was Gott von dir will?", fragte Pater Pio ihn. Und Elia, verwirrt, riss seine Augen sperrangelweit auf.

Eines Sommers, als Elia in Apulien weilte, entschloss er sich, nach San Giovanni Rotondo zu fahren, um Pater Pio die Ehre zu erweisen. Als man ihn in seine Zelle führte, fühlte Elia sich ihm besonders nahe, und so flehte er ihn an: „Pater Pio, vielleicht bin ich ja verrückt ... Vielleicht bilde ich mir ja alles nur ein ... Ich habe solche Zweifel, so große Angst ... Jetzt mache ich ein Foto von deiner Zelle ... Wenn du wirklich an meiner Seite bist, dann gib mir einen Beweis dafür ... Lass ihn in meinem Fotoapparat zurück."

Das Foto, das Elia mir und Gualtiero später gezeigt hat, hinterließ bei uns keinerlei Zweifel. Auf der großen weißen Wandfläche hinter Pater Pios Bett war deutlich die gigantische Fotografie mit dem berühmten Gesicht des Heiligen eingeprägt, genau jenes Bild, das alle Welt kennt.

Ebenfalls um diese Zeit herum, während eines heftigen Gewitters, schlug auf dem Feld seines Vaters ein Blitz in einen Olivenbaum ein, der in Flammen aufging. Der Baum brannte fast völlig ab, nur die verstümmelten Reste eines vertrockneten und zerfaserten Stammes waren noch übrig geblieben. Als Elia und sein Vater sich ein Bild davon machten, konnten sie feststellen, dass es zum Glück nur diesen einen Olivenbaum erwischt und der Blitz keine weiteren Schäden verursacht hatte. Doch Elia, egal von welcher Seite er den Baum auch anschaute, überall entdeckte er das Antlitz Christi darin eingemeißelt.

„Siehst du nichts, Vater?"

„Was soll ich denn sehen?"

„Es ist nicht wichtig, Vater."

Elia rannte ins Haus, um seinen Fotoapparat zu holen und einen weiteren Beweis für seine Visionen zu sammeln. Auch ich, Fiorella, habe das Foto von dem vom Blitz getroffenen Baum gesehen und konnte auf dem verdorrten Stamm ganz klar das Antlitz von Christus dem Gekreuzigten eingeprägt erkennen.

Jeder in Apulien redete mittlerweile über Elia, sogar der Bischof, der sich eines Sommermorgens, kurz nach Sonnenaufgang, in Begleitung eines Marschalls der Carabinieri zu ihm auf den Weg machte. Elia war gerade erst aufgestanden, als er sie an der Tür erblickte. Der Bischof war sehr freundlich und bat Elia, ob es ihm möglich sei, ihn über das Mysterium übernatürlicher Fakten aufzuklären, die sich vor ein paar Jahren in einem Olivenhain in dieser Gegend zugetragen haben sollten. Elia konnte seinem Bischof diesen Gefallen nicht abschlagen und begleitete ihn gutwillig zu dem Olivenhain, wo vor ein paar Jahren die Madonna erschienen sein sollte. In Wirklichkeit war das jedoch nur ein Vorwand des Bischofs, um Elia kennen zu lernen und etwas über seine eventuellen übernatürlichen Fähigkeiten in Erfahrung zu bringen.

Kaum auf dem Feld angelangt, spürte Elia einen Impuls, und so ging er wie von einer unsichtbaren Wesenheit geführt neben ihm her. Der Bischof holte seine Videokamera heraus und begann von der Landschaft Aufnahmen zu machen. Elia wanderte langsam umher, wobei er rund um sich schaute, als würde er etwas suchen. Plötzlich kniete er sich nieder und fing mit seinen Händen in der feuchten Erde zu graben an, die er dem Bischof zeigte, als wollte er ihm andeuten, dass unter dem Boden Wasser zu finden war. Dann stand er auf und strebte einem Olivenbaum zu. Es war ein heiterer Morgen, ohne Wind, und in Anbetracht der frühen Stunde kein Wölkchen am blauen Himmel. Als Elia ein paar Zentimeter von dem Baum entfernt war, hob er die Hand, um die Blätter zu streicheln, worauf alle Äste erzitterten, wie von sanfter Hand geschüttelt ...

Und auf einmal kam ein Regen wohlriechenden Öls aus dem Zweig, den Elia gestreichelt hatte, ergoss sich über ihn und ließ auf seinem Hemd sichtbare Flecken zurück. Während der ganzen Zeit fuhr der Bischof fort, die Szene mit seiner Videokamera aufzunehmen, wobei er betete und Gott Dank sagte. Danach fiel Elia ohnmächtig unter den Baum. Er blieb ein paar Minuten unbeweglich liegen, öffnete dann die Augen mit einem ekstatischen Ausdruck, als ob er jemand Unsichtbarem zulächeln würde. Elia hob einen Arm in die Höhe und aus seiner am Boden ausgestreckt liegenden Haltung stand er in einer so unnatürlichen Art und Weise auf, als würde jemand ihn hochziehen. Er fing an, sich auf dem Feld zu bewegen, als führte jemand ihn an der Hand, und zwar in Richtung eines riesigen Kruzifixes aus Stein, das hinten im Olivengarten aufgestellt war. Er drehte sich dem Bischof zu und deutete mit seiner Hand darauf. Der Bischof richtete schnell sein Objektiv auf das Kreuz, um gleich filmen zu können. Auf dem Video sieht man, wie aus einer Hand des Herrn ein großer Blutstrom fließt, während man den Bischof beten hört. Eine Kopie dieses Films befindet sich in meinem Besitz.

Von dem Moment an interessierte der Bischof sich in liebenswürdigster Weise für Elia und empfahl sogar seinen Eltern, ihn während der Tage seiner Passion zu fotografieren, um eventuelle Veränderungen von einem Jahr zum anderen dokumentieren zu können. Ein Ordensbruder wurde beauftragt, die Fotos aufzunehmen: vom Rücken, der Stirn, dem Brustkorb, von den Händen und Füßen. Drei oder vier Filme mit je 36 Bildern sind gemacht worden, aber alle Bilder waren matt und stumpf, als wären sie zu viel Licht ausgesetzt gewesen – mit Ausnahme von ein paar gestochen scharfen Fotos, die Elia aufbewahrt hat, als eventuellen Beweis, und die auch ich zu Gesicht bekommen habe.

Ich war tief beeindruckt von den wie mit einem glühenden Eisen eingeprägten Malen auf seiner Stirn, auf der sich eine große Dornenkrone von mindestens zehn Zentimetern Höhe abzeichnet, die auf der Höhe des linken Auges schräg ins Fleisch eindringt, das geschwollen und aufgetrieben ist bis hin zum rechten Ohr, wie von dicken Stacheln durchbohrt. Auch der Anblick seines gegeißelten Rückens hat mich schockiert. Vielfache, gewaltsame Peitschenhiebe schienen Elia an den Schultern und an den Seiten getroffen zu haben, tiefe Narben hinterlassend, während sich in der stark geröteten Brustgegend ein tiefer Lanzenstich zeigte. An den Gelenken der Hände und der Füße waren große, rundliche Wundmale zu sehen, während sein Gesicht in einem halb bewussten Zustand verharrte.

Viel besser als ich hat sein Freund Curzio Cuccinotta seine Passion beschrieben, der einzige aus Bergamo, der von Elia selbst informiert und eingeladen worden war, sein Leiden mitzuverfolgen. Als auch ich Curzio kennen lernen wollte, kam er freundlicherweise zu mir nach Hause, und es war ergreifend, unsere Erfahrungen auszutauschen, die wir von dem Moment an gemacht hatten, an dem Elia in unser Leben getreten war. Der Aufruhr unserer Herzen, das Gefühl, innerhalb einer anderen Dimension zu vibrieren, das nie zuvor gekannte Glücksgefühl, das Bewusstsein, Verantwortung über seine eigenen Grenzen hinaus zu haben, – alles, was uns die meiste

Zeit erfüllt hatte –, war bei uns beiden völlig gleich gewesen. Mit anderen Worten, uns ist erlaubt worden, im „wirklichen" Stand der Gnade zu leben, der die alltäglichen Sorgen auslöscht, der einen erhebt und vollkommen zufrieden macht. Während wir uns gegenseitig die Intensität unserer Gefühle klar zu machen versuchten, spürten wir, dass es richtig war, dem Anliegen Elias zu dienen: mit Kraft und Energie erneut wieder die Botschaft von der Liebe Christi in der Welt zu verankern.

AUGENZEUGEN BERICHTEN

Curzio aus Bergamo

Während der Osterzeit im Jahr 1998 hatte Elia mich eingeladen, mit ihm einige Tage bei seiner Familie in Apulien zu verbringen. Ich sollte ihm in der Karwoche beistehen, um auf diese Weise persönlich die Phänomene zu überprüfen, in die er mich erst kürzlich eingeweiht hatte. Ich nahm die Einladung an, getrieben von purer Neugierde, zieht man meine Position als Ungläubiger in Betracht.

Das erste Phänomen, an dem ich teilhaben durfte, war ein intensiver und andauernder Rosenduft, der während der ganzen Zeit meines Aufenthalts anhielt, und den man sogar außerhalb der Wohnung wahrnehmen konnte. Auch während eines Besuchs im Haus von Elias Cousin Nicola wurde derselbe Duft von allen Anwesenden wahrgenommen, und zwar so, als würde er durch die geöffneten Fenster hereinströmen. Elia jedoch deutete das Phänomen so, als wolle es ihn auffordern, nach Hause zurückzukehren. Bevor wir gingen, bemerkten wir noch ein Bild, welches das Antlitz Christi im Relief darstellte und anfing, Tränen zu vergießen, die denselben Duft produzierten. Das gleiche Phänomen ereignete sich auch in Elias Zimmer, wo eine Holzstatue der Madonna begann, wohlriechende Tränen zu vergießen, und zwar während meines gesamten Aufenthalts dort.

Die körperlichen Phänomene, an denen ich direkt teilnehmen konnte, waren folgende: Am Aschermittwoch begannen sich auf seiner Haut Blutstropfen zu bilden, ohne irgendeine Spur von Abschürfungen. Am selben Tag überschritt seine Körpertemperatur vierzig Grad, so dass das Thermometer wegen der außerordentlichen Hitze zersprang. In der Nacht vom Gründonnerstag öffneten sich an seinen Handgelenken tiefe Wunden, wie auch an Brust und Füßen, so dass er gezwungen war, bis zum Karsamstag im Bett liegen zu bleiben. Am nächsten Morgen durfte ich mit eigener Hand die Wunde in seiner Brust betasten, deren Ränder aufgerissen waren. Alle diese Wunden vergossen Blut, und zwar so viel, dass das Leintuch damit getränkt war. Eine Besonderheit war der angenehme Geruch des Blutes und seine Dünnflüssigkeit, als wäre es mit Schweiß vermischt. Sein Gesicht war aufgetrieben und verschwollen, und ich selbst habe ihm beim Abtupfen seiner blutigen Tränen helfen dürfen. In dieser ganzen Zeit verblieb Elia in halb bewusstem Zustand, der bis Karsamstag um fünfzehn Uhr andauerte. Wir mussten ihn für eine halbe Stunde allein lassen und uns in das Haus seines Cousins begeben. Als die Zeit um war, erreichte uns ein Telefonanruf Elias. Er bat uns, wieder in sein Haus zurückzukehren, wo wir ihn vollkommen verändert vorfanden. Seine Wunden waren komplett verheilt. Sein Gesicht nicht mehr angeschwollen, sondern frisch und strahlend. Was mich in dem Moment am meisten beeindruckte, war sein Blick, welcher der einer ganz anderen Person zu sein schien, voller Energie und freudestrahlend, so dass ich ihn kaum wiedererkannte, auch wenn das seltsam klingen mag.

Zum Schluss möchte ich noch sagen, dass ungeachtet der körperlichen Phänomene, die sich vor meinen Augen abspielten, der intensivste Teil dieses Erlebnisses für mich ein Gefühl war, als ob eine starke Energie in mir wäre, auch verspürte ich etwas Heiliges in mir. Bezüglich dessen, was Elia in den Tagen, in denen er die Passion erlitten hat, äußerte, möchte ich Folgendes unterstreichen: Die Ermahnung, Gott in der Kirche zu suchen, und nicht in diesen Phänomenen, die nur Zeichen und Anregung sein sollen, sich verstärkt dem letzten Ziel anzunähern: Gott.

Domenico und Lucia

Wir sind enge Freunde von Elia. Die Geschichten, die wir erzählen könnten, sind zahlreich, aber das Geschehen, das uns am meisten berührt hat, ist das, was sich vergangenes Jahr während einer Heiligen Messe zugetragen hat. Als wir uns dem Altar näherten, um die Eucharistie zu empfangen, nahmen wir sein Rosenparfum wahr, das uns komplett einhüllte und das für lange Zeit in unseren Kleidern haften blieb. Dann bemerkten wir, wie sich Kerzenleuchter in der Kirche von ihrem Platz verschoben, und zwar so, dass wir glaubten zu halluzinieren. Wir erzählten Elia nichts davon, weil wir dachten, er würde sich nur über uns lustig machen, doch er selbst war es, der uns anrief und uns über die kleinsten Details dessen, was wir gesehen hatten, unterrichtete. Das ist nur eine der vielen Episoden, deren Zeugen wir gewesen sind.

Carmine

Ich möchte mit wenigen Worten meine Bekehrung beschreiben. Ich habe immer das Leben einer Rebellin geführt, um nicht zu sagen, das einer Atheistin und Sünderin. In der Karwoche, die dem Osterfest von 1997 voranging, um exakt zu sein war es am Karsamstagmorgen, da hörte ich, wie es an meiner Tür klopfte. Ich öffnete und erblickte die Mutter von Elia, die neben mir wohnt. Sie lud mich ein, in ihr Haus zu kommen, um ihren Sohn zu sehen, der gerade dabei war, die Passion des Herrn zu erleiden. Ich folgte ihr, und kaum war ich in ihr Haus eingetreten, roch ich sofort einen intensiven Rosenduft, obwohl sich keine Rosen in dem Haus befanden. Seine Mutter führte mich in das Zimmer ihres Sohnes und zog sein Betttuch hoch. An dieser Stelle brach ich in heftiges Schluchzen aus. Das Blut floss überall: aus den Händen, den Füßen, aus der Brust und aus dem Kopf. Was ich da sah, war unmenschlich, aber wahrhaftig, und ich fiel auf die Knie, während ich vor Schmerz und Scham im Angesicht von Jesus, den ich hier vor meinen Augen liegen sah, über all das Böse, das ich ihm angetan hatte, weinte. Heute bin ich glücklich und froh. Ich verehre die Heilige Dreifaltigkeit und Maria, die Mutter von Jesus, die unser aller Mutter ist. Ich wünsche mir von ganzem Herzen die Bekehrung der ganzen Welt, und das zum Ruhm und zur Ehre von Jesus und Maria.

Cristina

Weihnachten 1998. Wir waren mit all unseren Freunden und Verwandten auf dem Feld, um den Heiligen Abend zu feiern. Elia hatte einen Platz ausgesucht, wo ein Olivenbaum stand, und er hatte dort ein Kohlebecken vorbereitet und die Kohle angezündet. Er bat darum, uns im Kreis um das Becken herum aufzustellen. Auf diese Weise begannen wir unsere Wache für das Jesuskind. Während wir beteten, bemerkten wir, dass auf einmal die Jesusstatue Tränen vergoss und der Olivenbaum einen intensiven Duft verströmte. Es war der Duft Elias.

Rosanna

(Ehefrau von Elias Cousin Nicola)

An einem Winterabend beschloss Nicola, mit seinen Freunden zum Essen auszugehen, und so blieb ich alleine mit den Kindern daheim, die nach dem Abendessen sofort ins Bett gingen. Ich blieb noch in der Küche vor dem Fernseher sitzen, um auf die Rückkehr Nicolas zu warten. Da begann ich auf einmal merkwürdige Geräusche zu vernehmen. Ich ging ins Wohnzimmer und schaute mich um. Natürlich sah ich niemanden. Also kehrte ich in die Küche zurück, und da ich Durst hatte, wollte ich mir aus der Anrichte ein Glas holen. Plötzlich ging das Licht von ganz allein an, so dass ich einen Moment lang in Panik geriet, bis ich mir sagte: „Rosanna, beruhige dich, Elia will nur mit dir spielen." Am nächsten Morgen rief Elia mich an und gab mir einen kurzen Bericht darüber, wie ich meinen Abend verbracht hatte.

Carmela

Ich bin erst 21 Jahre alt und ein sehr einfaches Mädchen, wie viele Leute sagen würden, doch ich hatte das einzigartige Glück, einen Menschen persönlich kennen lernen zu dürfen, der mir eine für mich sehr komplexe Realität wieder nahe gebracht hat. Es gab da viele Dinge, die ich anfangs nicht verstanden habe, aber ganz langsam wurde mir bewusst, wie oberflächlich man gelegentlich leben kann, vor allem, wenn man jung ist. Vor vier Jahren lernte ich dank meiner liebsten Freunde Elia kennen. Durch ihn hat sich mein Leben in vielerlei Hinsicht verändert. Ich bin zwar immer noch ein junges Mädchen geblieben, aber viele Dinge sehe ich heute ganz anders als früher.

Eines Tages, als ich mich zusammen mit anderen Freunden in der Sommerfrische befand, kam Elia uns besuchen. Er lud mich ein, mit ihm einen Spaziergang zu machen, und ich willigte sofort ein. Er sagte mir, ich solle mir den Himmel anschauen und den Mond, ... und auf einmal sah ich ein Bild des Jesuskindes. Mein Erstaunen war so groß, dass ich gar nicht wusste, was ich sagen sollte.

Aber eines steht fest, von dem Moment an betrachtete ich die Welt mit anderen Augen. Elia hatte mir bewusst gemacht, wie wichtig der Glaube ist, und ich hoffe sehr, dass auch andere junge Mädchen wie ich zu der Erkenntnis kommen werden, dass das Leben nicht nur aus Vergnügen besteht, sondern man sich gelegentlich auch anderen Dingen und anderen Menschen zuwenden sollte, die einem Werte vermitteln. Der einzige Weg ist der des Glaubens an Gott. Danke Elia.

Pompea

Dienstag, 31. Oktober 2000. Gewöhnlich ist am Dienstag Vorlesungstag an der Universität, aber eigenartigerweise bin ich an diesem Tag nicht hingegangen. Ich hatte an dem Morgen ein unbestimmtes Angstgefühl und musste unwillkürlich an Elia denken. Ich hatte das starke Bedürfnis, seine Stimme zu hören, obwohl mir klar war, dass dies aus mehreren Gründen nicht möglich war. Der Tag verging und ich musste ununterbrochen an ihn denken. Am Nachmittag hatte ich wie üblich Dienst im Krankenhaus, und gegen 19.30 Uhr wollte ich, da es mir immer noch sowohl körperlich als auch seelisch miserabel ging, am höchsten Punkt meiner Krise angelangt, Elia im Geiste anrufen. Da nahm ich seinen Duft wahr, anfangs ganz schwach, wie manchmal bei uns zu Hause, bis der Duft immer stärker wurde und mich vollkommen einhüllte. In dem Augenblick begriff ich, dass meine Gedanken ihn erreicht hatten und dies der einzige Weg war, auf dem es ihm möglich war, mir zu antworten. Die Bestätigung dafür erhielt ich spät am Abend, als es mir möglich war, Elia telefonisch zu erreichen, und ohne dass ich auch nur ein Wort gesagt hätte, wusste Elia bereits alles.

Dante d'Angela

August 1998. Ich befand mich im Urlaub in Apulien, auch um einer für mich nicht ganz leichten Zeit zu entfliehen. Ich war gebeten worden, bei einer Arbeit zu helfen. Ich beschäftige mich beruflich mit Konstruktionen und wohne in der Schweiz. Ich sollte einen Sockel aus Naturstein errichten, aus Beton, mit einem zwei Meter breiten Stern, der darauf aufgestellt werden sollte. Das Ganze sollte einer Himmelfahrtsstatue der Allerheiligsten Jungfrau als Fundament dienen. Nachdem die Säule fertig war, musste der riesige Stern mit einem Gewicht von drei Doppelzentnern darauf gesetzt werden. Mit Hilfe von einigen Freunden versuchten wir, den Stern auf die einein- halb Meter hohe Säule zu hieven, aber der Versuch scheiterte. Elia, der uns aus der Ferne beobachtet hatte, näherte sich uns, schaute in den Himmel und spornte uns an, es noch einmal zu versuchen. Wir probierten es ein zweites Mal und wie durch Magie konnten wir den Stern mit einer einzigartigen Leichtigkeit aufsetzen. Irgendeine star- ke Kraft hatte uns geholfen, die ich nicht definieren kann, irgendwas Wunderbares ... Und dabei hatte sich in der Luft ein intensiver Ro- senduft ausgebreitet, der uns mit Freude und Frieden beschenkte. Es war der 14. August. Nachdem die Madonna auf ihrem Platz stand, verbreitete sich der Duft überall und ließ alle verwundert und stau- nend zurück. Am Abend des 15. August wurde die Heilige Messe zu Ehren der Jungfrau gefeiert. Der Duft war immens, einfach großar- tig. Und auch der Olivenbaum verströmte einen wohlriechenden Duft. Es war das erste Mal, dass ich Zeuge eines derartigen Phänomens wur- de. Ich und die anderen Leute, die zugegen waren, konnten auch Trop- fen sehen, ähnlich wie Tränen, die aus den Augen der Madonna her- vorquollen. All das geschah im Beisein Elias. Von dem Tag an hat sich in meinem Leben vieles zum Besseren verändert, selbst wenn ich manch- mal noch mein Ziel verfehle.

Savinio

Ich bin Kaufmann und kenne Elia schon seit einigen Jahren, noch aus der Zeit, in der ich in Bergamo gearbeitet habe. Dann habe ich ge- heiratet und bin mit meiner Ehefrau nach Apulien gezogen, wo ich ge- boren und aufgewachsen bin. Ich erinnere mich, dass Elia mir damals so fantastische Vorhersagen gemacht hat, dass ich Mühe hatte, ihm zu glauben, aber wie auch immer, er verstand es, mit mir eine wunderba- re Freundschaft aufzubauen, die aus gegenseitiger Achtung und aus Gesprächen bestand, die mich enorm faszinierten. Ich möchte vor- ausschicken, dass ich nie ein „guter Christ" gewesen bin, obschon gläu- big, aber es schien, als wäre das Elia nicht so wichtig. Meine Ehefrau dagegen ist sehr fromm, und jeden Abend, wenn ich ihr beim Beten zuschaute, sagte sie zu mir: „Savinio, hast du denn nichts Besseres zu tun." Mittlerweile habe ich einen starken Glauben und bete jeden Abend mit ihr, was sie zur glücklichsten Frau auf der ganzen Welt macht.

Gleich nach unserer Hochzeit hatte ich zweimal einen unerklärlichen Herzstillstand. Unerklärlich deshalb, da ich keinerlei Herzleiden habe, und kein Arzt konnte dafür eine Erklärung finden. Ich selbst betrachte mich als durch ein Wunder geheilt. Nach dem ersten Infarkt begriff ich nicht sofort die Botschaft des Herrn, aber nach dem zweiten kapierte ich, dass Gott mir eine zweite Chance geben wollte. Mit Hilfe Elias gelang es mir zu verstehen, was der Herr von mir wollte. Seine unglaublichen Vorhersagen haben sich erfüllt und heute empfinde ich mich als einen total verwirklichten Menschen und bin glücklich.

Gestern hatte ich die Gelegenheit, beruflich nach Bergamo zurückzukehren und sofort rief ich Elia an, um ihn wenigstens zu begrüßen. Elia hat mich in sein Haus eingeladen und erlaubte mir noch nicht einmal, ein Hotel zu suchen, und dann hat er dich angerufen, damit ich nicht alleine essen musste. Wie du weißt, ist Fastenzeit und er fastet seit einigen Wochen, und so hatten wir, du, Fiorella, und ich, die Gelegenheit, uns kennen zu lernen und uns darüber auszutauschen, dass wir das Glück hatten, zu den Privilegierten zu gehören, die Elia begegnen durften. Ich bin sicher, wir dürfen uns für Glückskinder halten und müssen Gott dafür danken.

Heute Morgen wollte ich dich anrufen, weil ich dir etwas erzählen muss, das du gerne in dein Buch aufnehmen kannst: Wie du dich bestimmt erinnerst, haben wir gestern Abend auch über meine Ehefrau gesprochen, und du wirst bemerkt haben, wie ich mit ein wenig Heimweh von ihr sprach. Obwohl ich erst wenige Tage von daheim weg bin, fehlt sie mir sehr. Also ist Elia heute Nacht in mein Zimmer gekommen, umgeben von einem goldenen Licht. Ich habe gespürt, wie er in mich eingetreten ist, und dann haben wir zusammen meinen physischen Körper verlassen, der unbeweglich und wie bewusstlos auf dem Bett liegen blieb. Ich erinnere mich, dass ich mich bewegen wollte, aber es gelang mir weder, die Augenlider zu öffnen, noch einen Finger zu rühren. Einen Augenblick lang blieb mein Astralkörper schwebend in der Luft hängen, bevor ich mit Elia zu meinem Haus in Apulien flog. Er hat mich zu meiner Ehefrau gebracht, die ich mehrmals umarmt habe, während sie mich überrascht und ungläubig anstarrte. Ich weiß nicht, wie lange das Ganze gedauert hat ... Ich erinnere mich nur, wie ich mit äußerster Leichtigkeit wieder in meinen Körper eingetreten bin, wenngleich ich danach für einige Stunden unbestimmte Schmerzen in den Muskeln und Knochen verspürt habe, und ein vages Gefühl der Zerschlagenheit.

Ich bin für diese Erfahrung äußerst dankbar, und danke Elia, dass er sie mir gewährt hat. Während Savinio mir das alles erzählte, war seinen Augen eine unbändige Freude abzulesen. Nicht weit weg von uns hantierte Elia im Spülbecken seiner Küche herum, als ginge ihn die ganze Sache gar nichts an.

Teil IV

ELIA UND ICH

September 2000

In einer Minute waren wir in der Città Alta angekommen. Ich war zutiefst aufgewühlt, während Elia ganz ruhig von meinem Ehemann sprach, als kenne er ihn schon seit ewigen Zeiten, und ich war buchstäblich verblüfft. Wir fanden Gualtiero am Gittertor unseres kleinen Gartens vor. Elia begrüßte ihn herzlich, dann schaute er sich um und begab sich an die Stelle, von der aus man das ganze Panorama überblickt. Ein paar Minuten genoss er schweigend den herrlichen Blick auf den Appenin, der sich im Hintergrund über die ganze Pianura Padana erhebt, während wir darauf warteten, was wir tun sollten. Es war ein heiterer Septembertag gegen Ende des Sommers, perfekt in Einklang mit unseren Seelen, für die der Grund ihres Verlangens, einander kennen zu lernen, noch nicht erkennbar war. Und es war wirklich so, als hätten wir alle drei auf diese Begegnung nur gewartet.

Elia betrat das Haus, folgte uns ins Wohnzimmer und wir setzten uns gemütlich hin, ohne die geringste Verlegenheit, gerade so, als hätten wir uns am Vortag erst gesehen ... Ich kann sagen, dass er sich ein paar Stunden lang nur mit Gualtiero unterhielt, wobei sie in gegenseitiger Anteilnahme Meinungen austauschten und Vorschläge machten; doch sie hatten auch den festen und liebevollen Wunsch, in ihre eigene Seele vorzudringen und Antworten zu finden. Als ich merkte, dass ihre Unterhaltung tiefere, persönlichere Themen berührte, stand ich auf, um sie allein zu lassen, aber Elia unterbrach seine Rede und bestand darauf, dass ich bliebe. Unsere Emotionen waren auf dem Höhepunkt. Gualtiero und ich benahmen uns so, als befänden wir uns in der Gegenwart eines Meisters, wir waren fasziniert und spürten seine Autorität.

Dann wechselte Elia seine Haltung und fing an, von sich zu erzählen. Bescheiden und freundlich zeigte er uns die dunklen Flecken an seinen Hand- und Fußgelenken, berichtete uns von seinem inneren Aufruhr, seinen Zweifeln, seinen Kämpfen mit dem Höchsten, weil er diese eingebrannten Male nicht akzeptieren wollte, und von seinen inneren Schwierigkeiten, vor den Menschen sein wahres Wesen verbergen zu müssen, aber auch von der wieder gefundenen Freude, sich dem Willen des Herrn zu unterwerfen. Gespannt lauschten wir diesem jungen Mann in T-Shirt und Jeans, der sich wie ein Erleuchteter ausdrückte und sich uns unerklärlicherweise anvertraute, uns zulächelte und uns mit größter Demut Dinge erzählte, über die ich bisher nur in den Biografien von Heiligen gelesen hatte.

Während Elia erzählte, hatte ich nicht den geringsten Zweifel am Wahrheitsgehalt seiner Worte, jedoch fragte ich mich, warum das Ganze ausgerechnet uns passierte, uns, und nicht seinen Freunden oder irgendeinem studierten Priester, der gewiss viel geeigneter und kompetenter gewesen wäre. Ich fragte ihn ganz ruhig danach und er antwortete uns, indem er seine ohnehin schon großen Augen noch weiter aufriss und auf uns richtete: „ER hat mir gesagt, dass ich die Richtigen an ihren Augen erkennen würde ... und das ist wahr."

Dann blickte er auf die Uhr: „Es ist spät geworden ... Ich muss gehen", und mit einem bezaubernden Lächeln verabschiedete er sich von uns. Ich bot ihm an, ihn zu begleiten, und er war einverstanden. Während wir in die Città Bassa hinunterfuhren, riet er mir, Maria anzurufen, die mir als erste von ihm erzählt hatte, und ihr zu berichten, was alles passiert war. Nachdenklich fügte er dann noch hinzu: „Hast du dich nie gefragt, warum du dich ausgerechnet in diesem Jahr dafür entschieden hast, den Urlaub in Apulien zu verbringen?"

„Ich denke, ... vielleicht war es wirklich kein Zufall", murmelte ich. Inzwischen waren wir am Ziel angekommen, aber wir zögerten den Abschied noch ein bisschen hinaus, um noch ein wenig miteinander zu reden. Ich wollte noch mehr über ihn erfahren und er antwortete mir geduldig auf alle Fragen. Und auf einmal, ich weiß gar nicht wie, fragte ich ihn: „Hat noch nie jemand deine Geschichte niedergeschrieben?"

Er schaute mich verdutzt an. „Aus welchem Grund?"

Spontan platzte es aus mir heraus: „Bestimmt nicht zum Lobpreis eines verehrungswürdigen Heiligen, sondern weil du ein Beispiel für viele Menschen sein könntest ... Ich denke, weil du trotz allem von der Wissenschaft als ‚himmlischer Paranormaler‘ anerkannt worden bist und dir selbst ausgesucht hast, dich nicht von der Welt zu isolieren, sondern das Los der meisten Leute zu teilen, indem du dir dein Leben mit deiner Arbeit verdienst und dich den alltäglichen Schwierigkeiten stellst. Du lebst unter den Menschen und verbreitest Liebe, indem du deinen Nächsten hilfst. Du schaust nicht auf materielle Güter, und dennoch schätzt du das große Geschenk des Lebens, du kultivierst die Freude und bemühst dich, die Menschen von heute wieder mit Gott zu versöhnen. Du trägst Gott mit dir und zeigst denen, die offen dafür sind, dass Gott existiert und munter und lebendig mitten unter uns lebt.“

„Das ist doch ganz normal, was ich tue“, antwortete er mir nach ein paar Sekunden.

„Nicht für alle“, entgegnete ich überzeugt.

Elia war in Gedanken versunken und spielte nachdenklich mit seinem Rosenkranz, bis er schließlich sagte: „Wenn es helfen kann ...“

„Ja, Elia, es kann helfen zu zeigen, dass der Herr keine isolierte und entfernte Wesenheit ist, und dass Er sich als Werkzeug aussucht, wen Er will und wann Er will ..., sogar einen jungen Mann wie dich.“

Während ich sprach, hielt Elia den Kopf gesenkt, gleichsam erschrocken und sicherlich auch betroffen von meinen Worten. Wir blieben noch ein paar Minuten wortlos sitzen, während die Menschen rundherum viel beschäftigt an uns vorbeihetzten und die ersten Lichter der Straßenlampen aufflackerten.

„Kann ich ein Buch über dich schreiben?“

„Ja.“

Als ich heimkam, fand ich Gualtiero nicht sonderlich aufgewühlt vor. Wir kommentierten das Vorgefallene nicht, da jeder mit seinen eigenen Gedanken beschäftigt war. Ohne Abendessen gingen wir zu Bett. Den nächsten Tag verbrachten wir mit letzten Vorbereitungen für die Messe. Gualtiero versuchte Elia anzurufen, konnte ihn jedoch nicht erreichen. Ich beschloss, mich nicht bei ihm zu melden, um seinen Tagesablauf nicht zu stören, welcher dem Herrn gewidmet ist. Am Montag fuhren wir wie gewöhnlich in unseren Betrieb, doch gegen Mittag entschied ich, nach Hause zurückzukehren, da ich mich ein wenig durcheinander fühlte.

Es wollte mir nicht gelingen, meine Gedanken von Elia zu lösen, von seiner Demut, seiner Liebenswürdigkeit, von dem, was er uns erzählt hatte.

Als ich durchs Tor fuhr, klingelte das Telefon.

„Ciao, hier spricht Elia ... Kann ich dir ein paar Medikamente für Gualtiero vorbeibringen?"

„Komm."

Ich möchte erwähnen, dass mein Mann einen Arzt unterstützt, im Freiwilligen-Dienst in Afrika, der gerade dabei ist, an der Grenze Äthiopiens ein Krankenhaus zu errichten, zurzeit aber in einem pharmazeutischen Betrieb arbeitet, wo er sich dafür eingesetzt hat, Medikamente jeglicher Art dafür zu sammeln. Nach etwa einer halben Stunde kam Elia mit drei Schachteln voll Medikamenten an, die in ein paar Tagen mit tausend anderen Sachen nach Afrika geschickt werden würden. Da ich mir gerade eine schnelle Mahlzeit zubereitete, lud ich Elia ein, mit mir zu essen, aber er lehnte ab, mit der Begründung, dass er sich nicht ganz wohl fühle.

„Leg dich aufs Sofa", schlug ich ihm vor.

„Nein, danke."

Ich weiß nicht, wie es kam, dass Elia auf einmal anfing, über ganz wunderbare Themen zu sprechen, und mir noch nie gehörte Gleichnisse vortrug, wobei er ein vollkommen neues Verhalten an den Tag legte, irgendwie würdevoll ... Der einfache und ungezwungene Junge, den ich kannte, verwandelte sich vor meinen Augen in einen Meister mit warmer und eindringlicher Stimme, die mich völlig vereinnahmte. Seine Worte führten mich zum Evangelium zurück, in dem ich schon lange nicht mehr gelesen hatte, sie brachten mich zum Nachdenken und verzauberten mich derart, dass ich nach ein paar Stunden immer noch mit verschränkten Armen dasaß und seinen Worten lauschte. Als Elia seinen Redefluss unterbrach, sagte er liebevoll zu mir: „Und jetzt iss etwas."

„Ich habe keinen Hunger mehr", erwiderte ich ihm.

„Dann werde ich auch etwas mit dir essen."

Wir setzten uns an den Tisch, jeder mit einem belegten Brötchen auf dem Teller. Elia kam mir vor wie ein Vögelchen. Er zerrupfte das Brot, nahm mit zwei Fingern ein paar Krümel und steckte sie sich in den Mund, um sie dann langsam zu kauen. Man merkte, dass er keinen Hunger hatte und sich zum Essen zwang, um mir Gesellschaft zu leisten. Dabei sah ich an seinen Handgelenken zwei große, dunkle Flecken.

Später kam auch Gualtiero nach Hause, mit den letzten Gegenständen für die Bestückung der Ausstellungsvitrinen auf unserem Stand: Tabletts, Muster, Spitzengardinen. Elia beobachtete mich schweigend und sagte dann: „Nimm dieses Tablett nicht auf die Messe mit, du wirst es nicht brauchen! Nimm stattdessen lieber den großen kupfernen Übertopf, den ich in eurem Keller sah, er wird dir viel nützlicher sein."

Ich sagte nichts und ging den kupfernen Übertopf holen, der meiner Ansicht nach keinen Platz auf unserem Stand finden würde, da jeder Zentimeter bereits aufs Genaueste von uns ausgeklügelt worden war. Deshalb verzichtete ich auch nicht auf das Tablett, das ich dafür vorgesehen hatte, um in der Vitrine unsere neuen Produkte zu präsentieren. Elia beobachtete uns die ganze Zeit über nachdenklich.

Als wir uns bald darauf verabschiedeten, erinnere ich mich, wie er sich auf einmal umdrehte, als er schon aus der Tür war, wieder zu uns trat und bemerkte: „Ich habe viel über unsere Begegnung nachgedacht. Ich wusste nicht, wie ich es euch erklären sollte, warum ich zu euch geschickt worden bin ... Ich dachte, ihr seid vielleicht vom Herrn auserwählt worden, irgendetwas Besonderes zu tun, und ich könnte euch vielleicht dabei helfen."

Ich und Gualtiero schauten uns angesichts so großer Bescheidenheit verblüfft an, und erst nach ein paar Momenten gelang es mir zu antworten: „Du bist es, Elia, der etwas Großartiges tun muss, und wir können dir vielleicht dabei helfen."

Elia lachte verblüfft, und dann verabschiedeten wir uns aufs Neue, wobei wir einander das Versprechen gaben, uns gleich nach der Messe wieder zu sehen, um über das Buch zu sprechen und über alles, was für seine Veröffentlichung von Nutzen sein könnte. Doch am nächsten Tag schaute er noch einmal bei uns vorbei.

„Ich habe die ganze Nacht über unsere Begegnung nachgegrübelt, und ich hatte einige Visionen. Ich befand mich mit dir an fremden Orten ... Dort gab es viele kranke Menschen ... Du, Fiorella, bist an ihren Lagern vorbeigegangen und hast die Schwächsten zugedeckt, während ich die Kranken in riesige Marmorbecken mit Wasser eintauchte. Nach diesem Bad waren viele geheilt. Mir wurden die Fragmente eines Lebens gezeigt, so als hätten wir es zusammen einmal gelebt. Heute kommt es mir vor, als hätte ich euch wieder gefunden, ... als ob zwischen uns ein Band jenseits von Raum und Zeit existiert ... Ich weiß jetzt, dass unter all den Menschen, die ich kennen gelernt habe, ihr der Angelhaken für mein zukünftiges Leben seid ... Das wurde mir gesagt."

Elia schaute uns freudestrahlend an, während Gualtiero und ich ihm stumm zuhörten, fast erschrocken über diese Ankündigung, die unser ganzes Leben über den Haufen zu werfen drohte. Wenn Gott wirklich etwas von uns wollte, würden wir das ohne Zweifel merken.

Ich erinnere mich nicht, was danach geschah. Er ging fort und wir reisten am nächsten Tag endgültig nach Bologna ab. Als wir in der Halle bei unserem Stand ankamen, bemerkten wir sofort, dass die Vitrinen „falsch" waren: Sie waren zu groß und zu tief, ungeeignet für unsere winzigen Sachen, die darin wie verloren aussehen würden. Man musste die große Leere mit irgendetwas füllen, das nicht die Aufmerksamkeit von den Produkten abzog ..., aber was? Sogleich fiel mir der kupferne Übertopf ein, den Elia mir empfohlen hatte. Ich kaufte vier große Farne, die hervorragend hineinpassten, und stellte den Topf zwischen die Exponate, als wäre er genau dafür vorgesehen gewesen. Wieder einmal hatte er Recht gehabt.

Während das Durcheinander und die Verpflichtungen auf der Messe uns zwangen, uns mit banalen kommerziellen Dingen zu beschäftigen, bemühte ich mich, nicht an Elia zu denken, was mir aber kaum gelang. Auch wurde ich von heftigen Zweifeln befallen. Hatte ich doch gehört, dass das Böse sich manchmal in verschiedenen Formen verkleidet, um seine Opfer zu verführen ... Es hätte sich also auch unter dem Gewand eines liebenswürdigen Mönchs verstecken können ... Wenn ich mir aber Elias Augen vorstellte, die so strahlend sind, dass die Augen gewöhnlich Sterblicher dagegen trüb erscheinen, verjagte ich derlei Gedanken, indem ich mich in die Arbeit stürzte.

An diesem Punkt kam mir Rosanna in den Sinn. Sie ist eine große Charismatikerin und auch sie kann seit vielen Jahren Engel wahrnehmen und mit ihnen in Kontakt treten. Es ist ihr sogar schon gelungen, sie zu fotografieren. Die Botschaften, die sie von ihnen empfängt, sind so inhaltsreich und erstaunlich, sie zwingen einen schier zu glauben, dass sie tatsächlich existieren, neben uns leben und uns helfen.

Rosanna hat mir in der Vergangenheit geholfen, über viele dunkle Momente hinwegzukommen, und aus diesem Grund wandte ich mich vertrauensvoll und mit einer gewissen Neugierde an sie. Ich wartete das Ende des Tages ab und griff dann zum Telefonhörer. „Ciao Rosanna, ich möchte dich um einen Gefallen bitten ... Ich habe einen außergewöhnlichen jungen Mann kennen gelernt, der ähnliche Fähigkeiten zu haben scheint wie du ... Bitte frage deine Engel, ob es da etwas gibt, das ich über ihn wissen sollte ..."

Rosanna bemerkte meinen ängstlichen Ton in der Stimme, stellte aber keine Fragen. Sie bat mich nur, sie am nächsten Abend wieder anzurufen. Ich fühlte, dass sie sich für mich freute, aber sie war auch etwas verwundert, als sie mir ihre Antwort übermittelte.

„ ‚Diese Person ist ein Lichtwesen, genauso wie wir', haben die Engel mir erklärt. Und du wüsstest das schon, Fiorella!", fügte sie mit Nachdruck hinzu. „Er ist dir geschickt worden ... Solche Menschen sind selten auf dieser Welt ... Und dann, ich verstehe nicht warum, haben sie noch gesagt, dass er von Gott ‚gezeichnet' ist. Was haben sie damit gemeint?"

An diesem Punkt erzählte ich ihr in Kürze von seinen Stigmata und die Geschichte unserer Begegnung. Rosanna hörte aufmerksam und bewegt zu und äußerte zum Schluss den Wunsch, nach Bergamo zu kommen, um Elia kennen zu lernen, was ich ihr sofort nach meiner Rückkehr ermöglicht habe.

Der Messe-Sonntag kam, randvoll mit Besuchern. Von weitem erspähte ich in der Menge eine Gruppe Personen, die mir zulächelten. Es war Elena, gestützt von ihrem Ehemann und ihrem Sohn, die mit Mühe versuchten, sich zu unserem Stand durchzuarbeiten. Elena lebt in Verona, war viele Jahre lang meine Mitarbeiterin, dann meine Kundin, aber vor allem eine liebe und fantastische Freundin, die ich sehr gern habe. Sie ist jünger als ich, könnte fast meine Tochter sein. In den vergangenen 25 Jahren habe ich miterlebt, wie sie geheiratet und zwei hübsche Kinder bekommen hat, aber leider auch, wie sie an einem furchtbaren Leiden erkrankt ist: Sklerodermie, eine Erkrankung des Autoimmunsystems. Das Gewebe des Körpers verliert seine Elastizität bis zu dem Punkt, wo es den Organismus einschnürt wie in einen starren Panzer, der jede Bewegung blockiert. Die Arme erscheinen wie eingegipst, der Mund ist verschlossen wie mit einem Gummiring, der sie daran hindert, ihn zu öffnen, und alle inneren Organe sind blockiert, inklusive der Gedärme, die, ihrer Elastizität beraubt, nicht mehr richtig funktionieren können. Seit Jahren ist Elena zu häufigen Aufenthalten im Krankenhaus gezwungen, um sich entgiften zu lassen und sich ermüdender Therapien zu unterziehen, doch beseelt von einem eisernen Willen und dem Mut eines Löwen hat sie sich nie geschlagen gegeben, sondern immer versucht, aus ihrer Krankheit Motivation und eine positive Botschaft für sich und für andere zu ziehen. Sie kennt jede Abteilung im Krankenhaus, und deshalb begibt sie sich, wann immer es ihr möglich ist, mit ihrem Infusionsständer in der Hand, aber dem ihr eigenen, strahlenden Lächeln auf den Lippen, zu den noch mehr Niedergedrückten und Unglücklichen auf der Station, um ihnen Trost und Wärme zu spenden. Sie scherzt und lacht, als wäre sie die glücklichste Frau der Welt, und ich habe sie dafür stets bewundert. Vergangenes Jahr ist es ihr äußerst schlecht gegangen, so dass man das Schlimmste befürchten musste, und auch an dem Sonntag sah ich ihrem Gesicht einen Ausdruck von Schmerz und Erschöpfung an, der mir verriet, dass ihre Krankheit sich offensichtlich verschlechtert hatte.

„Ich wollte gar nicht kommen", erklärte sie mir, „aber meine Sehnsucht, dich zu sehen, war so groß, dass ich mich hierher begleiten ließ."

Gerührt umarmte ich sie und beeilte mich, es ihr auf unserem Messestand gemütlich zu machen. Ihr Ehemann und ihr Sohn bummelten auf der Messe herum, während ich und Elena zusammenhockten, in der Hoffnung, ein wenig Zeit füreinander zu haben. Spontan erzählte ich ihr von Elia. „Ich weiß nicht, ob er dich empfangen wird ... Nur er selbst ist in der Lage, dir zu sagen, ob er dir helfen kann."

Der Hoffnungsschimmer in Elenas Augen und ihre enthusiastische Stimme bewegten mich so, dass ich ihr versprach, sie gleich nach meiner Rückkehr mit Elia bekannt zu machen.

Am gleichen Nachmittag besuchte mich eine andere befreundete Kundin, Rosella aus Florenz. Auch mit ihr verstehe ich mich schon mein ganzes Leben lang ausgezeichnet und zusammen mit unseren Ehemännern haben wir schon viel Gemeinsames erlebt. Zwischen Rosella und mir existiert ein Gefühl, das jede unserer Begegnungen in ein Fest verwandelt, doch leider sah ich, dass Rosella diesmal verzweifelt war. In knappen Worten teilte sie mir mit, dass bei ihrem Mann Paolo Leberkrebs diagnostiziert worden war, leider im bereits fortgeschrittenen Stadium. Ein unvorhergesehener Schlag, ohne Vorwarnung, der die Familie wegen der Schwere der Krankheit niedergeschmettert hatte und hilflos zurückließ. So sprach ich auch zu ihr über Elia. Als ihr Gesicht ebenfalls hoffnungsfroh aufleuchtete, versprach ich auch ihr, dafür zu sorgen, dass Elia am Telefon mit ihr reden würde.

Endlich war die Messe zu Ende und schloss ihre Tore, und ich erreichte zitternd vor Freude und in banger Erwartung Bergamo, ohne auf die Straße geachtet zu haben. Wenn ich an jene Momente zurückdenke, dann sehe ich mich trunken vor Freude, als wäre alles schon gelöst, alle irdischen Probleme vergessen, allein von der Sehnsucht erfüllt, diese spirituelle Erfahrung auszuleben, weil sie mich ahnen ließ, dass meine Begegnung mit Elia einzigartig und unwiederholbar war. Als ich dann endlich mit Elia über meine Freunde sprach, hörte er mir in Gedanken versunken zu, als ob er in einem Vakuum die Antwort suchen würde. Dann schlug er mir vor, sofort anzurufen, zuerst den

Ehemann von Rosella und dann Elena. Ich wählte die Nummer, und nachdem ich Rosella kurz begrüßt hatte, reichte ich den Hörer Elia.

„Ciao Paolo, wie geht es dir? Ich bin Elia", hörte ich ihn in fröhlichem Ton sagen.

„Ciao Elia, ... ich habe gehört, dass du ein unglaublicher Heiler sein sollst ..."

An diesem Punkt merkte ich, wie Elia ihm gegenüber seine Haltung änderte, er schien verdutzt, auch wenn man das seiner Stimme am Anfang des Gesprächs nicht anmerkte, das banal weiterlief und mit den Worten endete: „Wenn sich die Gelegenheit ergibt, werden wir uns kennen lernen, andernfalls schütze dich Gott!"

Nachdem Elia den Hörer aufgelegt hatte, sagte er zu mir: „Er hat keinen Glauben, er will gar keine Hilfe von mir ... Er denkt, ich sei ein Pranatherapeut."

Er schien ernüchtert. Ich habe die Bedeutung dieser Worte damals noch nicht verstanden und hatte auch nicht den Mut, etwas dagegen einzuwenden, obwohl ich innerlich überzeugt war, dass Elia, wenn er gewollt hätte, etwas für ihn hätte tun können.

Dann rief ich Elena an, die sofort am Telefon war: „Ich habe Herzklopfen ... Ich wusste, dass du mich gleich anrufen würdest."

Ich gab sie an Elia weiter. Schon nach wenigen Worten merkte ich den guten Draht, den sie zueinander hatten. Die Freundlichkeit Elias, sein strahlendes Gesicht, die Intensität ihres Gesprächs, das sich für mich langsam zu einer Art feinsinniger Musik entwickelte, war etwas, das ich ganz offen gesagt nicht erwartet hätte.

„Ich bin ein Nichts", sagte Elia. „Ich bin nur ein Kanal ... ER ist es, der alles sieht und die Entscheidungen trifft. Jetzt muss ich dir eine Frage stellen: Wieso hast du dich im vorigen Jahr von dieser Person mit einer Grippe anstecken lassen? Dem kann man abhelfen, wenn du willst ..."

Und während er ihr mit unglaublicher Sanftheit half, sich an einige Episoden zu erinnern, die schmerzhaft in ihr Leben eingeschnitten hatten, gab er mir mit einer Handbewegung Zeichen, näher zu kommen. Ohne mich anzuschauen, nahm er meine Hand in seine und begann mit leichten Bewegungen, kaum merklich, die Fingergelenke zu massieren.

„Entspann dich, Elena ... Ich massiere jetzt deine Hände ... Du wirst sehen, es wird dir bald besser gehen ..."

Dann fragte er mich, ob er sie bei mir zu Hause treffen könnte, natürlich stimmte ich mit Freuden zu. Ich erinnere mich an die letzten

Worte dieses schier unglaublichen Gesprächs, als wäre es heute gewesen: „Denk immer daran Elena, ER ist es, der alles vermag, nicht ich, ... SEIN Haus befindet sich ganz in der Nähe von deinem, nicht wahr? Geh morgen in die Kirche und rede mit ihm. ER liebt dich, denk daran ... Du wirst sehen, dass es dir nächstes Jahr viel besser gehen wird."

Dann setzte Elia sich lächelnd neben mich, legte den Kopf zwischen seine Hände und dachte ein paar Momente lang nach.

„Ja, im nächsten Jahr wird es ihr gut gehen", bemerkte er dann gedankenverloren.

Wir befanden uns in der zweiten Septemberhälfte und Elia war dabei, seine Rückkehr ins Kloster vorzubereiten. Pünktlich zum 1. Oktober würde er seine winzige Einzimmerwohnung aufgeben müssen, seine Arbeit, seine Freunde, aber er würde auch sein Verhältnis zu mir intensivieren müssen, nicht nur, um mich mit der nötigen Dokumentation, inklusive nützlicher Adressen für verschiedenste Zeugnisse, auszustatten, sondern auch, um mir die Gelegenheit zu geben, ihn noch besser kennen zu lernen, um möglichst objektiv über ihn berichten zu können. Obwohl es mir vorkam, als würde ich ihn schon seit ewigen Zeiten kennen, wollte ich seine unvermittelten Humorausbrüche verstehen lernen, seine gelegentliche Dickköpfigkeit oder Traurigkeit, und seine ansteckende Freude, wenn seine Bemühungen, für Gott ein Ziel zu erreichen, angekommen sind. Wir hatten eine Vertrautheit und ein unbegrenztes Vertrauen zueinander, ohne Zweifel bewegten wir uns auf der gleichen Wellenlänge, doch möchte ich unser Verhältnis vom Gefühl her nicht als das einer Mutter zu ihrem Sohn definieren, oder von einem Bruder zur Schwester, sondern ganz einfach als das von zwei Seelen, die sich vorgenommen haben, einander in einem ganz bestimmten Abschnitt ihres Lebens zu helfen.

„Ich habe immer davon geträumt, jemanden wie dich an meiner Seite zu haben, jemand, mit dem ich über alles reden kann, der mir zuhört, ohne sich zu wundern, ... der mich versteht und ein Herz und eine Seele mit mir ist", erklärte er mir, während wir zusammen eine Minestrone zubereiteten.

Als er mir oben an der Treppe eine Glühlampe auswechselte, stellte ich ihm ganz unvermittelt die Frage: „Bist du schon einmal im fünften Himmel gewesen?"

„Ja, aber auch schon im siebten", antwortete er so gelassen, als hätte ich ihn gefragt, was er gerade tue.

„Wie ist der siebte Himmel, Elia?"

Seine ganze Antwort bestand darin, dass er für mich eine Spirale in die Luft zeichnete, die von unten nach oben ging.

„Es ist ein blendendes Licht, immer in Bewegung, ... und die Fähigkeit, zu sehen, was aus jemandem werden kann. Nachdem ich das alles schaute, wollte ich gar nicht mehr auf die Erde zurück ...“ Während er fortfuhr, mit der Glühbirne herumzuhantieren, und ich zu ihm die Treppe hochstieg, wurde mir bewusst, dass ich mich praktisch mein ganzes Leben lang auf diese Begegnung vorbereitet hatte. Ich habe eine Unmenge von Büchern gelesen, deren Thema das Übernatürliche war, mit verschiedenen Wegen der Einweihung, mit der Geschichte der Religionen, mit Heiligenbiografien, und all diese Lektüre hat in mir den Wunsch entstehen lassen, im Bewusstsein voranzuschreiten. Und Schritt für Schritt kam ich in meiner Suche voran, mein Verständnis wuchs, meine Intuition verfeinerte sich und meine Ansichten über das Leben veränderten sich.

„Wie hast du es geschafft, vom siebten Himmel, der ohne Zweifel das letzte Ziel auf unserem Weg ist, zurückzukommen?“

„Es war Lechitiel, der mich zurückgebracht hat, und zwar recht rücksichtslos, ... und er war sogar richtig erzürnt, weil ich mich dagegen gewehrt habe ...“

Ich nahm jedes Wort in meinen Geist auf, verstand ihn und brauchte keine weiteren Erklärungen. Ich wusste, all das lag im Bereich des Möglichen.

Inzwischen war der Tag für das Treffen mit Elena gekommen. Wir hatten mit Elia abgemacht, den Termin für Donnerstag, den 19. September, in meinem Haus festzulegen. Ich hatte dafür ein paar meiner kulinarischen Spezialitäten vorbereitet. Doch am 18. rief mich Elena mit kläglicher Stimme an und erklärte mir: „Mir geht es schlecht, Fiorella! Ich hoffte zwar, es ginge mir soweit gut, um Elia zu treffen, aber ich schaffe es einfach nicht!“

„Ich tröstete sie so gut ich konnte und versprach ihr, Elia eventuell einmal nach Verona zu begleiten. Nach wenigen Minuten klingelte die Türglocke, die mir ankündigte, dass Elia gekommen war. Gualtiero und ich gingen zum Gartentor. Ich erinnere mich, dass es ein lauer und milder Septemberabend war, und während ich Elia über das Vorgefallene unterrichtete, blieben wir kurz im Garten stehen, um abzuwarten, ob Elia sich entschied, zu bleiben, oder ob er es vorzog, sich wieder auf den Weg zu machen. In seinen Augen erschien ein wundervolles Leuchten, er machte eine Handbewegung und ganz plötzlich breitete sich ringsherum ein intensiver Rosengeruch aus.

„Nichts von Bedeutung." Dann sagte er: „Gehen wir jetzt ins Haus."
Der Duft folgte uns hinein, in die Küche, ins Wohnzimmer und rasch
auch die schmale Wendeltreppe hoch in die Schlafzimmer. Ich folgte
ihm verblüfft und glücklich, weil es das erste Mal war, dass ich diesen Duft wahrnahm. Gualtiero verharrte unbeweglich neben Elia, der
still dastand. Als ich die Treppe wieder herunterkam, konnte ich es
mir nicht verkneifen, zu sagen: „Dieser Duft ist so stark, dass einem
fast übel davon wird ..."

Mir wurde sogleich deutlich, dass ich da nur so ins Blaue hinein-
geplappert hatte, und es mir nicht zustand, einen Duft göttlicher Herkunft mit einem solchen Terminus zu belegen.

Elia indessen korrigierte mich: „Er ist nicht Übelkeit erregend,
sondern nur intensiv!", und dann, indem er mich mit seinen licht-
vollen Augen musterte, fügte er noch lachend hinzu: „Das hast du
dir doch gewünscht, nicht wahr? Aber du trautest dich nicht, mich
darum zu bitten ..."

„Ja, Elia, danke ... Ich habe es nur nicht getan, weil ich keine Zeichen brauche, um dir zu glauben ..., aber gewünscht habe ich es mir
wirklich sehr!"

„Jetzt lasst mich für einen Moment alleine."

Elia ging ins Wohnzimmer. Gualtiero und ich warteten und nahmen dabei diesen Duft in uns auf, der keinem anderen glich, obwohl
er mich vage an ein Bukett orientalischer Rosen erinnerte. Nach ein
paar Minuten rief Elia uns zu sich und bat uns, mit ihm zusammen
zu beten. Dann wählte er die Nummer von Elena. Ich verließ das
Zimmer, um ihre Intimität nicht zu stören, aber Elia gab mir Zeichen, zu bleiben. Sie unterhielten sich lange miteinander und zum
Schluss empfahl Elia ihr, sich den Bauch zu massieren. Nachdem das
Gespräch beendet war, verwandelte sich Elia sofort wieder in jenen
strahlenden jungen Mann, der er ist, wenn er sich unter aufrichtigen Freunden weiß.

„Wann essen wir? Ich habe einen Bärenhunger!"

Und so beendeten wir diesen Abend bei einem fröhlichen Essen
zu dritt, als wäre überhaupt nichts passiert. Am nächsten Morgen
rief ich gleich nach dem Aufwachen bei Elena an. Ihr Ehemann Giulio antwortete und teilte mir überrascht, aber angenehm beruhigt
mit, dass Elena noch schlief.

„Sie verbrachte die ganze Nacht im Bad ... und fühlt sich heute
endlich mal wieder so frei wie schon seit Jahren nicht mehr ... Wenn
sie aufwacht, sage ich ihr, dass sie dich anrufen soll."

Als ich dann Elenas lebhafte Stimme vernahm, kam sie mir wie eine andere Person vor: sprühend, lebendig, glücklich …

„Ich bin so glücklich", sagte sie zu mir. „Ich fühle mich richtig in Form und bin ganz sicher, dass ich wieder gesund werde."

Ich möchte das nicht kommentieren oder es wagen, Vermutungen anzustellen, was passiert ist. Ich kann nur sagen, dass heute, während ich schreibe, Elena in der Tat geheilt zu sein scheint.

Sobald Elena und Giulio sich von ihren Verpflichtungen frei machen konnten, kamen sie uns besuchen, und das war der Beginn eines großartigen Verhältnisses mit Elia, sei es aus Zuneigung oder aus spirituellen Gründen, das von Tag zu Tag wuchs und wundervolle Früchte trug. Giulio widmet sich mit Leidenschaft esoterischen Themen, ist umfassend gebildet und hat eine gesunde Neugier für das Transzendente, das er gern auch in direkter Konfrontation mit anderen Menschen, welche die gleichen Interessen haben, vertieft. Und so haben die beiden seit ihrer ersten Begegnung Themen von solcher Schönheit und Tiefe berührt, dass ich dabei glaubte, in eine irreale Dimension abzuheben.

An dem Abend erlebte ich das berauschende Glücksgefühl, mich an entwickelten Seelen zu erfreuen, Seelen, welche mich erleuchteten. Giulio stellte Fragen, legte seine Zweifel, aber auch seine Überzeugungen offen, und Elia antwortete ihm selbstsicher, wobei er das, was nicht richtig war, über den Haufen warf und die Wahrheit mit so überzeugender Autorität bestätigte, dass kein Raum für eine Erwiderung blieb.

Der Verlauf der Geschichte ist noch nicht absehbar. Elena, die allen ihren Arbeitskollegen und Bekannten sichtbar verändert vorkam, sah sich gezwungen, Erklärungen abzugeben.

„Ich habe einen spirituellen Vater, der mir hilft", erklärte sie allen, die sie nach der Ursache ihrer guten Verfassung ausfragten. Und auf diese Weise, von Mund zu Mund, breitete sich Elias Ruhm auch in Verona aus. Alles Weitere ergab sich wie von selbst. Elena bat Elia um die Erlaubnis, ein Treffen zwischen ihm und etwa zehn Personen organisieren zu dürfen, die seine Hilfe nötig hatten. Elia hat mit Freuden zugestimmt, wohl wissend, dass sich auf diese Weise die Herde seines Herrn vergrößern würde.

Heute ist die Familie Terrazzan samt ihren Kindern der Bezugspunkt für Elia in Verona. Ich vergaß noch zu erwähnen: Der behandelnde Arzt von Elena war über die offensichtliche Besserung seiner Patientin sehr erstaunt, und als sie ihm auf Elias Empfehlung hin alles berichtete, auch darüber, dass sie ein Medikament, das sie seit Jahren einnahm, in den Müll geworfen hatte, füllten sich seine Augen mit Tränen.

Indessen machte ich weiter Termine, kontaktierte Leute und bemühte mich, eine Geschichte in chronologischer Reihenfolge zu entwerfen, aber mit Elia war das nicht immer ganz einfach. Er selbst berichtete mir nämlich von Zeit zu Zeit über interessante Fakten, ohne dass es ihm gelingen wollte, sie zeitlich richtig einzuordnen, und so musste ich, wenn etwas für mich nicht ganz stimmig war, auf direkte Augenzeugen zurückgreifen.

Eines Abends kam Elia in ziemlich aufgekratzter Stimmung zu uns nach Hause.

„Was ist dir denn Schönes passiert?", erkundigte ich mich sogleich.

„Heute Nacht, gegen Morgen, war ich mit Lechitiel an einem herrlichen Ort, so schön, dass ich wieder nicht zurückkehren wollte ... Lechitiel war darüber so erzürnt, dass er mich buchstäblich zurückzerrte, wobei er mir richtig wehtat ... Ich hatte das Gefühl, als hielte er mich an meiner Nabelschnur fest ..., dabei spürte ich einen so großen Schmerz, dass ich ihn mein Leben lang nicht vergessen werde. Im selben Moment hat der Wecker geläutet und ich bin aufgewacht ... Ich weiß nicht, was mit mir geschehen ist ... Im Geist sah ich mich die Treppe hinunterlaufen, weil ich zu spät für meine Arbeit dran war, aber sicherlich bin ich nicht ganz unten angekommen. Anstatt durch die Tür zu gehen, stieg ich durch das Fenster im ersten Stock in den Hof hinaus und bin dabei offensichtlich zwei oder drei Meter durch die Luft gesegelt. Eine Frau hat mich gesehen und mich gerufen. Als ich die erste Silbe meines Namens ‚El' hörte, bin ich vollkommen aufgewacht und wie eine reife Birne mitten im Hof aufgeschlagen. Sieh mal meine blauen Flecken ...“

Und während Elia mir seine Blutergüsse zeigte, hörte ich ihm zu, ohne mich noch groß zu wundern, weil ich mich beinahe an seine Geschichten schon gewöhnt hatte. Die Frau dagegen war ziemlich perplex, ihn da platt hingestreckt an einem so ungewöhnlichen Ort vorzufinden, und erkundigte sich deshalb: „Was machst du da, Elia? Aus welchem Loch bist du denn gekrochen? Hast du dir wehgetan?“

„Es ist nichts, danke, ich bin nur die Treppe hinuntergefallen.“

„Aber wie konntest du dann mitten auf dem Hof landen? Du sagst mir nicht die Wahrheit. Mir scheint, als wärst du aus dem Fenster gefallen.“

„Nein, wirklich nicht, Signora, ich bin tatsächlich die Treppe hinuntergepurzelt."

Und von dieser Art Geschichten bekam ich so viele zu hören, dass sie für mich zum täglichen Brot wurden. Dazwischen informierte ich mich auch über andere Stigmatisierte. Ich kaufte alle Literatur, die ich zu dem Thema finden konnte, und es war sehr interessant für mich herauszufinden, dass im 20. Jahrhundert 137 Stigmatisierte bekannt geworden sind. Ein Teil ist bereits verstorben, unter denen sich 88 Frauen befinden, zehn von ihnen waren verheiratet, acht Familienmütter (außerdem 36 Geistliche, 15 davon haben einen neuen Orden gegründet, und 52 Laien). Zurzeit gibt es über 100 lebende Stigmatisierte, von denen 45 unanfechtbar stigmatisiert sind, 32 Frauen und 13 Männer, von denen wiederum nur drei Geistliche sind. Elia zählt nicht mit, da er seinen Zustand nie öffentlich machen wollte. Heute ist die Meinung der Mehrzahl der Mediziner, die sich mit dem Problem wissenschaftlich beschäftigen, dass weder Hysterie noch Psychosomatik die Ursache sein können. Darum ist es nötig, woanders zu suchen, da das Mysterium der Stigmata einer Kraftquelle gehorcht, die die Kapazität der Wissenschaftler komplett übersteigt. Schaut man in das Verzeichnis der Kandidaten für Seligsprechungen, so entdeckt man unter den 1500 eingeleiteten Fällen an die 60 mit einer Stigmatisierung, wobei sich alle ohne Ausnahme nicht so sehr durch die außergewöhnlichen Phänomene, deren Vorreiter sie waren, auszeichneten, sondern durch das Zeugnis ihrer Verbindung mit Christus im Geiste der Seligkeit: demütige Anbeter von Gott, dem Vater, Initiatoren von Reformen, Urheber von Frieden. Sie sind die Avantgarde für die Heiligkeit, wie auch Beispiele übernatürlicher Schicksale, Menschen, welche sich für ihre Brüder aufgeopfert haben, mit einem prophetischen Geist, den sie aus der universalen Intelligenz geschöpft haben.

Nachdem ich sorgfältig die vielen Geschichten über die bekanntesten Heiligen gelesen hatte, von Franz von Assisi bis zu Pater Pio, von Katharina von Siena bis Veronica Giuliani, von Hildegard von Bingen bis Gemma Galgani, Natuzza Evolo und so weiter, konnte ich viel Ähnlichkeit zwischen Elia und einigen von ihnen feststellen. Was den Charakter und die Phänomenologie betrifft, ähnelt Elia sehr stark Pater Pio, während er in Bezug auf seine Gewohnheiten und seine Art zu schreiben Franz von Assisi ähnlich ist. In der Art, in der die Stigmata erscheinen, gleicht er ein wenig Louise Lateau (1850-1883), weil sich auch bei ihm, kurz bevor er zu bluten anfängt, an den Handgelenken und an den Fußgelenken Blasen bilden, die sich peu à peu von der Haut abheben. Sind die Blasen vollständig ausgebildet, brechen sie auf und eine klare, seröse Flüssigkeit tritt aus, gemischt mit Blut. Ist diese Flüssigkeit gänzlich ausgetreten, vernarben die kleinen Wunden von der Form einer Münze, wobei sie Krusten bilden, die dann an der Stelle eine gerötete Hautfläche hinterlassen, die vollkommen intakt ist. Nach ein paar Tagen bilden sich die Blasen erneut, danach die Wunden und die Vernarbung, von Woche zu Woche während der ganzen vierzig Tage, die dem Osterfest vorausgehen. Tage, in denen Elia genötigt ist, ein komplettes Fasten einzuhalten, und akute Schmerzen im gesamten Körper erleidet.

Heute, während ich schreibe, ist der 30. März 2001, und in diesem Jahr fällt Ostern auf den 15. April. Daher kann ich bezeugen, dass ich persönlich bei diesen außergewöhnlichen Phänomenen zugegen war, da ich mich während der ganzen Zeit in unmittelbarer Nähe von Elia aufhalten durfte.

Gestern Abend zum Beispiel rief er mich zu sich, weil er „das Gefühl" hatte, er müsse mir ein weiteres unglaubliches Geschehen vorführen. In zehn Minuten war ich in seinem Haus. An seinen Augen merkte ich sofort, wie schrecklich er litt: Es war Donnerstag. Ich legte meine Hand auf seine fiebernde Stirn, während er die linke Schulter mit seiner rechten Hand festhielt, als hätte er dort unerträgliche Schmerzen. Ich wollte sehen, was los war, und die Stelle auch abtasten. Unter dem Schulterblatt konnte ich ganz klar einen Knochen hervortreten sehen, wie nach einer Verrenkung, und das ganze Schultersystem schien mir ausgerenkt zu sein. Elia stöhnte und ließ mich auch in eine deutliche „Vertiefung" hinten an der Wirbelsäule, in Höhe der rechten Niere, tasten. Ich sah keine Verletzung, da Elia ein Hemd anhatte, aber ich hatte den Eindruck, dass mein Finger zwei bis drei Zentimeter tief ins Fleisch eingedrungen war.

Dann krempelte Elia sich die Ärmel hoch, streckte die Arme vor mir aus, und was ich dann sah, werde ich mein ganzes Leben lang nicht mehr vergessen. Es war, als ob jemand ihn energisch an den Armen hochziehen würde, bis sie anschwollen und alle Muskeln sich verhärteten. Mit einem Finger betastete ich seinen Unterarm. Er war gespannt und sehr hart, die Venen pulsierten, während seine Handgelenke vor meinen Augen aufschwollen. Er jammerte vor Schmerzen und schloss die Augen, um sie ertragen zu können.

Ich glaube, dass Elia in diesem Augenblick eine „Aufladung mit himmlischer Energie" bekommen hat, von unvorstellbarer Intensität, vergleichbar mit energiereicher Strahlung, die jeden anderen

Organismus zerstört hätte. Das war der Grund, warum Elia fasten musste! Nur indem er Wasser trinkt, gelingt es ihm, sich aufzufrischen und ein wenig von dieser Energie zu entladen, der er ununterbrochen ausgesetzt ist. Diese außergewöhnliche „Manifestation" dauerte ungefähr zehn Sekunden, und danach war alles wieder normal. Ich war bei einer Energieaufladung zugegen gewesen, welche kurz darauf in ihm explodieren sollte, um jene feurigen Male hervorzubringen, über die ich schon so viel berichtet habe.

Aber kehren wir jetzt zum September 2000 zurück. Nach Elena kamen andere liebe Freunde zu uns ins Haus, um Elia kennen zu lernen. Unter ihnen waren auch Marisa und Guido aus Mailand, begleitet von Rosanna, unserer sensitiven Freundin, die Engel sehen und mit ihnen Kontakt aufnehmen kann. Unsere Freundschaft basiert auch auf spiritueller Affinität, die wir vertiefen, wann immer wir die Gelegenheit dazu haben. Da sie es waren, die mich mit Rosanna bekannt gemacht hatten, wollte ich ihnen auch ein Geschenk machen, und so bat ich Elia, sie zu empfangen.

Kaum hatte Rosanna unser Haus betreten, ging sie sofort zu ihm, schaute ihn einen Augenblick lang an, und erklärte dann: „Wir beide sind uns bereits begegnet, nicht wahr?"

Elia schloss die Augen und versuchte sich zu erinnern. „Mir scheint, nicht ...", entgegnete er ihr.

„Doch, Elia, heute Nacht ... Ich bin in meinem Astralkörper zu dir gekommen."

„Ach, du warst also die Frau, die mir entgegengekommen ist und mir zugelächelt hat, ... und ich wollte nicht, weil ich in Eile war, ... Es war schon spät und ich musste bald aufstehen, um zur Arbeit zu gehen ..."

Und während sich die beiden weiter in diesem Ton miteinander unterhielten, als ob sie mir in meiner Küche nicht im Wege stünden, schauten sich die anderen verdutzt an, während ich an meinem Herd versuchte, das Essen fertig zu kochen. Und dann saßen wir an einer festlich geschmückten Tafel und verbrachten ein paar angenehme Stunden, indem wir über die verschiedensten Themen diskutierten.

Rosanna hat eine sehr desolate Gesundheit. Sie hat einen Hüftschaden und kann nur mit Mühe gehen. Zudem leidet sie auch an angeborenem Asthma, das sie müde macht, so dass sie deshalb viel Zeit im Bett verbringen muss. An dem Abend legte Elia ihr seine wundersamen Hände auf und ich darf sagen, Rosanna fühlte sich seit dem Tag sehr viel besser. Sie ist vor allem mit Energie aufgeladen worden, die lange Zeit anhielt.

Mit Marisa und Guido entwickelte sich sofort ein gutes Verhältnis, so dass ich annehme, dass Elia auch sie „auserwählt" hat, für seine zukünftigen Pläne. Ob auch sie ein Glied in seiner Kette sein würden?

Die Zeit verging und Elia wartete auf den Anruf aus dem Kloster, der jeden Tag kommen sollte. Er hatte beschlossen, einen letzten Versuch zu wagen. Er wusste, dieser würde entscheidend sein. Er hatte bereits eine Intuition, was er aus seinem Leben machen wollte, aber er wollte seiner sicher sein. Der Herr und seine Engel standen ihm bei …, sie legten ihm nichts auf, doch durch die Visionen zeigten sie ihm ein Schicksal, das ihm auch freistand abzulehnen. Pater Pio ermutigte ihn und erkundigte sich immer, ob er noch Angst hätte, den Weg zu gehen, der ihm bestimmt worden war. In seinen Zweifeln hoffte Elia, dass es im Frieden und in der Stille eines Klosters leichter sein würde zu verstehen, was der Herr wirklich von ihm wollte.

So gab er seine Arbeit auf, überließ seine Wohnung mitsamt der Einrichtung einem marokkanischen Freund mit seiner Familie, verstaute seine persönlichen Sachen in meiner Garage und fand dabei noch die Zeit, fast jeden Abend bei uns vorbeizuschauen. Er fragte uns auch, ob er bei uns eventuell ein paar Leute empfangen dürfte, die seine Hilfe benötigten, da seine kleine Wohnung nun nicht mehr zur Verfügung stand. Natürlich waren wir damit einverstanden, und Elia wollte, dass ich ihm bei diesen Treffen assistierte.

„Setz dich hierher", sagte er zu mir, „rühr dich nicht und hör gut zu … Du wirst den besten Teil der Arbeit haben!"

Und ich tat alles, was Elia mir sagte: Ich hörte zu, ich staunte, lernte, freute mich, hielt mich für gesegnet, ich zuckte zusammen und vor allem erhob ich mich in eine Dimension, die mich alles um mich herum vergessen ließ. Ich war wie auf einem Höhenflug und ich fragte mich nach dem Warum.

„Frag nicht mehr danach", bemerkte Elia lächelnd, „Gott weiß schon, wen ER will … Jedenfalls kann ich dir sagen, dass du schon als Kind den Wunsch geäußert hast, eines Tages eine Geschichte wie diese niederzuschreiben, habe ich Recht?"

Unversehens ging ich in Gedanken in der Zeit zurück und sah mich an einem Tisch im Refektorium meines Kollegs sitzen … und ein Stiftsfräulein las mit lauter Stimme die Geschichte von Pater Pio vor, während ich wie verzaubert dasaß … Ich hatte tatsächlich den Wunsch gehabt, eines Tages über so etwas zu schreiben. Wie hatte Elia es nur angestellt, in den Wünschen eines kleinen Mädchens zu lesen, vor so langer Zeit, die ich beinahe schon selbst vergessen hatte. Seine Feststellung machte mich wirklich betroffen, oder besser gesagt, es rührte mich, dass Gott mir diesen Wunsch gewährt hat, und so fiel mir nichts anderes ein, als zu Elia zu sagen: „Das ist wahr, ... ich war damals vierzehn Jahre alt. Elia, du bist wirklich ganz unglaublich ...“

Eines Abends, als Gualtiero aus geschäftlichen Gründen abwesend war, kam Elia wie gewöhnlich für einen kurzen Besuch vorbei. Ich schicke voraus, dass ich dieses Buch noch nicht richtig zu schreiben begonnen hatte, sondern nur Termine vereinbart und Adressen von Leuten gesammelt hatte, die ich kontaktieren wollte. Elia hatte mir bis jetzt nur die Daten einiger Ereignisse gegeben und mir einige Episoden erzählt, aber vor allem hatte er meine bohrenden Fragen beantwortet, die ihn gelegentlich ermüdeten. Aber an diesem Abend war er besonders gut aufgelegt.

„Sag mir“, begann ich sofort, „hast du schon an den Titel des Buches gedacht?“

Ich fragte ihn in einem unbekümmerten Ton, im Vertrauen darauf, dass er die Antwort schon kenne. In der Tat hatte ich bereits an drei oder vier provisorische Titel gedacht und, um ehrlich zu sein, an ziemlich starke „Dinge“, um die Interessenten neugierig zu machen und ihre Kauflust zu wecken. „Du musst einen Titel finden, der zum Kauf anreizt ...“, hat mein Verleger immer zu mir gesagt, und so habe ich auch diesmal versucht, seinem Rat zu folgen.

„Ja“, antwortete Elia, „ich habe schon zwei oder drei, und du? Nun sag mir, sag mir schon, woran hast du gedacht?“, bedrängte Elia mich amüsiert.

Ich saß vor ihm und im Bemühen, eine Antwort zu finden, die ihn nicht enttäuschen würde, rang ich um die richtigen Worte.

„Schau Elia, wir dürfen keinen schwierigen oder komplizierten Titel nehmen ... Man muss es so machen, dass das Buch auffällt, wenn es inmitten anderer in einem Schaufenster steht, also braucht man einen wirkungsvollen Titel, der wirklich überzeugt, mit einem Untertitel, der den Leser anrührt ...“

„Sag schon, sag schon.“

„Und an was hast du gedacht, Elia?“

„Mir würde ‚Das Mysterium des Lichts‘ gefallen.“

„Das ist großartig, Elia, aber meiner Ansicht nach würdest du damit nicht ein einziges Exemplar verkaufen, es ist ein etwas unverständlicher Titel ...“

„Jetzt sag mir schon, woran du gedacht hast“, wollte Elia immer noch lächelnd von mir wissen.

„Im Moment kommt mir nur ein Untertitel in den Sinn“, und während ich ihm das sagte, schämte ich mich ein bisschen, weil mir bewusst war, dass ich den Namen eines Heiligen benutzte.

„Es gibt einen zweiten Pater Pio unter uns ...“ Ich konnte den Satz noch nicht einmal zu Ende bringen, als aus einer Ecke unseres Wohnzimmers ein leichtes Tappen zu vernehmen war, als ob Kinder mit ihren Füßchen trampeln würden. Ich schnellte hoch in Richtung des Geräusches, während Elia mit nachsichtiger Miene sagte: „Noch nicht einmal ihnen gefällt dieser Slogan ...“

Und während ich in meinem Gehirn herumkramte, um einen zweiten Slogan zu finden, hörte man von dem Tischchen, neben dem wir saßen, ein Geraschel wie von Papier, als wenn jemand eilig die Seiten eines Buches durchblättern würde. Ich schaute Elia aufgeschreckt an.

„Es ist nichts, sie sind es, die ungeduldig sind, den Titel zu erfahren ... Sie sind neugierig ...“

An diesem Punkt verlor ich völlig mein Gedächtnis, während ich an die Decke starrend meine Sprache wiederfand, völlig durcheinander wegen dieser Wesen, die mich zum ersten Mal ihre Präsenz spüren ließen.

„Liebe Engel, habt Geduld ... Ich bin noch nicht an euch gewöhnt. Im Moment fühle ich mich ein wenig unbehaglich, aber ich bin glücklich, dass ihr euch offenbart habt. Ich verspreche euch, dass ich einen Titel finden werde, der euch zufrieden stellen wird.“

Später gab es noch viele andere Gelegenheiten, bei denen die Engel mir ihre Antworten der Anerkennung oder Ablehnung durch leichte Geräusche zu Gehör brachten, und Elia lehrte mich diese von anderen zu unterscheiden. Die ersten Male verwechselte ich sie mit dem Nagen eines Holzwurms oder mit dem Geräusch eines entlüfteten Heizkörpers oder mit dem Flug eines Insekts, doch Elia erklärte mir: „Irrtum, das ist das Geräusch eines Holzwurms, eher laut. Die Engel sind viel leichter und zarter.“

Und so lernte ich bald, dass in unserem Haus himmlische Wesen wohnten, die mir viel Energie gaben und mir eine immense Freude bereiteten.

Wie auch immer, an dem Abend fiel keine Entscheidung wegen des Titels. Wir unterhielten uns weiter über das Buch und trafen eine Auswahl der Episoden, welche wir veröffentlichen wollten.

Am nächsten Abend kehrte mein Mann nach Hause zurück und wir luden Elia zum Abendessen ein. Nun fehlten nur noch wenige Tage bis zu seiner Abreise und ich wollte aus seiner Anwesenheit noch Nutzen ziehen, um so viel wie möglich zu erfahren. Bis zu diesem Moment kannte ich nur einige Episoden aus seiner Kindheit und Noviziatszeit, abgesehen von jenen, die ich selbst direkt miterlebt hatte, aber ich brauchte noch Zeit, um seine komplexe Persönlichkeit wirklich verstehen zu können.

Elia kam ziemlich früh. Er gesellte sich zu mir in die Küche und bat mich, ihm die Vorbereitung des Abendessens zu überlassen.

„Heute Abend gibt es Fisch!", kündigte er uns an.

Er öffnete seine Tasche und zog alles Nötige daraus hervor, wie es ein Koch tut, wenn er mit der Arbeit anfängt. Ich beobachtete, wie er sich geschickt zwischen Töpfen und Öfen hin- und herbewegte, die Soße neu mischte und das Brot röstete, während ich den Tisch deckte und Gualtiero eine Flasche guten Prosecco entkorkte. In kurzer Zeit saßen wir zu dritt am Tisch, um eine so fantastische Fischsuppe zu genießen, wie wir noch nie eine gekostet hatten.

Später, als wir gemütlich im Wohnzimmer saßen, bekam Elia einen Telefonanruf. Sofort veränderte sich Elias Gesichtsausdruck, so dass er anstatt jovial und fröhlich plötzlich angespannt und zornig wirkte. Seine Augen funkelten, während seine Stimme in unseren Ohren wie ein Gewitter aus heiterem Himmel tönte.

„Sie sind eine Lügnerin. Ich habe ihnen gesagt, dass sie in die Kirche gehen und etwas spenden sollen, während sie stattdessen ein Bündel Geld zur Kartenlegerin schleppten. Haben Sie durch meine Hilfe etwa nicht eine Wohltat erfahren? Ja! ... Warum also danken Sie dafür nicht Gott? ... Nein, Sie sind eine Lügnerin, rufen Sie mich nicht mehr an. Ich stehe nicht mehr zu Ihrer Verfügung! Ich möchte Ihre Stimme nicht mehr hören!"

Dann beendete er brüsk das Gespräch. Bis zu diesem Zeitpunkt hatte ich Elia noch nie mit einem solchen Zorn reagieren sehen, voller Ungeduld, ja, und ihn manchmal auch trocken antworten hören, aber nur zu Personen, die sich ihm aus purer Neugierde näherten oder ein Wunder von ihm erwarteten. Das kann er nicht ertragen. Elia ist kein Schauobjekt, er kann und muss niemandem etwas demonstrieren, sondern er ist ein Mann des Friedens, der sich nicht nur bemüht, seinem

Nächsten zu helfen, so gut er kann, sondern auch den Leuten beibringen will, was es heißt, nach Gottes Willen zu leben. All das, was eventuell während einer seiner Begegnungen mit anderen geschehen könnte, ist einzig und allein von Gott so gewollt. ER selbst entscheidet, wann, wo und wem er ein Zeichen seiner Allmacht schenkt. Elia ist nur der Vermittler, ein Kanal. Wie auch immer, Elia bleibt nie lange Zeit erzürnt. Er nahm einen tiefen Atemzug, kommentierte das Vorgefallene mit zwei Worten, und dann wechselten wir das Thema.

Wenn ich an diese letzten, lieblichen und klaren Septemberabende zurückdenke, sehe ich Elia wieder, als wäre es heute, wie er lachend das Gittertor aufschiebt, gekleidet in Jeans und T-Shirt oder einem weiß-blau karierten Hemd, beladen mit einer Tragetasche, und in jedem Fall immer auch mit Geschenken für uns. Eines Abends kam er mit einem großen Korb amerikanischer Weintrauben und einem Sack voller Kastanien bei uns an.

„Ich bin in die Berge gegangen, um mich von meinen Freunden zu verabschieden, ... die vom Almosensammeln", rief er mir zu, während er schnurstracks in meine Küche trat. „Sie haben sich so gefreut, mich zu sehen ... Bevor ich weggehe, wollte ich allen noch einmal Lebewohl sagen. Wir haben den ganzen Nachmittag miteinander verbracht, und wie du siehst, bin ich reichlich belohnt worden. Die Trauben da haben sie mir für euch mitgegeben."

Sein Gesicht strahlte und seine Freude war so ansteckend, dass er uns einmal mehr vor Augen führte, wie viel leichter es war, mit simplen Dingen Freude zu bereiten, und mit aufrichtigen Gefühlen, nicht zu weit von der Natur entfernt, anstatt bevorzugt immer nur der eigenen Ego-Verwirklichung hinterherzujagen. Was ist denn das Ego? Meiner Ansicht nach ist es ganz einfach nur die „großartige" Meinung, die jeder über sich selbst hat. In der Praxis ist es nur Eitelkeit ... (mit allem Respekt für Freud).

Lob sei dir Herr
Der du den Himmel geschaffen hast
Die Erde und die Sonne.
Lob sei dir Herr
Der du den Mond geschaffen hast
Die Sterne und alle schönen Dinge.
Lob sei dir Herr

Ich sehe deine Größe
In einem Grashalm
Im Kelch einer Blüte
Lob sei dir Herr
In der Frühe, wenn die Morgenröte anbricht
Und der Himmel sich rosa färbt
Lob sei dir Herr
Lob sei dir
oh mein Herr.

Der letzte Abend brach an, der Vortag von Elias Abreise. Er kam mit seinem Wagen, voll gepackt mit Kartons und Koffern, die er, wie schon vorher abgemacht, in unserer Garage unterstellte. Es handelte sich um Bilder, um persönliche Gegenstände und Dokumente. Aber die Sachen, an denen er am meisten hing, seine Bibel, seine Schriften, die Zeugnisse, Fotos und Filmmaterial über die Phänomene, deren lebendes Exemplar er ist, vertraute er mir mit der Bitte an, sie für ihn an einem sicheren Ort aufzubewahren.

„Ich vertraue dir meinen Schatz an", sagte er mir ganz ruhig.

„Ich werde ihn weder anrühren, noch jemandem gestatten, es zu tun", versicherte ich ihm.

„Ihr jedoch dürft euch alles ansehen ...", fügte er dann mit besonderer Liebenswürdigkeit hinzu.

Und so untersuchten Gualtiero und ich die schockierenden Fotos von seiner Passion, betrachteten den Film des Bischofs, den er im Olivenhain aufgenommen hatte, blätterten durch Elias Gedichtsammlung und lasen einige davon. Der Zauber dieser edlen und von Gefühl überfließenden Werke ließ uns tief beeindruckt zurück. Allen war dasselbe Grundthema zu entnehmen, seine immense Liebe für den Höchsten, für alle Gleichgesinnten, für die Natur, für das Leben, aber vor allem konnte man in ihnen die Frische und Vornehmheit einer Seele herauslesen, die einen großen Dichter ausmachen. Einige der Gedichte wurden bereits mit Computer niedergeschrieben, andere waren von Hand in seinem Notizkalender festgehalten.

„Nein, diese nicht ..., sie sind nur für mich bestimmt ... Wenn ihr möchtet, könnt Gualtiero und du sie gern lesen ..."

„Kann ich Fotokopien davon für uns machen?"

„Ja."

Dann holte er aus seiner schwarzen Reisetasche eine Ikone, welche die Jungfrau Maria mit dem Kind darstellte, und reichte sie mir. Gleichzeitig riss er ein Blatt von einem Block ab, den ich auf dem Tischchen liegen hatte, und schrieb eilig drei Zeilen darauf.

„Diese ist für dich ... und das ist die Widmung ...“

Ich las sie und umarmte ihn. Ich kann die intensiven Momente, die dann folgten, gar nicht beschreiben. Schon gehören sie zur Welt meiner intimsten und unvergesslichsten Erinnerungen. Als Elia aufbrach, verabschiedeten wir uns wie an jedem anderen Abend, und wie immer warteten Gualtiero und ich noch so lange an der Tür, bis wir ihn hinter der Kurve unserer schmalen Straße verschwinden sahen.

Am nächsten Tag würde Elia zu einem Kloster abreisen, das zu einem anderen Orden gehörte, wo niemand ihn erkennen und niemand Fragen stellen würde. Hier, in vollkommener Anonymität und äußerster Demut, würde er erneut in sich hineinhorchen, um endgültig in der Tiefe seines Herzens die Antwort zu finden, die er suchte.

„Das ist der letzte Versuch“, wiederholte er noch einmal, bevor er uns verließ.

Es war der 30. September 2000.

6. Oktober 2000 (Telefonat)

Wie an jedem Abend, seit Elia wieder ins Kloster eingetreten war, klingelte punkt 21.30 Uhr das Telefon.

„Hallo“, meldete ich mich scherzend, ganz sicher, seine Stimme zu vernehmen. Ich hörte ein leises Lachen.

„Ciao Mami, hast du dich gut erholt, wo du doch den ganzen Tag daheim warst?“

„Ja Elia, heute Morgen habe ich den Wagen zur Inspektion gebracht und da ich zu Hause bleiben musste, habe ich die Gelegenheit genutzt, Pompea anzurufen, um ein paar Dinge zu präzisieren. Ich möchte nichts vergessen. Ich hoffe, dass es mir gelingt, die Fakten so gut wie möglich darzustellen, und dass dem Verleger mein Stil gefällt.“

„Sei ganz ruhig, du schreibst gut!“

„Danke Elia“, erwiderte ich mit einem Seufzer der Erleichterung.

„Du machst mir Mut, aber manchmal denke ich, ich habe mich in eine Situation begeben, die eine Nummer zu groß für mich ist.“

„Nein, du machst es prima."

Ich erkundigte mich nicht einmal, wie er es anstellte, all das zu wissen, da ich die Antwort bereits kannte.

Dann wechselte er den Tonfall und sagte: „Ist es möglich, dass du nichts bemerkt hast?"

„Was soll ich bemerkt haben, Elia? Jag mir keine Angst ein!"

Daraufhin sagte Elia sanft und betont langsam: „Heute waren sehr viele Engel um dich herum und auch in dieser Nacht warst du nicht allein. Erinnerst du dich, wie du heute an einem bestimmten Punkt ein paar Sätze gestrichen hast, weil du glaubtest, etwas falsch gemacht zu haben?"

„Ja Elia, ich habe die Arbeit unterbrochen und eine Episode komplett herausgenommen, weil ich sie nicht für wichtig hielt." Dann fasste ich mich wieder und fügte hinzu: „He, spionieren sie für dich?"

„Wie du siehst, weiß ich alles."

Er lachte amüsiert.

Mittlerweile hatte ich mich an Elia gewöhnt und er konnte mich beinahe mit nichts mehr überraschen, obschon ich nach diesem Telefonat noch oft Gelegenheit hatte, verblüfft zu sein, und mit Gewissheit sagen kann, dass ich dank ihm sehr häufig in eine Dimension abhob, die mich von meiner täglichen anstrengenden Arbeit, mit der ich mich unermüdlich und ohne Pause beschäftigen musste, loslöste. Zum Glück verhinderte mein Alltag, dass ich in einer flaumigen Wolke versank, in die ich mich beim Schreiben zuweilen flüchtete, so dass ich mit beiden Beinen fest am Boden blieb und die heftigen Emotionen, die ich manchmal nicht kontrollieren konnte, wieder verschwanden, um der normalen, wachen und verantwortungsbewussten Managerin Platz zu machen. Leider hatte ich kaum Gelegenheit, mich etwas abzulenken, da sich mein Ehemann seit fast einer Woche für die jährlichen „Show-Rooms" in Sizilien aufhielt.

Auch wenn Gualtiero und ich oft telefonisch voneinander hörten, hätte ich ihn in diesen Momenten wirklich gerne an meiner Seite gehabt, da er mir mit seiner olympischen Ruhe eine große Hilfe war und mir beistand, speziell wenn ich das Gefühl hatte, dass mein Gleichgewicht ins Schwanken geriet. Und mit Elia war es wirklich leicht, es zu verlieren.

„Gualtiero, warum hat er gerade bei uns angeklopft?"

Ohne eine Miene zu verziehen, versicherte er mir: „Früher oder später wäre Elia aus seiner Deckung herausgekommen, und wenn er nicht bei uns angeklopft hätte, dann hätte er es bei jemand anderem getan."

Selig jene, die das glauben!

„Gualtiero, ich weiß nicht, ob ich es schaffe, in dem Buch alles so rüberzubringen, wie ich das gerne möchte. Vielleicht bin ich gar nicht die geeignete Person dafür?"

„Bleib gelassen, Elia hilft dir", beruhigte mich mein Mann ohne Zögern.

Früher hätte ich mich über eine solche Antwort gewundert. Gualtiero ist an diese Themen nicht gewöhnt, er hat an der Universität in Soziologie graduiert und ist jetzt Unternehmer aus Leidenschaft, aber das ist eine andere Geschichte.

„Elia, Elia ... Was hast du heute gemacht?"

„Ich habe den Chor geputzt und der Prior hat mich dafür gelobt. Ich habe mir auch einen Pater Spiritual erwählt."

„Nach welchen Kriterien hast du dir den Pater Spiritual ausgesucht?"

„Ich habe mit allen ein wenig geredet, in ihr Inneres geschaut. Der Pater, den ich mir ausgesucht habe, hat mir sehr gut gefallen, ein guter Mensch, etwa in meinem Alter. Ich fragte ihn und er hat akzeptiert."

„Fein Elia, nun schlaf gut."

„Mami, ist es wirklich nötig, dass du in dem Buch meinen wahren Namen benutzt?"

„Gewiss, Elia, du existierst doch. Selbst wenn ich dich Matteo, Francesco oder Giovanni nennen würde, früher oder später würde dich jemand ausfindig machen ..."

„Ich verstehe! Aber ich fürchte, dass man alle meine Mitbrüder, die etwas mit mir zu tun hatten, belästigen wird und die Leute hierher strömen."

„Hab keine Angst, Elia, ich werde niemanden aus deinem Orden beim Namen nennen. Ich werde auch die Stadt nicht erwähnen, auch die Klöster nicht, in denen du gelebt hast. Ich möchte nicht, dass auch nur einer von ihnen gestört wird."

„Ich vergaß, dir die Telefonnummer von Nicola und seiner Frau Rosanna zu geben", fügte Elia dann noch hinzu. „Ich werde sie anrufen und vorwarnen, dass du eventuell Hilfe von ihnen brauchst."

„Gut, Elia. Wird das Buch ein Erfolg sein? Das ist es, was ich mir wünsche."

„Dann wird es so sein! Gute Nacht, Mami!"
„Gute Nacht, Elia."

7. Oktober 2000 (Rosenduft)

Heute Morgen, als ich an Elia dachte, rätselte ich, was ich gestern hätte bemerken sollen. Wie hätte ich die Präsenz der Engel wahrnehmen können? Plötzlich ein Geistesblitz: Mir fiel ein, dass ich gestern, kurz vor dem Telefonat mit Elia, als ich in eines der oberen Zimmer ging, einen penetranten Blumenduft gerochen hatte. Ich dachte, meine Freundin, der ich seit Jahren mein Haus anvertraut habe, hätte ein neues Raumspray versprüht. Der Parfumduft war so stark, dass ich die Fenster weit aufreißen musste. Nach dem abendlichen Telefonat mit Elia verbreitete sich der Duft aufs Neue überall. Es war drei Uhr morgens und ich wirbelte immer noch durch das Haus, um an jedem Flaschenhals zu schnuppern, an jedem Gläschen, an Reinigungsmitteln, um herauszufinden, woher dieser intensive Parfumgeruch stammte, der es mir unmöglich machte, einzuschlafen. Ich dachte immer noch, dass es ein besonders lang haftendes Raumspray sei, und sprach deshalb nicht mit Elia darüber, auch nicht an diesem Morgen. Stattdessen rief ich meine Freundin an, um mich bei ihr zu erkundigen, was für einen starken Duft sie am gestrigen Tag denn nur verwendet hätte.

„Keinen", war ihre Antwort. „Ich habe nur die Böden der Bäder mit dem üblichen Veilchenduft-Putzmittel gewischt. Doch das nehme ich immer und du hast noch nie bemerkt, dass es duftet."

„Elia, Elia", dachte ich. „Wann werde ich mich je ganz an dich gewöhnen?"

Samstagabend, 7. Oktober (Aufklärung)

Ich bin zum Abendessen bei Freunden eingeladen, Gualtiero ist noch in Sizilien, am Montag wird er endlich nach Hause zurückkommen. Ich habe das Handy neben mir liegen, da ich sicher bin, dass Elia mich punkt 21.30 Uhr anrufen wird. Und in der Tat, das Handy klingelt pünktlich. Ich stehe auf und begebe mich in die Küche.

„Ciao Mami, wo bist du?"

„Ciao Elia, ich bin bei Freunden, ich habe versucht, dich zu benachrichtigen, aber es war immer besetzt."

„Ja, ganze Scharen haben angerufen ... Ich freue mich, dass du in Gesellschaft bist."

„Hilf mir bei der Lösung einer Kuriosität, Elia, ... letzte Nacht, dieser intensive Duft ..."

„Na endlich!", unterbrach er mich erheitert und fügte dann hinzu: „Du warst unruhig, hast dich dauernd im Bett hin- und hergewälzt, von rechts nach links, dann hast du dir die Kissen aufgetürmt, hast dich aufgesetzt, dann bist du aufgestanden, in die Küche hinuntergegangen und hast etwas Süßes genascht ...", und während er jede meiner Aktivitäten einzeln auflistete, platzte er fast vor Lachen wie ein Kind, das dabei erwischt wird, wie es Marmelade klaut.

„Elia, also du warst das, und nicht die Engel ..."

„Ja, ich war es und ich wollte es dir schon gestern gestehen, aber du hast mir gesagt, ich solle dir keinen Schreck einjagen ... Wie auch immer, ich habe mich köstlich amüsiert, als ich sah, dass du es nicht durchschaut hast. Jetzt amüsier dich, so viel du nur kannst!"

Sonntag, 8. Oktober (Aktion)

Obwohl ich eigentlich nicht von mir, sondern nur von Elia sprechen wollte, ist es nötig, eine meiner Schwächen zu beichten. Ich habe schon immer an Heimweh gelitten, und zwar so sehr, dass meine Eltern mich als Kind noch nicht einmal bei meinen Großeltern lassen konnten, weil ich immer so geweint habe. Später, im Internat, habe ich drei Monate lang nur geheult, bevor ich mich daran gewöhnt hatte, und als Folge davon habe ich es seither immer vermieden, allein zu sein. Mein Mann und ich haben eine Arbeit, die uns oft auf Reisen quer durch Italien führt. Manchmal reisen wir gemeinsam, manchmal einzeln für maximal drei oder vier Tage, aber niemals an einem Sonntag, ein Tag, den wir gerne ganz ruhig zu Hause verbringen. Die wenigen Sonntage, die ich allein zu Hause habe verbringen müssen, habe ich immer so organisiert, dass der Tag so gut wie möglich vorüberging, weg von zu Hause, um unter der Abwesenheit meines Ehemanns nicht so sehr zu leiden. Aber heute wollte ich nicht ausgehen ...

Ich fühlte mich bestens, hatte viel zu tun und es war ein herrlicher Sonnentag. Um 9.30 Uhr rief Elia mich an. Wir unterhielten uns über ein mögliches Treffen gegen Monatsende ... Er informierte sich über meine Gesundheit und erkundigte sich, wann Gualtiero heimkommen würde.

„Morgen Abend", sagte ich, „ich werde ihn gegen 22.00 Uhr vom Flughafen abholen."

„Gut ..."

Gegen 13.00 Uhr, als ich gerade am Tisch Platz nehmen wollte, klingelte das Telefon wieder.

„Guten Appetit, Mami."

„Danke Elia ..., ich wollte tatsächlich gerade ..."

„Du glaubst mir immer noch nicht! ... Wo ich dir doch so viele Demonstrationen gebe ..., so auch jetzt."

„Ich glaube dir, Elia", versuchte ich mich zu rechtfertigen, „aber manchmal glaube ich zu träumen, oder nur den Projektionen meines Geistes zu erliegen, es liegt also nicht an dir, wenn ich zweifele, sondern allein an mir!"

Worauf er in sehr ernstem Ton hinzufügte: „Vergiss nicht, dass ich immer bei dir bin, immer! Ciao Mami, einen schönen Tag!"

Gegen 16.00 Uhr kamen zwei Freunde von mir vorbei, die mich schon lange nicht mehr gesehen hatten, und wir beschlossen, den Rest des Nachmittags miteinander zu verbringen. Das Telefon klingelte. Es war Elia.

„Was machst du gerade?"

„Eigentlich nichts, ich respektiere die Sonntagsruhe!"

„Sehr gut!", rief ich befriedigt aus. „Rosanna ist hier bei mir, ich gebe sie dir mal ..."

Ich sprach kurz mit Rosanna, meiner Freundin aus Florenz, und danach sprach sie mit Elia.

Der Abend kam, es wurde 21.30 Uhr.

„Ciao Mami."

„Ciao Elia."

„Der Tag ist fast vorbei und da wollte ich dir noch etwas vorlesen, darf ich?"

„Danke Elia."

Er las mir das Gleichnis vom Senfkorn vor, das, obwohl es viel kleiner war als das Weizenkorn, mächtig wuchs und ein großer und starker Baum wurde, dessen scharfes Mehl wärmte und heilte.

„Ein Wunder", rief ich aus. „Hast du das Gleichnis aus der Bibel genommen?"

„Nein!"

„Aus dem Evangelium?"

„Genau genommen auch nicht."

„Also hast du es geschrieben?"

„Ja."

Danach fuhr er fort, mir wunderbare Schriftstücke voller göttlicher Inspiration vorzulesen. Ich finde nicht die richtigen Worte, um die Schönheit und Tiefe der Worte zu beschreiben, die ich da vernahm. Schweigend hörte ich ihm zu. Ich habe ihn schon viele Male wie einen Meister reden hören, wie einen Eingeweihten, und jedes Mal gelang es ihm, mein Herz anzurühren und mir die Nahrung zu geben, die meine Seele gerade brauchte.

„Elia", fragte ich ihn. „Kannst du meine Seele sehen?"

„Ja!"

Nach ein paar Augenblicken fasste ich mich wieder.

„Darf ich dir eine Frage stellen?"

„Frag nur, Mami."

„Verzichtest du auf etwas, oder hast du auf etwas verzichtet, um dieses Leben zu führen, kurz gesagt: Um dieses dein Leben zu führen, mangelt es dir an irgendwas?"

„Nein, ich habe alles! Manchmal bin ich so glücklich, dass ich den Himmel mit einem Finger berühre, aber manchmal bin ich auch verzweifelt ..."

„Verzweifelt?"

„Nicht wegen mir, sondern über das, was ich sehe, über die Angelegenheiten der Welt ... Wer mir nahe steht, versteht es vielleicht, auch du hast schon bemerkt, dass es mir manchmal nicht gut geht ... Auch heute litt ich wegen Rosanna, sie war geistesabwesend und voller Sorgen ... Einer meiner Mitbrüder, der in der Zelle neben mir wohnt, war gezwungen, nach Hause zu eilen, nach Neapel, weil er seine Mutter ins Krankenhaus einliefern lassen musste, die eine Atheistin und Alkoholikerin ist. Auch sein Vater ist ein Atheist, er ist gewalttätig und aus diesen Gründen wird wahrscheinlich seine Berufung in Frage gestellt werden. Als er in Neapel ankam, haben seine Eltern ihn aus dem Haus gejagt, indem sie ihm sagten, sie hätten lieber einen toten Sohn als einen im Kloster. Er musste im Auto schlafen. Das verursacht mir einen immensen Schmerz. Ich habe versucht, ihn am Telefon zu trösten, und ihm gesagt, dass Gott ihn sich auserwählt hat und sich auch um seine

Mutter kümmern wird, aber mein Freund ist so entmutigt und verwirrt und glaubt, ihnen unter allen Umständen beistehen zu müssen. Ich weiß nicht, wo er wohnt, ich kenne Neapel nicht, aber heute Nacht werde ich ihn aufsuchen müssen. Ich hoffe, Gott wird mir helfen. Schlaf gut, Mami, denk daran, dass morgen dein Mann kommt."

„Ja Elia, ich werde auch daran denken, wie du auf ,Betteltour' gegangen bist. Anstatt zu nehmen, bringst du allen Geschenke. Das ist eine wunderbare Sache."

„Ernsthaft, Mami ..., weißt du, dass meine wirkliche Mutter nicht damit einverstanden war, dass ich mich in dieser Weise hervortat? Sie sagte mir immer: Du denkst nur an die anderen, aber niemals an dich selbst ... Sie schätzte das nicht besonders!"

„Aber nein, Elia, deine Mutter hatte keinerlei Geringschätzung für dich, sie konnte dich nur nicht verstehen."

Nach einigen Momenten der Stille fuhr Elia fort: „Aber du, hast du begriffen, warum ich dich Mami nenne? Weil ich eine Mutter brauche, die mich versteht ..."

„Ich weiß, Elia", erwiderte ich ihm bewegt. „Ich verstehe dich und hoffe, dich noch ein Weilchen in deinem Leben begleiten zu können ..."

Elia gab keine Antwort, um dann zu sagen: „Gute Nacht, Mami."

Auf diese Weise verbrachte ich einen abwechslungsreichen Sonntag, dank der Telefonate mit Elia, die mir keinerlei Zeit ließen, schwermütig zu werden.

Weitere Gespräche

Mein klarer Verstand gab mir vor, meine geistige Gesundheit und meinen Geruchssinn in Frage zu stellen. Wie war es nur möglich, diesen berauschenden Duft zu riechen, ohne irgendeine blumige Essenz im Haus zu haben? Handelte es sich dabei wirklich um den „Duft der Heiligkeit"? Oder war es ein Fall von kollektiver Halluzination, wenn man bedenkt, dass auch mein Ehemann die gleiche Wahrnehmung hatte? Was ich darüber in einer medizinischen Zeitschrift las, war nämlich in der Tat nicht gerade tröstlich:

„Unser Gehirn kann sich irren, indem es uns Schatten und unscharfe Umrisse wahrnehmen lässt, welche sich dann in andere Dinge verwandeln, es kann uns nicht existierende Töne vernehmen lassen, aber nie täuscht es sich mit Düften. Es ist nutzlos, zu versuchen, sich an eine Duftnote zu erinnern, in der Hoffnung, sie dadurch zu riechen. In unserem Gehirn gibt es kein ‚Geruchsgedächtnis‘, das man wieder beleben kann. Wenn man Gerüche wahrnimmt, die nicht real existieren, können wir sicher sein, uns in einer pathologischen Situation zu befinden: Depression, Alzheimer oder einer anderen Form von Psychose.“

Na prima! Ich fühlte mich aber total normal, ich arbeitete, war produktiv, ich aß und trank und schlief seit jeher gut, ohne eine Pille zu benötigen. Ich habe noch nie pharmazeutische Medikamente eingenommen und bis zu diesem Moment bin ich noch nie ernsthaft krank gewesen. Versuchen wir, die Ruhe zu bewahren und vorwärts zu schauen, dachte ich. Wenn es Gott ist, der uns diese Düfte schickt, dann wird er schon seine Gründe dafür haben! Hoffen wir also, dass wir nicht verrückt sind.

Währenddessen setzte sich unser telefonischer Austausch Abend für Abend fort. Manchmal bat ich Elia um genauere Erklärungen für das Buch, häufig war er es, der mir interessante Stichwörter gab und mir glücklicherweise auch die Gelegenheit gab, ihn in einem Stadium besonderer spiritueller Erhebung zu erleben, das mich an Ekstase denken ließ. Wenn es passierte, entnahm ich es intuitiv dem veränderten Tonfall seiner Stimme, langsam, gelassen, beinahe abwesend, so, als käme sie von einem anderen Planeten.

„Habe ich dich gestört, Elia?“

„Nein, ... ich war am Beten.“

„Tut mir Leid.“

Und er, wie immer versöhnlich, rechtfertigte meinen Anruf, dass das ja gewöhnlich nicht die Stunde zum Beten, sondern die für unsere Gespräche festgesetzte Stunde sei.

„Heute habe ich erfahren, dass die Ehefrau eines entfernten Verwandten von mir eine grässliche Krankheit hat ... Weißt du, wie man sich fühlt, wenn man eine Tomate zwischen den Händen zerquetscht? Da hast du‘s, mein Herz ist in der gleichen Verfassung.“

Elia sprach diese Worte sehr langsam, zwischen langen Atemzügen, gleichsam mit Mühe.

„Meine Eltern haben mich angerufen, in der Hoffnung, ich könnte irgendetwas tun ... Aber ich bin kein Arzt ... ER ja ... ER kann alles bewirken.“

Ich hörte ihm still zu, während Elia fortfuhr: „Ich werde die ganze Nacht beten ... Ich bin sicher, dass ER mir helfen wird.“

„Und morgen, wirst du nicht müde sein?"

„Nein, ... ich werde selig sein."

Am Donnerstagabend spürte ich sofort, dass es Elia nicht gut ging. Es handelte sich nicht um die üblichen körperlichen Beschwerden, sondern um eine tief gehende Trostlosigkeit, die sich bald in ein verzweifeltes Weinen verwandelte. Melancholie und das Gefühl der Einsamkeit gewannen die Oberhand über den Mann, der keine Scheu hatte, seine Schwäche zu zeigen.

„Was ist los, Elia?"

Zwischen Seufzern und mit dünner Stimme antwortete er mir: „Ich fühle mich so allein, weil ich auf IHN warte ... Nicht von dir gestört ... Die Tränen bereichern mich, ... das Weinen wandelt sich in Weisheit ..."

Gebet

Und worauf warte ich jetzt?
Einzig und allein auf dich, mein Gott.
Nimm alle Ablenkungen von mir
und setze mich nicht dem Sarkasmus von Dummköpfen aus.
Ich' gehe meinen Weg in Stille.
Ich weiß, dass du all das so willst.

Und so flogen die Wochen schnell dahin, zwischen der Arbeit in der Firma, zwischen Telefoninterviews und Besuchen bei Personen, die Elia mir als wichtig für die Abfassung des Buches angegeben hatte. Ich besuchte Mamma Anna, Curzio, Nicola und Rosanna, Pompea, Giuseppe und Rosita. Ich nahm Kontakt auf mit Pater Ottavio und Pater Marcello, aber vor allem mit Pater Maurizio konnte ich eine freundschaftliche Beziehung aufbauen, jenem Pater, der Elia näher als alle anderen stand und der ihm während der letzten beiden Osterfeste, welche er außerhalb des Klosters verbracht hatte, zur Seite gestanden war. Überraschenderweise erhielt ich auch zahlreiche Briefe aus Apulien, ohne dass ich danach gefragt hätte. Wie ein Lauffeuer hatte sich die Nachricht verbreitet, dass ich ein Buch über Elia schrieb, woraufhin seine Freunde mir ihre Zeugnisse zukommen ließen, mit der Absicht, Elia ihre Treue und Dankbarkeit zu zeigen.

Die Tage waren noch mild und wunderschön, so dass Gualtiero und ich beschlossen, Elia zu besuchen, bevor die herbstlichen Nebel hereinbrachen. Ich konnte Elias Freude förmlich spüren, als ich es ihm mitteilte, und von dem Moment an begann für uns alle der Countdown. Auch Guido und Marisa aus Florenz wollten uns begleiten. Wir beschlossen, an einem Samstag zu fahren und vor Ort zu schlafen, damit wir uns schon frühmorgens in der Abtei einfinden und mit Elia vor dem Hochamt noch ein wenig beisammen sein konnten. Unsere Freunde wollten später nachkommen, rechtzeitig für die Andacht.

Wir erspähten Elia schon von weitem, wie er im Hintergrund des gewundenen Pfades auf uns wartete. Auch er sah uns sofort und mit unübersehbaren Handbewegungen zeigte er uns, wo wir parken sollten. Schon während ich ihn umarmte, roch ich auf der Stelle seinen Duft, und ich konnte es mir nicht verkneifen, noch ein bisschen mehr an ihm herumzuschnuppern, als wäre ich mir nicht ganz sicher, dass der Duft wirklich von ihm herrührte.

„Tu so etwas nicht, ich bitte dich....", sagte er mit gemischten Gefühlen zu mir.

„Du hast ja Recht, Elia, wir dürfen uns nicht so auffällig verhalten."

Dann hakte ich mich bei ihm ein und wir begannen diese antike Wohnstätte zu besichtigen, wo alles unberührt von der Zeit und so weit von der Welt entfernt zu sein schien.

„Hier ist die alte Bibliothek, hier das Refektorium ... Da ist mein Platz ... und dort ist der Kräutergarten."

Elia war glücklich, uns zu zeigen, wo er studierte und wo er arbeitete, aber vor allem interessierte er sich für uns und für unser Leben. Wir hatten ein paar kleine Geschenke für uns vorbereitet, welche wir wie Kinder untereinander austauschten. Ich hatte ihm eine lateinische Grammatik mitgebracht und Schokolade, die er sich hin und wieder gestattete.

„Wie geht es dir, Elia?"

„Ich muss noch ein wenig hier bleiben. Ich bin hin und her gerissen zwischen dem Frieden, den ich hier finde, und den vielen Seelen, die draußen auf mich warten. Ich weiß noch nicht, wie ich es anstellen soll, alle zufrieden zu stellen."

Gegen 11.00 Uhr erhielten wir einen Telefonanruf. Es waren Marisa und Guido, die uns ankündigten, dass sie es nicht zur Messe schaffen würden, weil sie nicht rechtzeitig wach geworden waren. Ich sehe noch genau vor mir, wie Elias Gesicht sich verdunkelte und seine Stimme sich in einem enttäuschten und traurigen Aufschrei

Luft machte: „Warum haben sie nicht an IHN gedacht? ... Wegen mir sollen sie nicht kommen ... Das hier ist SEIN Haus. ER bittet nur um eine einzige Stunde am Sonntag."

In dem Augenblick sahen wir Rosanna, Marisa und Guido um die Ecke schlendern und, ihr Handy in der Hand, guckten sie uns an, um zu sehen, wie wir auf ihren Scherz reagierten.

„Elia, sie sind da!", rief ich mit einem Seufzer der Erleichterung aus.

Und Elia, überrascht und glücklich, strahlte sie mit seinem schönsten Lächeln an, während er ihnen entgegenlief, um sie zu umarmen. Während der Messe setzten wir uns in zwei Reihen, Marisa und Guido in die vordere, Elia, Gualtiero und ich dahinter.

„Hier oben befinden sich viele Cherubine und zahlreiche Engel", flüsterte Elia mir zu. „Heute ist der Missionstag und sie haben mir gesagt, dass dein Buch auch missionarischen Zwecken dienen wird."

„Was willst du damit sagen?"

„Ich will damit sagen, dass es in viele Sprachen übersetzt und sich in der ganzen Welt verbreiten wird, ... und du wirst noch drei weitere schreiben müssen ..."

Ich erwiderte nichts und starrte weiter auf den Altar, während ich dachte, dass all das zwar schön wäre, Elia aber vielleicht die Vorhersage der Engel mit seinen eigenen Wünschen verwechselte.

„Du hast keinen Glauben!", fuhr er fort, und ich gab ihm darauf keine Antwort.

Nach der Messe wurde Elia erlaubt, uns in ein Restaurant zu begleiten, wo wir den Tag in heilsamer und glücklich machender Fröhlichkeit beendeten. Bei dieser Gelegenheit überreichte ich Elia die ersten 25 Seiten meines Manuskripts, in der Hoffnung, der Inhalt würde seine Zustimmung finden.

Wir waren gerade erst auf halber Strecke unseres Rückwegs, als Elia uns schon anrief.

„Alles soweit in Ordnung, ... aber es gibt da drei oder vier Punkte zum Korrigieren; streiche den Ausdruck ‚Heiliger' auf Seite 5 ..."

Dann veranlasste er mich, ein paar Adjektive zu ändern und den Namen eines irischen Lieds; alles andere fand seine Zustimmung.

„Mach nur weiter so, ich habe dir meine Engel an die Seite gestellt, ... hab keine Angst, sie helfen dir."

November 2000 (Rückkehr nach Bergamo)

An Allerseelen fuhren wir nach Frankreich, wo unser Sohn Robert lebt. Wir hielten uns etwa zehn Tage lang bei ihm auf, und ich nutzte die Gelegenheit, mich während dieses Urlaubs zu erholen, zu meditieren und zu schreiben. Das Buch entwickelte sich wie von selbst, manchmal hatte ich das Gefühl, wie unter einem Diktat zu schreiben, und als wir nach Hause zurückkehrten, hatte ich auch den zweiten Teil beinahe beendet. Für den Augenblick hatte Elia mir verboten, mit den Leuten über ihn zu reden, und außer in dringenden Fällen hielt ich wirklich meinen Mund. Oder besser gesagt, ich bemühte mich, vor allen anderen den Mund zu halten, auch wenn es wirklich schwer für mich war, ein solches Geheimnis zu wahren. Manchmal hatte ich das Gefühl, innerlich zu explodieren. Durch die Macht der Umstände waren meine Mitarbeiter aber in der Zwischenzeit auf dem Laufenden, weil ich die Kopien für das Manuskript in der Firma machen musste. Meine Kinder und meine Haushaltshilfe hatten auch etwas mitbekommen. Ohne es zu wollen, hatte ich die Geschichte zu früh enthüllt. Inakzeptabel für Elias Geschmack.

„Du sprichst mit zu großer Leichtfertigkeit über mich", beschwerte Elia sich am Telefon.

„Es ist nicht einfach für mich, mit den Leuten zusammenzuleben, ohne über diese außerordentlichen Dinge zu sprechen."

„Denkst du etwa, für mich sei es leicht, der zu sein, der ich bin?"

„Du hast ja Recht, Elia, ... aber du hast mein ganzes Leben über den Haufen geworfen. Ich dachte, ich hätte mich schon dazu durchgerungen, mich eines Tages aus dem Geschäft zurückzuziehen und zwischen der einen oder anderen Reise die Großmutter zu spielen, ... und dann bist du in mein Leben geschneit."

„Das kannst du doch von Zeit zu Zeit auch machen, auch wenn hier wichtigere Aufgaben für dich sein werden. Ich bitte dich doch nur um fünfzig Prozent!"

„Aber Elia, ich bin nicht mehr jung ..."

„Das ist nicht wahr, ... von nun an wirst du jünger und jünger, denn wie ich dir schon gesagt habe, wird es noch viel zu tun geben für dich ..."

Diese Worte beunruhigten mich, aber ich fragte nichts mehr, wohl wissend, dass Elia der Angelegenheit nichts mehr hinzufügen wollte. Ich wechselte das Thema.

„Und du, Elia, hast du dich für den Weg, den du gehen willst, schon entschieden?"

„Ja. Ich bin jetzt bereit. In ein paar Tagen werde ich dir meine Entscheidung bekannt geben. Im Augenblick bitte ich dich noch um Stillschweigen ..."

„Aber Elia, sobald das Buch herauskommt, werden es ohnehin alle wissen ..."

„Ich weiß, aber im Augenblick muss ich noch ein bisschen hier bleiben, in diesen Mauern, in diesem Frieden ... Gute Nacht, Mami, Grüße an Gualtiero."

„Gute Nacht, Elia."

Nach einigen Tagen teilte Elia mir mit, dass er definitiv am 25. November zurückkommen würde. Genau das hatte ich erwartet, aber nicht so früh.

„Dürfte ich in deiner Garage schlafen, bis ich eine Wohnung gefunden habe?"

„Rede nicht so einen Unsinn, du wirst so lange bei uns schlafen, wie es nötig ist."

Und so kehrte Elia nach Bergamo zurück und ließ mich von diesem Tag an in allumfassender Weise an seinem Leben teilnehmen. Es waren 25 Tage starker Emotionen, tiefer Freude, unvergesslicher Erfahrungen. Jeden Tag wies uns die göttliche Vorsehung neue Wege an, die uns zu neuen Bekanntschaften führten, welche uns wiederum Wege eröffneten, die uns zu neuen Projektideen brachten. All das geschah ohne jede Kraftanstrengung unsererseits, als würden wir unsichtbar an der Hand geführt. Wir hatten niemals Zweifel an unserem Tun, wir waren fröhlich und voller Vertrauen. Ich war nie müde, obwohl ich ins Büro ging, das Haus auf Vordermann brachte, Elia zu Immobilienhändlern begleitete, um ein Zuhause für ihn zu finden, und wir uns abends oft in andere Städte begeben mussten, und ich mich darüber hinaus noch dem Buch widmete und den Pflichten des täglichen Lebens nachkam. Ich fühlte mich mit einer erstaunlichen Energie geladen, die mich unendlich stark und gleichsam unverletzlich machte. Mit Elia diskutierte ich praktisch nie, ich beschränkte mich darauf, dem gemeinsamen Konsens zu folgen, der da hieß, dass der „Zufall" uns schon weise lenken würde: Alles war positiv, alles würde wunderbare Resultate erzielen. Wenn Elia von Gott gezeichnet war, dann hatte das gewiss seinen Grund, dachte ich, und so blieb mir nichts anderes übrig, als weiterhin Vertrauen in ihn zu haben und abzuwarten.

„Gehst du nicht mehr ins Kloster zurück, Elia?"

„Nein, mein Platz ist hier ... Es gibt hier zu viele gute Seelen, die sich verirrt haben, zu viele Familien, die zerbrechen, zu viele Menschen, welche die Lehren Christi nicht verstanden haben ... Christentum heißt, lernen zu lieben, es ist die gegenseitige Liebe ... Wir dürfen keine Zeit mehr verlieren."

„Was wirst du alleine bewerkstelligen?"

„Ich bin nie alleine. In kurzer Zeit werde ich in einem großen Haus wohnen, wo ganze Familien hinkommen werden ..., auch die schwarzen Schafe ..., die weißen sind schon in Sicherheit, ... aber ich muss alle vereinigen. In unserem Haus wird man arbeiten und beten, und es werden auch Heilungen stattfinden."

Ich hörte aufmerksam zu, aber ich muss zugeben, manchmal hatte ich Zweifel an seinen Vorhersagen, besonders wenn es sich um etwas so Großartiges handelte, das meiner Meinung nach fast unmöglich zu verwirklichen war. Daheim hatten wir uns so gut wie möglich eingerichtet, so dass niemand den Freiraum des anderen beschnitt. Elia wollte nicht in den oberen Stockwerken schlafen, sondern zog es vor, unten zu bleiben.

„Ich wache sehr früh auf, muss meine Gebete verrichten und mich viel freier bewegen."

So wurde vereinbart, dass jeder seinen eigenen Schlüssel haben würde und wie gewohnt sein eigenes Leben führen sollte, aber man versuchte, sich wenigstens einmal am Tag zum Abendessen zusammenzufinden. Wer als erster heimkam, würde kochen.

Wie auch immer, praktisch jeden Morgen trafen Elia und ich in der Küche zum Frühstück zusammen. Bevor ich hinunterging, versicherte ich mich immer vom Balkon aus, ob Elia schon aufgestanden war, und wenn ich mir sicher war, ihn nicht zu stören, ging ich hinunter, wobei ich mich bemühte, keinen Krach zu machen. Elia war immer gut aufgelegt, und quasi immer schon bereit, das Haus zu verlassen. Manchmal versteckte er sich hinter der Treppe und packte mich am Knöchel, um mir scherzend einen Schreck einzujagen. Wie viel fröhliches Gelächter in diesen Tagen durchs Haus schallte!

Ich erinnere mich auch an unsere vier herrenlosen Katzen, die hinterm Fenster hockten, um ihren Brei zu fordern, und wie Elia mit ihnen spielte, während er schon die ersten Telefonanrufe beantwortete, die unfehlbar vom ersten Morgen an eintrafen: von Menschen, die krank waren, die seelische Probleme hatten, die sich für eine erhaltene

Gnade bedanken wollten und die einen Rat bei familiären Problemen brauchten. Hin und wieder erfuhr ich von ihm eine gute Nachricht, aber häufig litt er unter der enormen Last, die ihm all diese Leiden aufbürdeten.

Eines Morgens sah ich ihn richtig wütend: „Heute Nacht habe ich wegen dir kein Auge zugemacht!", hörte ich ihn schreien, während er im Flur hin- und herlief. Vom anderen Ende der Leitung konnte man ein Gestammel unverständlicher Worte hören, die Elia abschmetterte: „Wenn du so weitermachst, werde ich intervenieren müssen … Sonst rufe mich nicht mehr an … Ich möchte nichts mehr mit dir zu tun haben …"

Das Gespräch dauerte noch ein paar Minuten an, während ich Elia ansah, dass er sich wegen dieser Person wirklich schlecht fühlte, welche augenscheinlich etwas getan hatte, das Elia nicht guthieß. Elia hatte es während der Nacht intuitiv erahnt. Später erfuhr ich, dass diese Person anfangs ihre Schuld nicht zugeben wollte, Elia aber nachmittags anrief, um ihm unter Tränen alles zu beichten.

An einem anderen Morgen bemerkte ich, während ich auf der Suche nach Elia wie üblich vom Balkon hinunterschaute, einen enormen bläulichen Funken auf der Treppe, die in den Keller führt. Ich erinnere mich, dass ich mich wunderte, weil ich den Knall nicht hörte, der normalerweise einem Kurzschluss folgt. Alarmiert eilte ich nach unten und stieß mit Elia zusammen, der gerade die Treppe vom Keller hochkam.

„Was ist passiert?", erkundigte ich mich.

„Nichts …, ich bin gerade zurückgekommen."

„Was, du warst bei dieser Kälte schon draußen?"

„Was hast du denn da verstanden?", erwiderte er lachend. „Ich bin soeben von einer Astralreise zurückgekehrt."

Und während er die Milch aus dem Kühlschrank nahm und ich mit einem kleinen Topf in der Hand wie angewurzelt dastand, fügte er hinzu: „Weißt du, was geschieht, wenn ich wieder in den Körper eintrete? … Es geschieht mit einem elektrischen Funken."

„Und den habe ich gesehen, Elia, einen riesigen blauen Funken, ähnlich einer Gasflamme."

„Ich weiß, mit der Geschichte könntest du dein Buch bereichern …"

Dann setzten wir uns an den Tisch und während er sein Brot in kleine Stückchen brach und ich meinen Tee schlürfte, setzten wir unser Gespräch fort.

„Kannst du mir verraten, wo du heute Nacht gewesen bist?"

„Ich bin bei unserem Papst gewesen. Er ist sehr erschöpft und traurig ... Er braucht Hilfe. Wir haben gemeinsam zu IHM gebetet ... Es war sehr schön."

„Wer hat dich zu ihm gebracht? Wie viele wart ihr?"

„Lechitiel hat mich zu ihm geführt, und während wir von hier das Haus verließen", er deutete auf das Küchenfenster, „erblickte ich meine Nichte, die im Garten auf uns wartete."

„Wie war sie gekleidet?"

„Sie trug ein rotes Kleid mit kurzen Ärmeln."

„Wieso wusstest du, dass der Papst in Sorge ist und Hilfe brauchte?"

„Lechitiel wusste es, und er war es, der es entschied. Ich muss dorthin gehen, wohin sie mich schicken."

„Kannst du dir manchmal auch aussuchen, wohin du gehen möchtest?"

„Manchmal ja, ... so zum Beispiel, wenn ich an deiner Seite sein wollte, um dir bei der Abfassung des Buches zu helfen ..."

Ich hätte nie aufgehört, ihm Fragen zu stellen und seinen fantastischen Geschichten zuzuhören, aber leider rief uns beide die Pflicht und wir mussten uns sputen, ihr nachzukommen. Gegen 8.30 Uhr waren wir schon außer Haus, jeder in Richtung seiner Arbeitsstätte. Ich habe Elia nie gefragt, wohin er ging. Ich nahm an, dass er irgendwelchen Freunden half, oder eine kleine Arbeit angenommen hatte. Vielleicht wollte er auch ein Haus finden. Ich wusste, dass er viele Bekannte in Bergamo hatte, darunter seine früheren Arbeitskollegen, mit denen er am Samstagabend ausging, seine Ordensbrüder, seinen Pater Spiritual, und dass er sich in der Vergangenheit sehr engagiert der Freiwilligenarbeit gewidmet hatte, und deshalb war ich sicher, dass er auf irgendeine Art und Weise versuchte, sich seinen Unterhalt zu verdienen, bis sein Leben endgültig geordnet sein würde. Gewöhnlich kam ich am Nachmittag heim; manchmal geschah es auch, dass Elia auf mich wartete, um etwas mit mir zu besprechen.

Eines Montagnachmittags erspähte ich ihn schon von weitem, wie er am Gartentor auf mich wartete. Ich war sicher, er wollte mir etwas Wichtiges mitteilen oder zeigen. Und in der Tat, bevor ich noch in den Garten trat, erblickte ich schon auf unserem großen Terrassentisch eine Anzahl Kisten, beladen mit Früchten, die in Reih und Glied nebeneinander aufgestellt waren. Elia strahlte mich an. „Sieh nur, was ich dir mitgebracht habe."

Und ich staunte nicht schlecht. Ich hatte den Eindruck, mich in einem Geschäft für Obst und Gemüse zu befinden: zwei Kisten mit herrlichen Orangen, eine mit Äpfeln, eine mit Limonen, ein Sack Zwiebeln, einer mit Kartoffeln, Blattgemüse, Kohlrüben, Käse, Vollkornbrot, einer Korbflasche voll Wein und anderen Dingen, an die ich mich nicht mehr erinnere. Ich starrte ihn sprachlos an.

„Ich habe Almosen gesammelt, ihr habt doch jetzt ein Maul mehr zu stopfen ..."

„Was sagst du da, Elia? Du wirst sofort all diese Sachen dorthin bringen, wo wirklich Not am Mann ist ..."

„Das habe ich bereits getan, das hier sind die Überreste."

„Wieso hast du Almosen gesammelt?"

„Nicht exakt Almosen ..., hin und wieder gehe ich den Leuten am Markt zur Hand. Ich habe viele Freunde hier in Bergamo. Sie haben sich alle so gefreut, mich wieder zu sehen ... Das alles haben sie mir geschenkt."

Es war im Monat Dezember und es fehlten nur noch zwei Wochen bis Weihnachten. Elia würde am zwanzigsten abreisen, um Weihnachten bei seiner Familie zu verbringen, und nach dem Heiligen Dreikönigsfest wieder zurückkehren.

In all dieser Zeit waren wir immer noch auf der Suche nach einer kleinen Wohnung, auch außerhalb der Stadt, aber im Moment war nichts zu finden. Elia sprach oft zu mir darüber, wie sein „Familien-Haus" aussehen würde: „Es wird eine Gemeinschaft in der Arbeit und im Gebet sein ... Man wird zusammen essen, Junge und Alte in vollkommener Zusammengehörigkeit. Jeder wird dem anderen nützlich sein und vor allem wird jeder lernen, nach den Geboten Jesu zu leben."

Und während ich nicht die geringste Idee hatte, wie er all das in die Tat umsetzen wollte, zeigte er sich unbekümmert und verließ sich vollkommen auf die göttliche Vorsehung.

„Ich werde noch ein Jahr in Bergamo bleiben und in dieser Zeit stehe ich jedem, der meine Hilfe benötigt, zur Verfügung."

Aber wie konnte er sich nur so sicher sein? Er hatte weder ein Haus noch eine feste Arbeit, noch kannte er jemanden, an den er sich wenden konnte, um derlei Pläne zu realisieren; und ich kannte so jemanden noch viel weniger als er. Als er mich so besorgt sah, sagte er zu mir: „Du hast kein Gottvertrauen ..., obwohl ich dir schon so viele Beispiele gegeben habe ..."

Ich wollte nicht darüber nachdenken, ich lebte für den Tag und nahm an, was er mir bescherte, und das war oft genug voller Überraschungen, so dass ich mich an diese Zeit stets als die aufregendste meines ganzen Lebens zurückerinnern werde. Meine Arbeit bereitete mir im Augenblick keine großen Sorgen, bis Weihnachten war alles soweit unter Dach und Fach, obwohl Gualtiero geschäftlich noch des Öfteren außerhalb Bergamos unterwegs zu sein hatte.

Eines Abends, während Elia und ich ruhig beieinander saßen und uns über unsere Familien und verschiedene Weihnachtsbräuche unterhielten, nahm ich die Gelegenheit beim Schopf, ihn zu fragen, was er sich zu Weihnachten denn wünschte.

„Ich brauche nichts", kam prompt seine Antwort.

Ich kam mir wie ein richtiger Quälgeist vor, weil ich ihm so eine Frage gestellt hatte, aber da ich wusste, dass er keineswegs im Geld schwamm, fuhr ich fort: „Gualtiero und ich dachten, dir ein Flugticket zu schenken ..."

„In Ordnung, wenn euch das Freude macht ..., aber ich nehme nur eines für die Hinreise an, da ich auf dem Rückweg bei Pater Maurizio vorbeischauen möchte."

Danach unterhielten wir uns weiter ganz gemütlich über uns selbst, unsere Vorlieben, unsere Beziehung zu unseren Geschwistern, Kindern und Freunden, über unsere Lebensgewohnheiten. Ich weiß nicht, aus welchem Grund ich ihm erzählte, dass ich in der Nähe eines Sees geboren wurde, und Wasser mein Element ist, und es sich so gefügt hatte, dass ich immer an einem Wasserlauf gewohnt hatte. Meine vorige Wohnung lag auch neben einem Brunnen, zu dessen „Melodie" ich abends eingeschlafen bin.

Den ganzen nächsten Tag hatte ich außer Haus zu tun und kehrte erst ziemlich spät zurück. Es war eine eisige, ganz klare Nacht, bereits erleuchtet vom Schimmern vergoldeten Weihnachtsschmucks und festlich geschmückter Tannen, die vereinzelt hinter der einen oder anderen Kurve des Hügels hervorlugten. Es ist schon Weihnachten, dachte ich, und ich habe noch nichts vorbereitet. Ich werde Elia fragen, mir beim Aufbau der Krippe zu helfen.

Als ich an der Tür zu unserem Haus ankam, traute ich meinen Augen nicht. Mein Garten war ganz erleuchtet mit einer Lichterkette voller winziger Lämpchen, die in Abständen alle zusammen an den Fenstergittern aufleuchteten, an Rundbögen, auf nackten Baumstämmen. Noch nie hatte ich einen so herrlich herausgeputzten Garten so perfekt gestaltet. Die Eingangstür war offen. Sofort hörte ich ein lebhaftes Sprudeln von Wasser aus dem Wohnzimmer kommen. Verwundert näherte ich mich, als Elia mir schon mit einer hoch zufriedenen Miene entgegenkam.

„Ich bin fast fertig ..., komm und schau es dir an ... Ich habe dir einen kleinen Brunnen gebaut, der dir Gesellschaft leisten soll, wenn du allein bist. Du brauchst nur den Stecker in die Steckdose tun ...“

In einer gut erleuchteten Ecke entdeckte ich eine fantastische Skulptur, zusammengebaut aus einer Blumenschale, in die eine angebrochene Amphore gestellt war, aus der ein satter Wasserstrahl sprudelte, der über Steine und Wüstenrosen sprang. Wirklich hinreißend! Ich brachte kein Wort heraus, gerührt von dieser liebevollen Geste.

„Auf diese Weise kannst du das Wasser sprudeln hören, wann immer du möchtest!“

„Danke Elia, du hast bestimmt den ganzen Tag daran herumgebastelt. Du solltest dir doch nicht so viel Mühe machen ...“

„Unsinn ... Du hast mir das Flugticket geschenkt und ich dir den Weihnachtsschmuck, bist du nun zufrieden?“

„Aber Elia ...“, versuchte ich zu protestieren, aber das war nutzlos, weil er schon dabei war, in der Küche das Abendessen vorzubereiten. „Weißt du, woran ich gedacht habe, Elia? Ich würde gern ein paar Entwürfe vom ersten Teil meines Buches Freunden geben, um ihr unvoreingenommenes Urteil zu hören. Was meinst du dazu?“

„In Ordnung, die Frage ist gerechtfertigt, wem möchtest du es geben?“

„Ich dachte an Elena aus Verona, an meine Schwester, an meine beiden Freunde Liliana und Genni, die schon über dich Bescheid wissen und darauf warten, deine Bekanntschaft zu machen, und dann sehen wir weiter ... Darf ich sie einladen?“

„Okay, aber nur für dieses eine Mal ...“

Und während wir dabei waren, unsere nächsten Abende zu verplanen, bekamen wir zwei Telefonanrufe. Der erste war von Marisa aus Mailand.

„Ich habe erfahren, dass Elia zurückgekehrt ist, wir alle würden ihn gerne wieder in die Arme schließen. Könnte ich einen Abend in Mailand für ihn organisieren, mit einer Gruppe von Freunden, die ihn gern kennen lernen möchten? Es sind durchweg ‚ausgesuchte‘ Leute und interessiert an Spiritualität.“

Elia akzeptierte gerne unter der Bedingung, dass auch ich ihn begleiten würde.

Der zweite Telefonanruf kam von Piera Cattaneo, eine meiner Freundinnen, die ich leider aus den verschiedensten Gründen ein paar Jahre lang nicht gesehen hatte. Piera interessierte sich schon immer für Politik. Als Tochter eines Politikers hat sie die Veranlagung, sich mit Leidenschaft in all jene Situationen hineinzustürzen, die Standhaftigkeit, Mut und Opfergeist erfordern. Ihr Lebenslauf ist entsprechend lang. Ich weiß, dass sie sich auch in der Freiwilligenarbeit engagiert und mit diversen Aufgaben überhäuft ist, zu denen auch die Arbeitsgemeinschaft für Chancengleichheit gehört. Ich war überrascht, ihre Stimme nach so langer Zeit zu hören.

„Ciao, ich hoffe, ich störe dich nicht. Ich habe gehört, dass Gualtiero sich für den Bau eines Krankenhauses in Afrika einsetzt. Wenn du mich mal zum Essen einlädst, hätte ich da ein paar Ideen."

„Bestens Piera, komm morgen Abend. Gualtiero wird auch da sein, er kommt morgen von seiner Rundreise zurück."

Am nächsten Tag, Samstag, würde Elia den ganzen Abend mit seinen Freunden unterwegs sein, und so würde ich wegen ihm keine Erklärungen abgeben müssen. Ich erinnere mich, dass ich für diesen Anlass einen guten Couscous vorbereitete, Pieras Lieblingsgericht. Wir unterhielten uns über Afrika und die Vorschläge, die Piera uns unterbreitete, waren wirklich genial. Wieder einmal demonstrierte meine Freundin, dass sie dieses besondere „Etwas" besaß, das sie schon immer von anderen unterschied. Jedenfalls war es erst zehn Uhr abends und wir hatten schon alle Themen besprochen, die uns am Herzen lagen, so dass unser Gespräch jetzt eine neue Wende nahm.

Zu meiner größten Verwunderung fing Piera an, von ihrem Schutzengel zu sprechen, dessen dauernde Gegenwart sie wahrnahm, und sie erzählte mir auch von Begegnungen, die, obwohl sie zufällig erschienen, es in Wirklichkeit nicht waren. Doch das Beste zum Schluss: Durch so einen Zufall war es ihr auch gelungen, zu einem günstigen Preis in eine wunderschöne Wohnung umzuziehen. Ich hörte ihr aufmerksam und verblüfft zu, da ich nie gedacht hätte, dass Piera sich für solche Dinge interessiert; ich hielt sie für einen „harten Brocken", vollkommen verschlossen für das innere Leben. Als sie mir dann ihre neue Wohnung beschrieb, konnte ich nicht an mich halten, ihr von Elia zu erzählen. Ich berichtete ihr in Kürze das Nötige, um ihr die Komplexität seiner Persönlichkeit nahe zu bringen, und dann bat ich sie, mir zu helfen, ihm eine Wohnung zu suchen. Sie hörte mir still zu, nur hin und wieder höchstens ein paar Dankesworte an ihren Schutzengel murmelnd, der ihr gewährt hatte, einen Abend wie diesen hier zu verbringen. Kurz darauf hörten wir, wie Elias Schlüssel sich im Schloss drehte.

„Guten Abend, allerseits ...“

„Das ist Elia, und das ist Piera, meine ‚politische‘ Freundin, von der ich dir erzählt habe.“

Elia rückte einen Stuhl an unseren Tisch, schaute Piera intensiv an und dann kreuzten seine Blicke die meinen, die neugierig waren zu erfahren, ob sie sein Wohlwollen finden würde oder nicht. Hatte ihm meine Freundin gefallen? Seine Antwort kam prompt.

„Du bist sehr tüchtig ..., tust viel Gutes ..., mach weiter so ..., die politische Welt braucht Frauen wie dich. Du wirst es weit bringen ...“

Piera, die sofort ihre Maske der starken und entschlossenen Frau ablegte, dankte ihm mit weicher Stimme und begann offenherzig über ihre Probleme zu sprechen, während Gualtiero und ich die beiden allein ließen, ohne dass sie es bemerkt hätten. Wir setzten uns ins Wohnzimmer vor den Springbrunnen, der festlich sprudelte. Auf einmal roch ich einen leichten Rosenduft, der, wie mir schien, genau aus dieser Ecke kam. Ich folgte meiner Nase, kniete mich vor den schmalen Wasserstrahl und bemerkte, dass der Duft direkt aus dem Wasser kam.

„Kommt!“, rief ich außer mir. „Das Wasser duftet nach Rosen!“

Piera rannte herbei, doch Elia rührte sich nicht. Die Szene, die folgte, war unbeschreiblich: Piera wollte eine Flasche haben, um etwas von dem Wasser mitzunehmen. Ich beteuerte dagegen, dass dies nicht das Wasser von Lourdes sei. Gualtiero grinste wie versteinert und Elia sagte gar nichts. Zu guter Letzt beruhigten wir uns, indem wir alle Gott für das erhaltene Geschenk dankten, während Elia sich darauf beschränkte zu sagen: „Manchmal geschehen gewisse Dinge, manchmal nicht ... ER ist es, der entscheidet.“

Innerhalb einer Woche hatte Piera für Elia ein wunderschönes kleines Haus gefunden, das wie für ihn gemacht schien: weit weg von der Straße, halb im Grünen, zu einem fairen Preis, und ganz wichtig, nur zehn Minuten sowohl von uns als auch von Piera entfernt. Das Haus würde ihm nach den Heiligen Dreikönigen, also nach seiner Rückkehr aus Apulien, übergeben werden.

Ein unverschämtes Glück, dachte ich. In ein paar Tagen wollten wir nach Mailand fahren, zu dem berühmten von Marisa organisierten Abend. Sie rief mich am Nachmittag an, um vorzuschlagen, rechtzeitig zu fahren und noch in ihrem Bekleidungsgeschäft vorbeizuschauen, wo ihre beiden Kinder das Vergnügen haben sollten, Elia kennen zu lernen.

„Sonia ist im sechsten Monat schwanger und es geht ihr in der Tat nicht sehr gut, ich möchte nicht, dass ihr irgendetwas passiert, ... und dann muss ich dir noch eine seltsame Geschichte erzählen: Als ich heute Morgen ins Geschäft kam, erwartete mich schon meine Verkäuferin, begierig, mir einen Traum zu erzählen. ‚Hör zu‘, sagte sie, ‚heute Nacht hat sich mir im Traum ein Mann vorgestellt, der sich Elia nannte. Nicht sehr groß, jung, mit dunklen Haaren und einem hübschen Gesicht. Warum bist du zu mir gekommen?, fragte ich ihn. Weil der Augenblick gekommen ist, in dem ich dir sagen muss, wie sich dein Verlobter aufführt. Komm mit mir. Er nahm meine Hand und ich weiß nicht wie, aber mir kam es vor, als würden wir zusammen an einen unbekannten Ort fliegen. Ich blickte nach unten und sah meinen Verlobten, der mit einer anderen Frau im Bett lag. Siehst du?, sagte Elia zu mir. Du fährst fort, an seine Lügen zu glauben und versteifst dich darauf, ihn haben zu wollen, obwohl du in deinem Herzen bereits weißt, dass er dich nicht liebt. Kurz darauf erwachte ich, immer noch erschüttert von dem, was ich gesehen hatte ...‘“

Marisa fügte hinzu: „Auch ich war von ihrer Erzählung erschüttert und ließ sie den Namen des ihr unbekannten Mannes mehrmals wiederholen. ‚Bist du ganz sicher, dass er sich Elia nannte?‘ ‚Ganz sicher! Es ist kein alltäglicher Name und deshalb erinnere ich mich so gut.‘ Ich erkundigte mich, ob sie Probleme mit ihrem Verlobten hätte, und zu meinem größten Erstaunen gab sie zu, welche zu haben. ‚Seit vier Jahren verspricht er mir, sich hierher nach Mailand versetzen zu lassen, aber immer kommt seine Mutter dazwischen, die ihn braucht, und so schaffen wir es nur, uns einmal im Monat zu sehen, wenn alles gut geht.‘“

Marisa erging sich noch in weiteren Details, während ich bereits daran dachte, die Verkäuferin mit Elia bekannt zu machen. Ich erzählte ihm nichts von diesem Gespräch, sondern deutete ihm nur etwas von den Problemen der schwangeren Tochter von Marisa an. Als wir in Mailand ankamen, war es bereits dunkel. Das Geschäft war mit vielen Lichtern für die Festtage geschmückt und von draußen konnten wir Marisa und ihre Mitarbeiter geschäftig zwischen den Regalen und ihren Kunden hin und her laufen sehen. Wir blieben stehen, um ihnen ein Weilchen zuzuschauen, dann forderte Elia mich auf einzutreten, wobei er sagte: „Der Tochter von Marisa geht es gut, sie wird im richtigen Augenblick ein hübsches, gesundes Kind ohne Komplikationen bekommen."

Marisa empfing uns mit großer Freude, und sofort fragte sie ihre Angestellte: „Ist er das?"

Das junge Mädchen schaute ihn einige Sekunden lang forschend an.

„Im Traum schien er mir etwas anders ..., aber wenn ich ihn mir genau anschaue ..., ja, mir scheint, das ist er ...

Elia sagte kein Wort, während wir alle voller Erwartung dastanden. Ohne eine Miene zu verziehen, begab Elia sich hinter den Tresen zu der Verkäuferin und die beiden begannen sich wie zwei alte Freunde miteinander zu unterhalten. Inzwischen verweilte ich bei Marisa und ihren Kindern, beantwortete ihre Fragen, die sich natürlich um Elia drehten, bis er sich lächelnd und zufrieden wieder zu uns gesellte. Er unterhielt sich kurz mit uns allen und zog sich dann mit Sonia, der schwangeren Tochter, zurück.

„Ich mache mir wirklich Sorgen wegen Sonia", fuhr Marisa fort, „nicht so sehr wegen des Babys, das da zur Welt kommen wird, sondern wegen ihrer Schwiegermutter, die ihr das Leben wirklich zur Hölle macht. Stell dir vor, sie hat das Kind sogar verflucht, das da geboren werden soll ... Sie hat gesagt, sie würde lieber sterben, als ihren Sohn zu besuchen, dabei passen die beiden jungen Leute so gut zusammen ... Und sie betrachten dieses Kind als einen Segen."

Als Elia sich wieder zu uns gesellte, kam er mir ein wenig bekümmert und recht nachdenklich vor.

„Diese Frau muss aufpassen, ... man kann doch ein unschuldiges Kind nicht verfluchen ... Gott erlaubt so etwas nicht. Gott möchte, dass dieses Kind geboren wird, ... und vielleicht holt er die Frau, damit sie nichts Böses mehr anrichten kann."

Wir schenkten dem Schlusssatz dieser Unterhaltung keine besondere Beachtung, doch es war Marisa, die etwa einen Monat später auf diesen Satz zurückkam, nachdem Sonias Schwiegermutter ganz plötzlich an einer Herzattacke verstorben war, kurz vor der Geburt von Marco, einem gesunden Kind.

An dem Abend jedoch, nach dem Schließen des Geschäfts, gingen wir in ein Restaurant, wo wir auf Guido und etwa fünfzehn weitere Personen warteten. Ich war ziemlich aufgeregt wegen Elia, weil ich wusste, dass sich in der Gruppe passionierte Christologen befanden, die Elia vermutlich den ganzen Abend lang mit ihren Fragen quälen würden. Und in der Tat, kaum dass sie ihn erblickten, umzingelten sie ihn, in der Absicht, ihn für sich zu vereinnahmen, aber ich war schneller als sie und sorgte dafür, dass Elia neben mir in der Mitte der langen Tafel zu sitzen kam.

Wie vorhergesehen richtete der Herr, der ihm gegenüber saß, sofort eine Reihe von Fragen in einer extrem anspruchsvollen Manier an ihn, die es ihm unmöglich machten, sich auch nur für einen Augenblick den anderen zuzuwenden. Und der geduldige Elia antwortete gekonnt darauf, selbstsicher und ruhig, ohne leiseste Anzeichen von Unmut oder Unduldsamkeit wie ich, die ich mich an einem gewissen Punkt gezwungen sah einzugreifen, um ihn von diesem Druck zu befreien, damit er auch mit den anderen Kontakt aufnehmen konnte. Zu guter Letzt gelang es Elia, sich von ihm zu lösen und mit allen ein ganz spezielles Band zu knüpfen, indem er intuitiv erfasste und verstand, was jeder von ihm wollte. Es war ein anstrengender Abend, voller Emotionen. Wieder einmal konnte ich feststellen, dass jedes Gespräch, jede Geste, jeder Blick zwischen Elia und den anderen jedem Ruhe, Zutrauen und vor allem Erleichterung brachte.

So eroberte sich Elia weitere Freunde, die ihn, von seinem Magnetismus angezogen, in der Folgezeit in Bergamo besuchen kamen, weil, wie sie ihm erklärten, es ihnen nur in seiner Gegenwart gelingen wollte, sich vollkommen wohl zu fühlen. Während der Rückreise fragte mich Elia: „Wie ist es gelaufen? Habe ich dem Herrn zufrieden stellend geantwortet?"

„Ausgezeichnet, Elia, du bist wie immer großartig gewesen."

Endlich kam auch meine Freundin Liliana an die Reihe, die schon seit langer Zeit wartete und der ich den ersten Teil meines Buches überreichen wollte. Die Begegnung fand in meinem Haus statt, ohne besondere Umstände. Wir berührten keine bestimmten Themen, es war nur ein entspannender Abend unter Freunden. Nach dem Abendessen, während Elia mir den Tisch abräumen half, bat ich Liliana, es sich im Wohnzimmer gemütlich zu machen und sich eine Limonade zu nehmen. Plötzlich hörte ich sie schreien. Erschrocken eilte ich zu ihr, und das Bild, das sich mir bot, ließ mich für einige Sekunden sprachlos:

Liliana kniete vor dem Brunnen, tauchte einen Finger in das Wasser und benetzte damit ihr Gesicht und ihren Hals, in der Absicht, ein Kreuzzeichen damit zu machen.

„Dieses Wasser duftet nach Rosen ..., riechst du das nicht?", sagte sie mit weit aufgesperrten Augen. Und in der Tat, der Duft hatte sich bereits im ganzen Zimmer verbreitet und ich konnte ihn auch wahrnehmen.

„Hast du es parfümiert?"

„Nein, Liliana ..."

Inzwischen hatte ich Elia gerufen, der fast verlegen zu uns herüberkam. Ich erinnere mich nicht mehr, was danach geschah, vielleicht haben wir uns noch ein wenig miteinander unterhalten, aber nachdem Liliana gegangen war, sagte mir Elia etwas, das ich nie erwartet hätte:

„Deine Freundin Liliana wird von zu viel Negativem erdrückt, man hat ihr sehr übel mitgespielt, ... jemand würde sie sogar am liebsten tot sehen. Sie trägt eine Last auf dem Rücken, die sie nicht mehr tragen kann ... Es tut mir sehr Leid für sie ... Wenn sie möchte, könnte ich ihr helfen."

Ich wusste, dass Liliana eine schreckliche Zeit durchmachte, aber ich konnte mir nicht vorstellen, dass jemand ihr den Tod wünschte. Am nächsten Tag rief ich sie an und wiederholte ihr, was Elia mir gesagt hatte.

„Es ist wahr, Fiorella, ich wusste es schon ... Ich habe nie an Hexerei geglaubt, aber so wie ich mich fühle und was mir alles passiert, beginne auch ich daran zu glauben. Danke Elia und frage ihn, was ich tun soll."

Um mit Elia zu sprechen würde ich seine abendliche Rückkehr abwarten müssen. Ich hatte beschlossen, an dem Morgen nicht ins Büro zu gehen, sondern daheim zu bleiben und mich endlich meiner Weihnachtsdekoration zu widmen. Ich bereitete die Krippe vor, die goldenen Girlanden und Sterne, und eine kleine Tanne, in der Hoffnung, dass Elia bald zurück sein würde, um mir an die Hand zu gehen. Gualtiero war noch für die Firma unterwegs und ich wollte, dass er bei seiner Heimkehr eine hübsche Überraschung vorfände. Das Schicksal wollte es, dass Elia früh am Nachmittag zurückkehrte. Im Nu hatte er entschieden, wo der Baum aufgestellt werden sollte, wo die Krippe, und wie die Girlanden und Sterne angebracht werden sollten.

„Hast du Packpapier? Bring mir einen Fettstift ... und die Schere ..., ich mache alles, kein Grund zur Sorge ..."

Ich sah ihn herumwerkeln, zuschneiden, vom Kamin Holzklötze für ein kleines Deckengerüst zur Abstützung holen, kleine Stege zwischen Bächlein und Hügeln errichten, das Wasser in einen kleinen See umleiten ... Die Krippe wuchs in die Höhe bis hin zu einem Mond und einer Sonne, während zwei Engel sie von oben herab bewunderten ... Dann behängte er das Deckengewölbe mit Girlanden und Sternen, die wir überall zur Verschönerung herumwickelten, inklusive einer Eisenstange, die in alter Zeit einmal als Stütze für die gewölbte Decke fungiert hatte. Zum Schluss setzten wir uns, zufrieden über das prächtige Ergebnis unserer Zusammenarbeit, aufs Sofa, um unser Werk zu bewundern.

„Da sind viele Engel mit uns!", rief Elia aus, während er umherschaute.

„Wirklich Elia? ... Wo sind sie?"

„Einer lehnt am Rand des Kamins und beobachtet uns, ein anderer ist hier neben dir und wieder ein anderer sitzt da hinten auf dem Sofa ... Beobachte einmal die Kette am Kamin ..."

Ich schaute hin und bemerkte, dass sie sich langsam um sich selbst drehte.

„Du hast richtig gesehen, sie dreht sich, ... und jetzt schau nach oben ..."

Auch die Girlanden an der Eisenstange begannen sich auf unnatürliche Weise zu bewegen. Jene, die herunterhing, drehte sich um sich selbst, während die in Kettenform nach vorn und hinten schwang, als sei sie eine Schaukel. Ich traute meinen Augen nicht, aber ich fühlte mich zum Zerplatzen glücklich. Dann fuhr Elia fort: „Sie möchten dir ihre Liebe demonstrieren und dir gleichzeitig ein Geschenk machen ..., aber du hast ja keinen Glauben ..."

„Natürlich glaube ich ... und ich bedanke mich bei allen."

Ich erinnere mich an viele solcher Abende, alle überaus liebenswert, alle erfüllt von unendlicher Gnade. An einem anderen Abend, an dem wir beide noch allein waren, forderte Elia mich auf, ein Bild in unserem Wohnzimmer zu betrachten. Ich erinnere mich, wie wir im Wohnzimmer waren und ein paar Stufen hinabsteigen mussten, um es aus der Nähe begutachten zu können. Elia befand sich vor mir, und während ich ihm folgte und mich auf den Punkt konzentrierte, den er mir anzeigte, spürte ich ganz deutlich, wie mir eine Hand übers Haar streichelte. Es schien eine große Männerhand zu sein.

„Oh Gott, Elia, jemand streichelt mir über die Haare!"

Und er hob die Hand, um meinen Kopf an der Stelle zu berühren, an der ich das Streicheln gespürt hatte. Elia drehte sich um und lachte. „Siehst du, Frau mit wenig Glauben? Es ist dein Engel ..."

Dann erklärte er mir, dass man mit den Techniken der Entspannung viele übernatürliche Dinge wahrnehmen könne: „Indem du das Bild anschautest, hast du dich von deinem Verstand frei gemacht und in dem Augenblick konntest du das Streicheln spüren."

An einem anderen Abend beschrieb er mir meinen Vater, den er in anderen Dimensionen kennen gelernt hatte, und an einem anderen Tag erzählte er wiederum, wie ihm, als er die Treppe unseres Hauses hinabstieg, meine kleine Schwester folgte, die im zarten Alter gestorben war.

„Heute Nacht wird dein Vater dich ein Gebet lehren ...“

Und in derselben Nacht erhielt ich im Traum eine wunderbare Botschaft, die ich leider nicht gleich aufgezeichnet habe. Hin und wieder sprach er auch von meinen Kindern, ohne mir ihre Geheimnisse zu verraten, aber er gab mir zu verstehen, dass er alles über sie wusste und ihnen helfen würde. Als mein Sohn nach seiner Rückkehr aus Frankreich die Gelegenheit hatte, ihn kennen zu lernen, kann ich – milde ausgedrückt – nur sagen, an einer wirklich erstaunlichen Begegnung teilgenommen zu haben.

Mein Schwiegersohn indessen, der oft zu uns ins Haus kam und daher mehrmals den Duft gerochen hatte, blieb lange Zeit skeptisch. Da ich seine Ansichten respektierte, machte ich keine diesbezüglichen Andeutungen mehr, sondern beschränkte mich lediglich darauf, zu bestätigen, dass ich immer noch an dem Buch über Elia schrieb. Seit vielen Jahren litt mein Schwiegersohn unter Magenbeschwerden mit akuten Schmerzen und heftiger Übelkeit, die ihn zwangen, tagelang im Bett zu bleiben. Diese Krisen wiederholten sich in regelmäßigen Abständen, und obwohl mein Schwiegersohn verschiedenste Spezialisten konsultiert und jede nur mögliche Behandlung versucht hatte, ist es niemandem gelungen, ihn zu heilen. Genau in dieser Zeit rief mich meine Tochter an, die nicht mehr wusste, wie sie seine Beschwerden lindern sollte. Sie fragte, ob Elia ihrem Mann nicht helfen könnte.

„Sieh zu, dass er hierher kommt ... Ich habe ihn schon erwartet, ich wusste, er würde kommen ...“, erwiderte Elia mir mit einem zufriedenen Lächeln.

Nicht nötig zu sagen, dass es meinem Schwiegersohn heute bestens geht, und seit Elia ihm die Hand aufgelegt hat, leidet er unter keinerlei Beschwerden mehr. Natürlich hat er mit seinen Freunden darüber gesprochen, auch um einzugestehen, dass gewisse unerklärliche Phänomene manchmal vorkommen können. Und nach meinem Schwiegersohn kamen seine Schwester, seine Arbeitskollegen, weitere Freunde Elia besuchen, und er gewann sie alle mit seiner Gabe, Harmonie und Ruhe zu schaffen.

Was mich am meisten berührte, war die Entschiedenheit, mit der er all jene abwies, die an so genannter nervöser Erschöpfung litten.

Ungeachtet meiner Empfehlungen und der Bitten seiner besten Freunde wollte er davon nichts wissen. Er wurde schon ärgerlich, wenn man nur davon sprach.

„Bringt mir bloß nicht die Erschöpften! Ich will sie nicht sehen!"

„Warum, Elia? Sind sie nicht genauso krank wie die anderen?"

„Sie sind selbst an ihren Beschwerden schuld. Sie wollen krank sein, was kann ich da für sie tun? Die Erschöpfung resultiert aus ihrem Drang nach Besitztum, das ist nicht heilbar. Es ist gerechtfertigt, ein Haus besitzen zu wollen, ein Auto, seine eigene Existenz verbessern zu wollen, aber das allein kann nicht das Ziel des Lebens sein. Die einzig gerechtfertigte Erschöpfung ist die, welche durch eigene Schmerzerfahrungen verursacht wird."

Durch eine Reihe von Umständen war meine Schwester Sandra die letzte aus der Familie, die Elia kennen lernte. Das fand im Monat Dezember statt, nach ihrer Rückkehr aus Afrika. Ich erinnere mich noch, wie Elia am Abend zuvor zu mir sagte: „Morgen wird deine Schwester dir sagen, dass es ihr nicht gut geht ... Aber mach dir keine Sorgen, das Schlimmste ist überstanden. Sie war während ihres ganzen Urlaubs krank, hier wird sie sich wieder erholen."

Am nächsten Tag rief Sandra mich an, und ihre ersten Worte waren genau die, die Elia vorhergesagt hatte.

„Weißt du, dass ich die ganze Woche lang krank gewesen bin? Ich hatte andauernd Fieber und konnte nicht einmal zum Schwimmen gehen."

Ich wunderte mich kaum noch über etwas, denn wie gewöhnlich hatte Elia richtig prophezeit. Ich sagte ihr, dass ich alles schon wisse, und lud sie ein, mich zu besuchen, sobald es ihr besser ging. Bei der Gelegenheit würde ich ihr endlich Elia vorstellen können. Die Begegnung fand ein paar Tage später statt, und wie immer gab Elia sich ausgesprochen herzlich und erteilte ihr so manchen Rat. Es geschah jedoch nichts, was an ein Wunder grenzte, wie ich erwartet hätte, und wieder einmal fragte ich mich, warum.

Wie auch immer, man unterhielt sich über viele interessante Dinge, auch darüber, dass meine Schwester vor ihrer Abreise nach Afrika zur Feier des Stapellaufs eines Schiffes eingeladen gewesen war. Unter den anwesenden Persönlichkeiten hatte sie auch einen „Hohen Prälaten" aus der Gegend kennen gelernt, und da sie am Tisch ausgerechnet neben ihm platziert worden war, hatte sich ihr die Gelegenheit geboten, sich den ganzen Abend lang mit ihm zu unterhalten.

„Der Monsignore ist eine Persönlichkeit von großer Menschlichkeit und Bildung", erzählte Sandra uns. „Es ist noch nicht oft vorgekommen, dass ich einem solchen Menschen begegnet bin. Er war äußerst zugänglich und hat meine gesamte spirituelle Neugier befriedigt. Ich habe ihm auch von Elia erzählt und er hat mir erlaubt, ihn anzurufen, falls Elia ihn gern kennen lernen würde."

Elia hörte gespannt zu, so als würde er jedes Wort in sich aufsaugen. Plötzlich sagte er uns: „Ja, ich werde diesen Monsignore bald besuchen, wenn Sandra mir seine Telefonnummer geben würde?"

„Warum ihn, und keinen anderen?", fragte ich ihn erstaunt.

„Weil ich mit ihm reden muss", sagte er kurz angebunden.

Und so endete der Abend ohne weitere Erklärungen. In der Folge kam es zu Begegnungen, einige geradezu erhaben, andere fruchtlos. Manchmal setzte dadurch ein unaufhaltbarer Heilungsprozess ein und manchmal passierte rein gar nichts. Trotzdem kamen mir alle Menschen, die sich um Elia sammelten, begnadet vor. Denn ich habe begriffen, dass jede Heilung zuerst in der Seele stattfinden muss, weil Gott in der Tat keine körperlichen Gnaden gewährt, wenn die Heilung nicht zuvor an der Seele vollzogen wurde. Wenn die Seele sich nicht öffnet, um das Licht einzulassen, wenn kein Glaube vorhanden ist, wenn kein Gleichklang zwischen dem eigenen Energiestrom und dem von Elia, der als Mittler fungiert, zustande kommt, findet das Heilungswunder nicht statt. Auch Jesus sagte zu dem Zenturio: „Dein Glaube ist es, der dich geheilt hat." Und so ist es in der Tat. Deshalb geschieht es nur bei jenen, die nicht zweifeln und in seiner Gegenwart seine außergewöhnliche Energie im Sinne einer höheren Macht aufzunehmen vermögen. Mittlerweile kann ich das Tag für Tag feststellen. Wenn wir für ein paar Tage aus irgendeinem Grund nicht die Gelegenheit haben, zusammen zu sein, fühle ich mich viel müder, und kaum kehrt er zurück, fühle ich mich wie regeneriert. Es genügt schon, mit ihm zusammen zum Supermarkt zu gehen, oder in der Messe neben ihm zu sitzen, oder mit ihm zusammen die Blumen zu versorgen. Er ist wie eine Energiequelle und ich nehme sie auf.

Eines Sonntagmorgens in der Messe, als wir nebeneinander gerade zu den letzten Reihen gingen, kam es mir vor, als würde die große Hängelampe links vom Altar schwanken. Ich schaute genauer hin, bevor ich etwas sagte, um ganz sicher zu sein, mich nicht zu täuschen. Ich bemerkte, dass die Wand hinter dem Lüster mit einer senkrecht breit gestreiften Tapete verkleidet war und der Lüster, der wirklich schwankte, einen von den Tapetenstreifen hätte verdecken müssen.

Und in der Tat, während er nach rechts und links schaukelte, zog er an dem Streifen vorbei, den ich im Auge hatte.

Ohne eine Miene zu verziehen, flüsterte Elia mir ins Ohr: „Schau auf die Lampe."

„Ich hab's gesehen ...", und wartete auf Erklärungen.

„Für mich sind das Zeichen", erklärte Elia mir, ohne mehr zu sagen.

Aber der Lüster schaukelte noch an vielen anderen Sonntagen, auch wenn Elia nicht neben mir saß, und vermittelte mir das Gefühl, eine fröhliche Komplizin des Himmels zu sein.

Jeden Tag mit Elia beisammen zu sein war genau das Richtige, um mein Bewusstsein zu erweitern. Auch wenn wir zu Hause miteinander redeten oder arbeiteten, jedes Thema war immer genau richtig und perfekt.

„Elia, bist du auch schon in der Hölle gewesen?"

„Ich habe im Vorbeigehen einen Blick hineingeworfen ... Es ist ein großes, schwarzes Loch."

„Elia, du weist immer darauf hin, was Jesus von uns will ... Du möchtest, dass wir nach seinen Lehren leben."

Darauf er: „Erinnerst du dich, wie sein Hauptgebot lautet? Liebet einander, so wie ich euch geliebt habe ... Das ist nicht schwer. Wenn du nur daran denkst, dich um dich selbst zu kümmern, wirst du dich am Ende langweilen; man sollte sich nur insoweit um sich selbst kümmern, um auch fähig zu sein, anderen zu helfen. Man sollte keinen Egoismus pflegen, weil er der Ursprung jeglichen Übels ist. Pflegt die Liebe Gottes, lernt sie vor allem in der eigenen Familie. Christentum heißt ja nichts anderes, als lieben zu lernen. Vor zweitausend Jahren wurde Christus nicht verstanden. Unsere Heiligen sind keine Ausnahmefiguren. Wir alle haben die Möglichkeit, heilig zu sein, indem wir uns frei dafür entscheiden, mitten in der Welt. Die Welt ist ein Geschenk, das Licht, die Gaben der Erde, die Farben, die Jahreszeiten. Die Welt ist Freude. Dankbarkeit ist Freude. Wenn wir in Armut und im Mangel leben, kennen wir keine Freude. Die Wahrheit existiert. Wichtig ist, dass es uns gelingt, sie zur Geltung zu bringen."

Darüber sprach er zu mir, während er eine Limonade aus den Limonen zubereitete, die er mir mitgebracht hatte, oder während wir Lupinen enthülsten, um ein Mittel gegen Diabetes daraus herzustellen. An einem der letzten Abende vor seiner Abreise las er mir ein Gedicht vor, das er am Nachmittag aufgeschrieben hatte, als er auf mich wartete.

„Du darfst es für das Buch verwenden."

Das war eine unerwartete Überraschung, da Elia ja beschlossen hatte, nichts von sich zu veröffentlichen.

„Danke Elia, warum ausgerechnet dieses?"

„Die Zeit für die anderen ist noch nicht gekommen", erwiderte er nachdenklich. „Eines Tages vielleicht ... Aber dieses ist dafür geeignet, weil es zum Nachdenken anregen kann..."

Als ich geboren wurde,
Fand ich einen Kelch.
Ich trank ihn bis zur Neige,
Ich fand eine Perle:
DIE JUGEND.
Die Jugend schenkte mir
Einen funkelnden Kelch.
Ich trank ihn bis zur Neige,
Ich fand einen Rubin:
DIE LIEBE.
Die Liebe schenkte mir
Einen wunderbaren Kelch.
Ich trank ihn bis zur Neige,
Ich fand einen Diamanten:
DEN SCHMERZ.
Auch der Schmerz reichte mir
Seinen Becher:
Verzweifelt trank ich ihn
Bis zum letzten Tropfen.
Oh höchste Freude,
Auf seinem Boden fand ich dich,
GOTT.

„Hast du jetzt verstanden, was die Geschenke des Lebens sind? Das erste ist die Jugend, mit ihrer relativen Unbeschwertheit, das zweite ist die Liebe mit einem großen A (für Amore) und das dritte ist der Schmerz, welcher das größte Geschenk ist, denn durch den Schmerz begegnet man der eigenen Seele."

Aber wir sprachen auch von prosaischeren Dingen, wie zum Beispiel: „Elia, angesichts der Tatsache, dass deine Freunde dir viel bedeuten … haben sie nie versucht, dich mit gewissen Damen bekannt zu machen?"

Worauf er ohne jede Verlegenheit sagte: „Ja, sicher!"

„Erzähle!"

„Eines Samstagabends schlugen sie mir vor, mit ihnen eine gewisse Straße zu besuchen. Vielleicht wollten sie mich auf die Probe stellen." Er lachte. „Ich akzeptierte, unter der Bedingung, dass wir alle zusammen in meinem Wagen fahren würden. Am Ziel angekommen öffnete ich die Tür und forderte sie auf, auszusteigen, während ich ihnen sagte, dass ich es vorzog, in der Città Alta Eis essen zu gehen, später aber wieder vorbeikäme, um sie abzuholen … Stell sie dir einmal vor … ‚Du gemeiner Norditaliener, wir haben es doch nur für dich getan', schrieen sie mir hinterher."

„Und hast du ihnen nicht erklärt, dass sich gewisse Dinge nicht gehören?"

„Wozu? Sie sollten doch durch eigene Erfahrung lernen, das Gute vom Bösen zu unterscheiden."

„Hat sich noch nie eine Frau in dich verliebt, Elia?"

„Doch, … und sie hat sich mir sogar erklärt …"

„Und was hast du ihr geantwortet?"

„Ich sei bereits verheiratet …, worauf sie fast in Ohnmacht fiel …"
Er brach in fröhliches Gelächter aus.

Elia hörte nie auf, mich zu erstaunen. Seine herrliche Natürlichkeit gegenüber fast jedem Thema, seine Unfähigkeit, das Schlechte zu sehen und es nur als die Abwesenheit von Gutem anzunehmen, nie jemanden beurteilen zu wollen, jene lieben zu können, die anders sind, über jede Toleranzgrenze hinaus, und schließlich sich bedingungslos zu verschenken, voller Wohlwollen, Großmut und Verständnis – das hat ihn in meinen Augen nicht nur zu einem seltenen und leuchtenden Beispiel gemacht, dem man folgen soll, sondern gleich einem Engel, welchen Gott mir geschickt hat.

Was kann ich noch über Elia sagen? Ich sehe ihn als großen Mystiker, mit der Gabe tiefer Meditation, als einen lebhaften Erzähler, jemand mit speziellen und geheimnisvollen individuellen Kontakten, perfekt angepasst an jede beliebige soziale Realität. Aber was immer ich sage oder verschweige: Er ist ein Mann des Friedens, doch immer bereit zum Angriff, um die Wahrheit und Gerechtigkeit zu verteidigen, die allzu oft mit den Füßen getreten werden, um Vorurteile und Neid zu bekämpfen, auch wenn sie gerade erst im Aufkeimen sind. Er besitzt eine elektrisierende Gefühlsbetontheit, verursacht durch seine Gabe, die gesamte Realität um sich herum dreidimensional wahrzunehmen. Er fängt Ultraschalle auf und liest in den Emotionen die Stimmungen und Absichten eines jeden Menschen.

Seine komplexe Persönlichkeit ist nicht leicht zu verstehen, weil jemand, der ihm begegnet, den Eindruck bekommen könnte, sich vor einem ruhigen jungen Mann zu befinden (er sieht jünger aus), fast naiv, herzlich, lächelnd, und obwohl mit außerordentlichen Fähigkeiten ausgestattet, stets bescheiden und unverfälscht. Alles an ihm ist wahrhaftig. Er ist ein Einzelkämpfer, und bei dem Kampf, den er starrköpfig vorantreibt, um dem Pfad des Herrn zu folgen, blickt er nur auf IHN, und das ist für ihn eine Frage von Leben und Tod. Auf jeden Schritt, auf jede Stufe, bereitet sein Engel ihn stets sanft vor, so beispielsweise auch darauf, welche Personen er für ein nützliches Projekt auswählen soll. Und wenn er jemanden erwählt hat, verlangt er von ihm absolute Hingabe.

Wer das Glück und die Mühen kennen gelernt hat, ihm zur Seite stehen zu dürfen, wird, so denke ich, schon öfter versucht gewesen sein, alles hinzuschmeißen. Ja, denn er hat keine Geduld, keine Zeit zu verlieren, Gott kann nicht warten. Dennoch wird er zum geduldigsten Menschen der Welt, sobald es gilt, eine Seele zu retten. Ich selbst habe mit ihm hitzige Debatten geführt, weil es mir noch nicht gelang, seinen Standpunkt zu verstehen. Heute glaube ich, ihn verstanden zu haben, auch wenn es oft sehr mühsam ist. Seine Unversöhnlichkeit kommt von der Tatsache, dass wir uns darauf versteifen, die Wahrheit nicht sehen zu wollen, und auf dem Irrtum beharren; in diesen Fällen lässt er uns zwar die Freiheit, aber ohne ihn. Wie auch immer, für ein verlorenes Schäfchen verwandelt er sich in den tolerantesten Menschen der Welt.

„Gott will die Vollkommenheit von dir", hat er mir mehrmals erklärt, und wenn er besonders streng mit mir war, hat er es mir mit liebenswürdigsten Aufmerksamkeiten zurückgezahlt, und mit grenzenlosem Vertrauen.

Abendessen und Mittagessen im Restaurant mag er nicht, er sieht das als verlorene Zeit an, aber er liebt es, in die Familien eingeladen zu werden, wo er die Gelegenheit nicht verpasst, zu versöhnen oder wieder zu versöhnen, Fehler zu verbessern, zu trösten, zu heilen und

Frieden zu stiften. Alles das ist Elia, ein Engel, der mir von Gott geschickt worden ist.

An dem Abend, bevor er in die Weihnachtsferien abreiste, konnte ich nicht anders, als ihn noch einmal zu löchern: „Warum bist du ausgerechnet zu mir gekommen, Elia? Ich glaube nicht, es war nur deswegen, weil ich mir als kleines Mädchen wünschte, eines Tages ein Buch über eine ähnliche Persönlichkeit wie Pater Pio zu schreiben ...“
Um ehrlich zu sein, hätte ich erwartet, dass er die Geduld verlieren und mir zum x-ten Mal antworten würde, dass Gott schon weiß, was Er will.
Stattdessen schaute er mich sanft an und sagte: „Ich habe über ein Jahr auf dich gewartet. Lechitiel hat mir in einer Vision dein Bild gezeigt und zu mir gesagt: ‚Schau dir diese Frau gut an, du wirst ihr in Kürze begegnen und sie wird von grundlegender Bedeutung für dein Schicksal sein.‘“
„Eine Frau?“, fragte ich erstaunt.
„Ja, ‚sie wird der Schlüssel für dich sein, der dir alle Türen öffnet‘ ... Und von dem Augenblick an begann ich auf dich zu warten, und als Pompea mir sagte, dass ihre Tante mich zusammen mit einer Dame aus Bergamo besuchen kommen wollte, fragte ich sie sofort: ‚Ist sie klein?‘ ‚Ja‘, antwortete sie mir. Und so ließ ich dir meine Telefonnummer zukommen, doch du hast mich nicht angerufen, und ich fing an, mir Sorgen zu machen.“

Am nächsten Tag reiste Elia nach Apulien ab. Ich nutzte die Ferien, um mich meiner Familie zu widmen, zu schreiben und mich bei guter Lektüre zu entspannen. Als ich ein Buch über die Essener las, eine Gemeinschaft, die vor zweitausend Jahren an den Ufern des Toten Meeres gelebt hatte, war ich wirklich überrascht zu erfahren, dass in dieser Gemeinschaft auch die Eltern eines Kindes mit dem Namen Jesus gewohnt hatten. Er war sechs Jahre alt und wie alle Kinder spielte er mit denen seines Alters, und im Besonderen mit Myriam und Simon, seinen Herzensfreunden. Jesus wurde für ein etwas seltsames Kind gehalten, weil er sich oft auf den Gipfel eines Berges zurückzog und viele Stunden dort blieb. Wenn er zurückkam, bemerkten seine Freunde, wie ihm eine blaue Flamme, ähnlich einem riesigen Funken, vorausging. Nur Simon hatte das noch nie gesehen und fragte sich, ob das, was man sich über Jesus erzählte, wahr sein könnte. Doch eines Tages, während Jesus zwischen den Steinen herumhüpfte, sah ihn Simon auf einmal von einem feinen blauen Licht umgeben, das in der Stille zu knistern schien ... Da glaubte Simon. Diese Beschreibung erinnerte mich an den riesigen blauen Funken, welchen ich an einem Wintermorgen in meinem Haus ganz deutlich Elia vorausgehen sah, als er die Treppe vom Keller hochkam ... Also ist es wahr: Gewisse Dinge sind schon einmal passiert und können immer wieder passieren! Ich habe also nicht geträumt.

Gleich nach Weihnachten rief mich Marisa an, um sich nach Elia zu erkundigen.

„Er ist zu Hause, in Apulien, brauchst du etwas?"

„Ich wollte dich um einen Gefallen bitten. Einer Freundin von mir in Rom geht es sehr schlecht. Sie müsste sich einem chirurgischen Eingriff unterziehen, da sie aber allergisch auf Anästhetika reagiert, kann sie sich der Operation nicht unterziehen. Glaubst du, Elia würde einverstanden sein, nach Rom zu kommen, um ihr zu helfen?"

„Ich weiß nicht ..., wenn du möchtest, kann ich ihn fragen."

„Ich vergaß, dir zu sagen, dass meine Freundin hohes Ansehen in der Politik hat, aber sie ist auch Atheistin und will weder von Mönchen noch von Wundern etwas hören. Aber ungeachtet all dessen glaube ich, dass Elia die einzige Person ist, die fähig wäre, etwas für sie zu tun. Informiere ihn über alles und ersuche ihn, mich anzurufen."

Noch am selben Abend rief ich Elia an.

„Fühlst du dich danach, eine sehr bedeutende Frau, ungläubig, die aus der Welt der Politik stammt und in Rom wohnt, zu heilen?"

„Ja", antwortete Elia, ohne einen Moment nachzudenken, und setzte dann hinzu: „Ich habe keine Angst und fahre gerne hin."

Später erfuhr ich, dass Marisa ihn am Flughafen in Rom erwartete und persönlich an den Bestimmungsort begleitete. Die Begegnung war äußerst erfolgreich. Bevor Elia die Behandlung mit Pranatherapie anfing, begegneten sich ihre Seelen. Sie nahmen einander mit offenen Armen auf, verstanden sich, wodurch sie sich in einen wunderbaren Zustand der Gnade erhoben, aus dem heraus sich ein Rosenduft entwickelte, der alle Anwesenden einhüllte. Die erstaunte und bewegte Frau, die nicht wusste, wie sie ihm ihre Dankbarkeit und ihr bedingungsloses Vertrauen erweisen konnte, erkundigte sich nach seinen weiteren Zukunftsplänen. Als sie hörte, dass es Elias Traum war, ein Haus für Familien zu gründen, um alle Menschen, die Hilfe benötigten, Junge und Alte, an Körper und Seele Gesunde und Kranke, dort aufnehmen zu können, rief die Politikerin voller Begeisterung aus: „Ich verspreche dir keine Gemeinschaft, Elia – ich schenke sie dir!"

Und von dem Tag an setzte sich die Frau aktiv für die Verwirklichung von Elias Traum ein. Wenige Tage später kam sie nach Bergamo, und gemeinsam machten wir uns auf den Weg, um die Verantwortlichen für den Distrikt von Venetien kennen zu lernen. Resultat: Wann immer Elia es für zweckmäßig hielt, würde in einer herrlichen Stadt Venetiens ein großes Haus auf ihn warten. Aber der Moment dafür war noch nicht gekommen.

Währenddessen dauerte zwischen Elia und mir der gewohnte telefonische Austausch an: „Ich habe dir meine Engel dagelassen ... Du wirst nie allein sein ..."

Und meine vergoldeten Girlanden konnten nicht anders, als es zu bestätigen, indem sie übermütig rotierten, auch in der Gegenwart von Gualtiero und Piera. Wie glücklich ich über all das war! Ich hatte mir auch angewöhnt, sie zu befragen, immer wenn ich im Zweifel war, wie ich etwas machen sollte, und sie antworteten mir umgehend, indem die Girlanden sich im Lot nach rechts drehten, wenn die Antwort ja war, und nach links, wenn nein. Wenn Elia sich mit mir in Verbindung setzen wollte und das nicht möglich war, dann schickte er mir seinen Duft, den ich sogar im Auto wahrnahm, und ich rief ihn später an, um ihm zu sagen, dass ich seine Botschaft bekommen hätte.

„Das freut mich, es ist der Duft der Bekehrung ...", erklärte er mir.

Obwohl ich mich doch schon seit langer Zeit bekehrt fühlte! Neujahr kam im Nu und Gualtiero und ich verbrachten es fröhlich in Mailand mit Maria und der ganzen Gruppe aus Apulien. Natürlich brachte ich sie auf den neuesten Stand über das, was sie durch andere noch nicht erfahren hatten. Auch Maria, die über alles auf dem Laufenden war, wartete immer noch auf die heiß ersehnte Begegnung, und ich musste ihr versprechen, dass ich sie sofort nach meiner Rückkehr mit Elia zusammenbringen würde. Sie hatte Recht, es war wirklich an der Zeit!

Ich nutzte die Feiertage auch dazu, um an einer interessanten Tagung über „Die Menschheit auf der Suche nach dem Heiligen" teilzunehmen. Einer der Vortragenden, ein Dozent in Philosophie, berührte ein Thema, das mir besonders am Herzen lag. Er sprach dabei über die Heilige Hildegard von Bingen, eine berühmte Mystikerin, die im 12. Jahrhundert lebte und dieselben Charakteristiken bezüglich ihrer Visionen und Auditionen wie Elia aufwies. Da hatte ich das dringende Verlangen, ihn besser kennen zu lernen und die Kenntnisse dieses berühmten Theologen meiner direkten Erfahrung gegenüberzustellen.

Deshalb wartete ich nach der Tagung auf Professor Don Angelo Pellegrino und sprach offenen Herzens mit ihm, indem ich ihm auch meine persönlichen Ängste und Zweifel anvertraute. Don Angelo hörte mit Geduld und großem Interesse zu und am Ende gab es keinerlei Geheimnisse mehr zwischen uns. Don Angelo gewann mich nicht nur wegen seiner geistigen Offenheit, sondern vor allem auch wegen seiner Demut und seiner Bereitschaft zur Zusammenarbeit. Noch am selben Abend rief ich Elia an, um ihn über alles zu informieren, und wir waren uns einig, dass wir uns sofort nach meiner Rückkehr zu dritt treffen sollten. Als ich abends heimkam, befragte ich die Engel, ob es richtig war, mit Don Angelo zu sprechen, und wie gewohnt bestätigten sie es mir mit Hilfe der Girlanden.

In den Ferien besuchte ich gemeinsam mit zwei Freunden, Lucia und Gianpaolo, auch einen Kurs über verschiedene Heilverfahren. Seit vielen Jahren pflegten wir gemeinsame Interessen, die sich über die Malerei bis zur Musik, alternativen Medizin und orientalischen Philosophie erstreckten. Wir trafen uns häufig gemeinsam mit anderen Freunden, wobei wir auch kleine Mahlzeiten in ihrem Haus auf dem Lande nicht verschmähten, wo Gianpaolo sich auch genug Freiraum zum Malen eingeräumt hatte. Weder mit ihnen noch mit den anderen hatte ich bisher über Elia gesprochen, doch während unseres Kurses, als unsere Lehrerin uns aus heiterem Himmel fragte, ob einer von uns vielleicht jemanden mit Stigmata kennen würde, konnte ich nicht umhin, die Hand zu heben und zu sagen: „Ich kenne einen!"

So erhielten meine Gefährten Lucia und Gianpaolo Kenntnis von der Geschichte, mit der Auflage, strengstes Stillschweigen zu bewahren.

Inzwischen verflogen die Tage in Windeseile und am 9. Januar wartete ich am Flughafen von Mailand-Malpensa, um Elia abzuholen. Als wir uns wieder umarmten, war es für uns beide wie ein Fest. Elia war beladen mit Taschen voller apulischer Leckereien, inklusive einem großen Glas mit eingelegten Auberginen, die seine Mutter gemacht hatte, und krossen „Tarallucci". Wir bemerkten gar nicht, wann wir zu Hause ankamen. Als wir endlich die Tür öffneten, hörten wir von der Küche ganz deutlich das schlagende Geräusch einer Trommel, wie eine kleine Kindertrommel. Elia drehte sich mit leuchtenden Augen zu mir um und sagte voller Freude: „Das sind sie, sie feiern meine Rückkehr!"

Und so begannen die aufregenden Überraschungen erneut, die sich in der Folge von Tag zu Tag bis zum Crescendo steigern sollten. Wir fingen sofort mit der Organisation aller im Voraus angenommenen Verpflichtungen an, auch das neue Haus wollten wir in Ordnung bringen. Da waren Maria, die schon lange wartete, und Liliana, die mir sehr am Herzen lag, da es ihr nicht gut ging; mein Freund und PR-Mann Mario Torelli, der uns wegen der Werbung des Buches erwartete, der Hausbesitzer, der eine Unterschrift unter den Mietvertrag wollte, Pater Angelo, der Elia gern kennen lernen würde, und dazu noch der Monsignore, den Elia unbedingt kontaktieren musste, und darüber hinaus war da noch eine unbestimmte Zahl von Personen, die Elias Hilfe benötigten.

Wir beschlossen, mit der Unterschrift für den Mietvertrag anzufangen und danach schrittweise alles Übrige zu erledigen. Die Wohnung wurde Elia Mitte Januar übergeben und mit Hilfe des Vaters und Ehemanns von Rosita wurde sofort mit dem Anstrich und dem Anbringen der Konsolen und Paneele begonnen, welche auch dazu dienten, die Löcher der vorherigen Mieter zu verdecken. Über Möbel sprachen wir noch gar nicht.

Inzwischen hatten Liliana und Genni den ersten Teil des Buches gelesen, und wie immer haben sie mir ihre Meinung kundgetan, die ich für sehr konstruktiv hielt.

Die Wohnung nahm Formen und eine persönliche Note an, verschönert durch gedämpfte Farben, Bilder, kleine Skulpturen, Engelchen, aber es gab noch keine Küche, Bett, Tisch oder Stühle. Eines Tages bat mich Elia, ihn nach San Vizenzo zu begleiten, um nach gebrauchten Möbeln zu schauen, aber außer einigen übel zugerichteten kleinen Schränken und einigem Krimskrams von geringem Nutzen fanden wir nichts weiter zur Auswahl. Ohne die Miene zu verziehen, fröhlich und wie immer voller Vertrauen, sagte Elia: „Schauen wir woanders ..."

Ich dagegen zerbrach mir den Kopf auf der Suche nach einer guten Idee. Ich versuchte noch einmal Liliana und Genni anzurufen. Vielleicht war in ihrem Keller noch etwas Nützliches für Elia zu finden. Genni lud mich sofort ein, bei ihm vorbeizukommen. Er hatte einen sehr geräumigen Schrank, kleinere Kommoden, diverse Konsolen und einen kompletten Badezimmerschrank, neben anderen sehr schönen und nützlichen Dingen. Alles war bereits zerlegt und verpackt, und so konnten wir es mit Hilfe einiger Freunde in meinen Wagen laden und innerhalb von zehn Minuten war alles an seinem Platz. Bevor wir abfuhren, fragte Liliana mich, warum ich nicht schon früher angerufen hätte.

„Ich werde mit einer Freundin sprechen und gebe dir heute Abend Bescheid."

Die Freundin von Liliana, Tina, war Eigentümerin eines bekannten Möbelgeschäfts und komplettierte die Wohnung nicht nur ganz wundervoll, sondern lieferte alle Möbel mit ihren eigenen Mitteln und Leuten, und tat auch noch Geschirr und Wäsche dazu. Nun fehlte wirklich nichts mehr, nicht einmal der Kühlschrank und der Fernseher. Alles geschah mit einer unglaublichen Leichtigkeit, was Elia zu der Aussage veranlasste: „Sie (die Engel) denken an mich, damit ich tun kann, was sie von mir wollen! Warum hast du dir Sorgen gemacht?!"

Kein Kommentar nötig ...

In der Zwischenzeit versuchten wir, allen dringenden Verpflichtungen nachzukommen, und gingen dorthin, wo das Schicksal uns hinwies. Mit Pater Angelo kamen wir überein, uns am Samstagnachmittag in einer Kirche etwas außerhalb Bergamos zu treffen. Ich hatte auch ihm Elias Geschichte zugeschickt, damit er sich ein genaueres Bild machen konnte. Ich erinnere mich, dass er am Tag nach diesem Treffen einige Schreiner erwartete, die ihm dabei behilflich sein wollten, ein paar Arbeiten fertig zu stellen. Obwohl die Zeit knapp war, beschloss er, noch frittiertes Gemüse vorzubereiten, für ein Mittagessen bei ihm mit Brot und Bier. Bevor wir also zu unserer Verabredung mit Pater Angelo fuhren, kauften wir noch alles Nötige ein, inklusive Artischocken und Kartoffeln, und wir mussten uns sputen, weil danach nicht mehr viel Zeit zum Kochen blieb. Elia ist wirklich ein Meister am Herd. Ich schnitt die Kartoffeln in hauchdünne Scheiben, die mit geschlagenem Eiweiß vermischt wurden, um daraus einen lockeren Eierkuchen zu machen. Wir putzten und kochten die Artischocken, so dass sie gerade fertig waren, bevor wir das Haus verließen; das meiste war also getan.

Ich war jedenfalls keineswegs die Ruhe selbst. Ich sah das Treffen mit Don Angelo wie eine Aufnahmeprüfung an, und so sicher ich mir Elias charismatischer Gaben war, da war immer noch die Ungewissheit seines nicht vorhersagbaren Charakters, der zu unvorhersehbaren Resultaten führen konnte. Gegen 13.00 Uhr verließen wir das Haus.

„Ich fahre", sagte er gedankenverloren, indem er sich den Sicherheitsgurt umlegte. „Ich bin richtig froh, dass wir das Schwierigste, wie den Eierkuchen, vorbereitet haben, und dass die Artischocken gekocht sind …"

„Aber Elia", machte ich mich über ihn lustig, „hast du wirklich nichts anderes im Kopf? Warum bereitest du dich nicht auf das Treffen mit Don Angelo vor?"

Er schaute mich erstaunt an, und mit der engelhaftesten Miene der ganzen Welt brach er in sein übliches, fröhliches Lachen aus.

Don Angelo kam pünktlich wenige Minuten nach uns. Wir setzten uns in die letzte Reihe der riesigen, leeren Kirche und nach dem üblichen Austausch von Höflichkeiten rief er aus: „Was mich betrifft: Wenn ich nicht sehe, glaube ich nicht …"

Ich erinnere mich auch anderer Fragen: „Elia, du hast auch die Gabe, die Krankheiten der Menschen zu sehen?"

„Ja."

„Nun, dann konzentriere dich auf mich …"

An diesem Punkt erhob ich mich und ließ die beiden allein. Als ich zurückkam, betrat ich die Kirche durch einen Nebeneingang und, ohne mich bemerkbar zu machen, ging ich leise zum Hauptaltar. Dann wandte ich mich behutsam um, um zu sehen, was da vor sich ging. Elia hatte die Hände auf Don Angelos Kopf gelegt, welcher vor ihm sitzend umherschaute, wahrscheinlich auf der Suche nach mir. Kaum sah er mich, winkte er mich heran und beide empfingen mich mit einem breiten Lachen.

„Alles in Ordnung?"

„Bestens", war ihre klare Antwort. Ich stellte keine weiteren Fragen, aber ihrer Unterhaltung entnahm ich, dass beide mit der Begegnung zufrieden waren und dass sie sich bald wieder sehen wollten.

„Wie ist es gelaufen?", erkundigte ich mich bei Elia, kaum dass wir in den Wagen geklettert waren.

„Ich habe ihm alle seine Beschwerden aufgedeckt, und noch ein paar andere dazu …", antwortete er mir scheinheilig. „Vielleicht kommt er mich während meiner nächsten Passion besuchen. In dem Zusammenhang: Würdest du mir während dieser ganzen Zeit beistehen?"

Dann hielt er den Wagen an und drehte sich mit einer beinahe ängstlichen Miene zu mir, als fürchte er eine Absage, während ich ihm gerührt und glücklich für die Ehre und die gewährte Gnade dankte.

„Dieses Mal wollen sie, dass ich mich wie ein Stück Schlachtvieh exponiere, weil es vielleicht die letzte Passion ist, … die letzte, die ich im Bett verbringen werde. Die Zeichen jedoch werden mir bleiben und ich werde sie immer tragen müssen. Erinnere mich daran, dir die Namen der Personen zu geben, die kommen dürfen, um mich zu sehen ... Monsignore, Pater Angelo, der Verleger, deine Tochter ...“

Nach ein paar Tagen war Liliana an der Reihe. Elia rief meine Freundin wegen des Termins selbst an, wobei er ihr andeutungsweise erklärte, wie sich der Befreiungsritus abspielen würde, woraufhin wir uns an einem schönen, sonnigen Nachmittag zu dritt zum Wallfahrtsort von Carvaggio begaben. Es war das erste Mal, dass ich zu diesem heiligen Ort fuhr, und ich war ziemlich erstaunt, dort auch eine Quelle vorzufinden, welche die Gläubigen für Wunder wirkend halten. Elia hatte zwei große Kanister mitgebracht, die er voll füllte, weil sie für Liliana gebraucht werden würden. Dann besuchten wir die Basilika, und nachdem wir gebetet hatten, fuhren wir gemütlich zu Lilianas Haus zurück. Kaum angekommen, veranlasste er Liliana, sich in eine weiße Tunika zu hüllen, füllte die Badewanne mit warmem Wasser und goss das Wasser von Carvaggio dazu. Und während er ein paar Kerzen anzündete, schaute ich, ob im Bad alles in Ordnung war und legte ein paar frische Handtücher zurecht.

„Geh mit Liliana ins Badezimmer und hilf ihr, in der Wanne ins Wasser einzutauchen.“

Ich führte die Anweisung aus und rief dann Elia. Während Liliana in ihrer weißen Tunika ausgestreckt in der Wanne lag, kam Elia mit einer Kerze in der Hand herein und begann zu beten. Im selben Augenblick traten aus Lilianas Füßen kleine braune Körnchen aus, und gleich darauf strahlenförmig auch aus ihrem ganzen Körper, als würde es sich um dunklen, klebrigen Sand handeln. Zuerst dachte ich, dass Liliana versehentlich auf Erde getreten sei, aber als ich dann sah, dass die seltsamen, dunklen und übel riechenden Kügelchen aus ihrem ganzen Körper austraten, rief ich aus: „Was passiert da? ... Liliana, sieh dir das doch einmal selbst an!“

Und Liliana, ihre Brille angelnd, die ich am Rand der Badewanne abgelegt hatte, setzte sich auf, um die Sache zu begutachten, ohne im Geringsten zu verstehen, was da vor sich ging.

Elia fuhr fort zu beten, während sich das Wasser gelb verfärbte. Dann verließ Elia das Badezimmer, indem er sagte: „Liliana hat sich befreit, ... es wird ihr nun besser gehen. Riecht ihr den Todesgeruch?“

Und während Liliana noch immer nicht begriff, was passiert war, berührte und beschnupperte sie das Wasser, und suchte nach

Erklärungen. „Was für ein ekliger Geruch! Ist es möglich, dass diese Dinger aus mir herausgekommen sind?"

Und auch ich, immer noch verwirrt von dem, was ich gesehen hatte, wusste nichts anderes zu tun, als Liliana aufstehen und aus der Wanne zu helfen, wobei ich ein paar tröstende Worte murmelte.

Da ich den Bademantel, den ich bereitgelegt hatte, nicht finden konnte, ging ich hinaus, ihn zu suchen. Dabei sah ich Elia kniend im Arbeitszimmer beten, den Blick auf den Boden gesenkt. Ich nahm den Bademantel, den ich auf dem Stuhl liegen gelassen hatte, und eilte ins Badezimmer zurück. Plötzlich wurde ich von einem grellen Blitz geblendet, der mich zusammenzucken ließ.

„Was war denn das?", fragte Liliana. „Mir scheint, ich habe einen Blitz gesehen ..."

„Ich habe ihn auch gesehen", erwiderte ich erschrocken.

Und dann kam noch einer, und noch einer, von rechts und von links des Zimmers, und dann noch sechs oder sieben von oben, einer nach dem anderen, während Liliana und ich sie mit den Augen verfolgten.

„Elia!", schrie ich.

Es war nicht zu beschreiben, wie wir uns fühlten, nachdem wir diese beunruhigende Erfahrung gemacht hatten, die uns, trotz unseres anfänglichen Schreckens, dennoch das Gefühl gab, als wären wir von allen Übeln befreit und angefüllt mit dieser magischen, erneuernden und froh machenden Energie, die immer noch weiterwirkt.

Das Leben von Liliana änderte sich schlagartig zum Positiven, angefangen mit ihrer Gesundheit, ihrer Arbeit und ihrem Lebenswillen.

„Mir scheint, die guten Zeiten sind angebrochen", gestand sie mir fast ängstlich, als könnte es nicht wahr sein. Aber es war wahr und sie erzählte es allen ihren Freunden, wobei sie Elia als ihren Retter bezeichnete.

Auch ich war glücklich über das, was ich sah, und über das, was Elia und ich jeden Tag erreichten. Manchmal kamen wir abends todmüde zurück, aber wir bemühten uns immer, zusammen zu Abend zu essen, bevor wir früh wie die Hühner ins Bett gingen. Wegen Heizungsproblemen wohnte Elia im Moment noch nicht in seinem neuen Domizil, aber in wenigen Tagen würde er dorthin umziehen.

An einem der letzten Abende bemerkte ich – wir sahen gerade die Nachrichten im Fernsehen – wie er auf einmal kreidebleich wurde und sich die Stirn mit einem Taschentuch abtupfte.

„Was hast du?" erkundigte ich mich besorgt.

„Nichts Besonderes ... Fühl mal, wie kalt ich bin ..."

Ich legte meine Hand auf seine Schläfen und sie fühlten sich kalt und schweißig an.

„Ich fürchte, dass ich vielleicht schon heute Abend weggehen muss ... Ich wollte das nicht ... Ich bin wirklich so müde."

Er blickte mich halb im Ernst, halb im Spaß an, wobei er sich fragte, ob ich wirklich nichts begriff. Doch ich hatte in der Tat nichts begriffen.

„Vielleicht muss ich auf eine Reise gehen", wiederholte er mir lächelnd.

„Mamma mia, Elia, jag mir keine Angst ein ..."

„Mach dir keine Sorgen, das ist ganz normal für mich ...Geh ins Bett, dann musst du es nicht mit ansehen ..."

„Was ist los mit dir, Elia?"

„Nichts Alarmierendes ... Ich lege mich hier hin, entspanne mich vollkommen, und während mein physischer Körper ganz kalt wird, hebt der astrale ab, und dann ..."

Er gab mir mit der Hand ein Zeichen, dass er allein sein wollte.

„Geh jetzt, gute Nacht."

Und ich ging, um ihn mit seinen Engeln allein zu lassen.

An einem anderen Abend sprach er zu mir über ein weißes Gewand, das er anlegen würde.

„Ich hatte einen Traum", begann er mir zu erzählen, „da waren viele Mönche in weißen Gewändern und mein Engel sagte mir, dass auch ich mich in ein solches würde kleiden dürfen ..., nur nicht ganz genauso wie diese ..." Dann fuhr er fort: „Ich denke, ich werde in meinem Haus nicht mit normalen Kleidern wohnen können. Jedenfalls muss ich mich von den anderen unterscheiden, da ich ja ein Mann Gottes bin ... und Bruder von allen. In meinem Haus arbeitet und betet man, und alle sollen wissen, dass Elia seine Regeln hat, die respektiert werden müssen, entsprechend dem Willen des Herrn ..."

„Willst du mir sagen, dass du einen neuen religiösen Orden gründen wirst?"

„Vielleicht ja." Elia starrte ins Leere, als suchte er dort die Antwort zu finden. Dann wiederholte er: „Ich muss es tun."

„Wirst du ein Priester sein?"

„Nein, nur ein einfacher Ordensbruder: Bruder Elia."

An den folgenden Tagen redeten wir noch ausführlich über sein zukünftiges Gewand und wie der Umhang aussehen sollte. Grau? Braun? Elia entwarf das Modell und bat mich, ihn zu begleiten, um einen Stoff für den ersten Prototyp auszusuchen.

„Was würdest du dazu sagen, die Ärmelkanten und den Überwurf mit grünen Borten auszustatten? Daran würde man den Unterschied zu den anderen Orden erkennen."

„Wie du willst, Elia. Ja, die Borten würden sicher gut aussehen ...“

Inzwischen hatte ich meine Arbeit in der Firma wieder voll aufgenommen und mir blieben nur wenige freie Nachmittage zum Schreiben, oder um mit Elia beisammen zu sein. Ein Glück, dass sein Haus in Ordnung war und optimal dafür geeignet, alle zu empfangen, die seine Hilfe brauchten.

Leider haben wir nie die Zeit gefunden, den Stoff zu suchen, aber wieder einmal half uns die göttliche Vorsehung. Meine Freundin Liliana stellte Elia eine ihrer Freundinnen vor, Myriam, die „zufällig" von Elias Problem gehört hatte. Sie bot sich an, ihn in ein Fachgeschäft zu begleiten, wo er eine große Auswahl an Stoffen finden würde. Dann brachte sie ihn zu ihrer tüchtigen Schneiderin, die ihm in wenigen Tagen sein Gewand genau nach seinem Entwurf, mit Falten, Taschen und entsprechenden Borten, nähen konnte. Elia war von dem Resultat begeistert, und als der Moment kam, es abzuholen, bat er mich, ihn mit Myriam zur Anprobe zu begleiten. Und so sah ich ihn zum ersten Mal, glücklich wie nie zuvor, ganz in weiß gekleidet, aber beinah ein bisschen eingeschüchtert von der Bedeutung dieses Symbols. Mir hingegen erschien er wie ein Kind bei der Erstkommunion.

„Das steht dir aber gut, Elia!", waren die einzigen Worte, die ich herausbrachte, als ich zu ihm hinging, um ihn zu umarmen.

Wenige Tage später erhielt ich einen Telefonanruf von Gianpaolo, dem Maler.

„Ciao ... Es ist lange her, seit du dich bei uns hast blicken lassen ... Was macht dein Buch? Wann stellst du mir Fra Elia vor?"

„Ich werde ihn darum bitten, Gianpaolo."

„Ich wollte dir auch noch etwas anderes sagen. Lucy hat eine Liege aus ihrer Arztpraxis, die sie nicht mehr braucht. Sie ist fast neu, sie würde sie gerne Gualtiero für Afrika schenken. Wenn er interessiert ist, kommt sie einfach abholen."

Das wäre doch eine Gelegenheit für ein gemeinsames Abendessen!

„Danke Gianpaolo, ich lass es dich wissen ...“

Gualtiero fragte nach, aber für Afrika würde man die Liege nicht brauchen können, da es in der Tat der einzige Artikel war, der in großer Menge vorhanden war. Elia war jedoch ganz begeistert davon.

„Wenn sie sonst niemand haben will, nehme ich sie. Sie wird mir sehr nützlich sein. Doch zuerst brauche ich schnell einen Maler und Gianpaolo ist die dafür geeignete Person."

„Einen Maler?", wiederholte ich, und er: „In meinem Familien-Haus wird es auch eine Kirche geben, die mit Fresken bemalt werden soll. Und du wirst sehen, dass ich auch schon bald einen Maler brauche ..."

„Gut Elia, ich kann also auch fürs Abendessen zusagen?"

„Ja."

Gianpaolo erwartete uns schon ganz aufgeregt an der Einfahrt, aber Elia mit seiner schlichten Herzlichkeit verbreitete sofort eine wohltuende und beruhigende Energie. Wir luden die Liege gleich in unseren Wagen, und dann setzten wir uns alle um den großen Tisch herum, der für das Abendessen gedeckt war. Wir rührten viele interessante Themen an, und wie üblich hörte jeder Elia höchst gespannt zu. Er schien sich in der großen Küche, die Gianpaolo mit Fresken bemalt hatte, richtig wohl zu fühlen und schaute ringsherum, um die schöne Komposition zu bewundern, eine Darstellung der sterbenden Natur, die aus den weißen Mauern „hervorzutreten" schien.

„Sieh nur, wie gut Gianpaolo malt", sagte ich zu ihm.

Er nickte zustimmend mit dem Kopf. Und plötzlich stellte Elia Gianpaolo die Frage: „Möchtest du den Umschlag von Fiorellas Buch gestalten?"

Gianpaolos Augen leuchteten voller Freude auf.

„Mit dem größten Vergnügen, Elia."

„In Kürze wird Fiorella dir sagen, was es sein soll."

Und genauso war es. Gualtiero würde bald nach Afrika abreisen, in eine heiße und gefährliche Zone im Grenzbereich Äthiopien/Kenia, wo das Krankenhaus errichtet wurde. Der Wassermangel und Unbequemlichkeiten jeder Art machten die Sache sicher nicht angenehmer, aber Gualtiero wollte sich persönlich über die wahren Bedürfnisse der Menschen dort informieren, um ihnen konkret und dauerhaft helfen zu können. Ich wollte diese Zeit nutzen, um die Abfassung meines Buches zu beschleunigen und Elia eventuell zu dem berühmten Monsignore in die Toskana zu begleiten. Meine Schwester hatte Mühe, seine private Nummer zu finden. Die einzigen Freunde, die ihr hätten helfen können, befanden sich im Ausland und keiner wusste, wann sie zurückkommen würden. Und obwohl Elia es sehr eilig hatte, musste er sich noch etwas gedulden.

Währenddessen fuhr Elia fort, sich seinen Aktivitäten als ein „guter Hirte" zu widmen, teils bei sich zu Hause, teils dort, wohin er gerufen wurde, wie beispielsweise in das Haus meines PR-Mannes, Mario Torelli. Mario war auf Elias Besuch vorbereitet, weil er bereits einen großen Teil seiner Geschichte gelesen hatte, und da er sehr emotional ist, erwartete er Elia schon mit etwas Angst. Heute Abend wollten wir über die Werbung für das Buch sprechen, aber vor allem wünschte Mario sich, auch privat mit Elia reden zu können.

Wir kamen in Mailand gegen sechs Uhr abends an und es war bereits stockdunkel. Wir hatten kaum die Schwelle seines Hauses überschritten, da merkte ich, wie Elia leicht zusammenzuckte. Doch ich dachte, ich hätte nicht richtig gesehen. Schweigend folgten wir Mario in seinen großen Empfangssalon, und nach der üblichen Begrüßung fingen wir sofort an, unsere Sachen durchzugehen. Elia jedoch schien zerstreut, er drehte seine Augen nach rechts und links, offensichtlich besorgt über eine Situation, die ich im Augenblick nicht wahrnahm. Später wechselte Mario das Thema und begann von sich und seiner Pein zu reden. Seit Jahren nahm er im Haus Nacht für Nacht mysteriöse Wesen wahr, die ihm Angst einjagten und ihm schlaflose Nächte bereiteten, indem sie ihm Spinnweben übers Gesicht zogen, stöhnten und unheimliche Geräusche machten ... Elia ließ ihn nicht weiterreden.

„Ja, Mario ... Hier wohnen Schatten, die keinen Frieden finden können ... Es handelt sich hier nicht im eigentlichen Sinne um das Böse, sondern um negative Wesen, die nicht wissen, wohin sie gehen sollen ... Ich sehe sie ..."

Ein Schauer lief mir über den Rücken, aber ich fing mich gleich wieder, und von Neugier getrieben erkundigte ich mich bei Elia, wie diese Schatten sich darstellen würden. Elia gab geduldig Antwort. Daraufhin erklärte Mario sichtbar erregt, dass er das Haus schon mehrere Male hatte segnen lassen, die Schatten jedoch nicht verschwunden seien.

„Hab keine Angst, Mario", machte Elia ihm Mut. „Wenn du willst, werde ich sie verjagen ..."

Mario entfuhr ein Seufzer der Erleichterung, als er vernahm, dass ihn möglicherweise wirklich jemand von dieser Tortur befreien könnte.

„Gott sei's gedankt!", rief er aus. „Wann fängst du mit deiner Intervention an?"

„Sofort, und ihr beide werdet mir dabei helfen! ... Mario, du holst mir jetzt das Wasser von Lourdes, das du im Zimmer aufbewahrst, sowie die Olivenzweiglein und den Weihrauch."

„Woher weiß er, dass ich hier Wasser von Lourdes und Olivenzweiglein aufbewahre?", wunderte sich Mario, als er das von Elia Gewünschte holen ging. Er kam zurück, aber ohne Weihrauch, weil er sich nicht mehr erinnern konnte, wo er ihn hingelegt hatte.

„Sieh in dieser Schublade nach", sagte Elia, „hinten rechts ..." Mario wühlte und fand dort das Gesuchte.

„Und jetzt gib mir die dicke Kerze, die dort auf der Anrichte steht, und Streichhölzer ... Fiorella, du gehst inzwischen in alle Zimmer und schließt die Fenster. Dann komm wieder hierher zurück!"

Elia zündete die dicke rote Kerze an und gab sie mir. „Jetzt werden wir gemeinsam in alle Räume gehen, du Mario, gehst vor mir und du, Fiorella, hinter mir. Lasst euch von dem, was geschieht, nicht verängstigen ..."

Mario und ich wechselten einen einvernehmlichen Blick, und dann begannen wir mit dem Ritual. Normalerweise fürchte ich mich vor allem Okkulten, sogar vor dem Fernseher, wo ich jedes Mal schnell das Programm wechsle, wenn ein Horrorfilm läuft oder etwas auch nur entfernt Mysteriöses. Unter diesen Umständen fühlte ich mich aber seltsamerweise ganz ruhig, sicher auch dank meines großen Vertrauens in Elia. Von der Küche marschierten wir in das angrenzende Zimmer, in dem Elia jede Ecke segnete und dabei Gebete sprach. Im Wohnzimmer angekommen, blieb Elia plötzlich stehen. Er versuchte weiterzugehen, aber eine unsichtbare Kraft hinderte ihn daran. Mario und ich lehnten uns ziemlich beeindruckt an die Wand, während er versuchte, gegen die unsichtbare Barriere vor ihm anzukämpfen. Mit einem ärgerlichen Gesichtsausdruck legte er sich die Hände auf den Magen, als sei er von starker Übelkeit befallen, und fing an, Laute von sich zu geben, wie bei einem heftigen Brechreiz.

„Was geschieht da? Was sollen wir tun?", schrie Mario alarmiert.

Aber Elia hörte ihn nicht, während ich mich bemühte, ihm eine Erklärung zu geben: „Es sind die bösen Geister, die sich ihm in den Weg stellen."

Dann rannte Elia ins Badezimmer und erbrach sich. Als er zurückkam, versuchte er weiterzugehen, aber der Weg schien voll von Hindernissen, welche ihn mehrfach straucheln ließen. Elia gab jedoch nicht auf und machte ungeachtet aller Schwierigkeiten weiter. Er schritt voran, betete und segnete. Wir verließen das Wohnzimmer und betraten das Schlafzimmer. Hier schienen sich die Hindernisse verdoppelt zu haben. Doch Elia überwand sie und ging am Fernseher vorbei zum Bett und segnete es.

Als er den Weg wieder zurückgehen wollte – die Tür hatte er beinahe schon erreicht –, hob sich plötzlich wie von selbst ein riesiger, schwerer Tafelaufsatz aus Eisen, der eine ägyptische Gottheit darstellte, von einem in der Ecke stehenden Möbelstück hoch und schleuderte wie der Blitz über eine Entfernung von vier, fünf Metern in Richtung Elia und drohte ihn jeden Moment hinterrücks zu treffen. Es kam jedoch nicht zu einem Zusammenstoß, weil wenige Zentimeter vor seinem Kopf eine andere unsichtbare Kraft ihn zwang, mit ohrenbetäubendem Krach geradewegs zu Boden zu stürzen. Mario und ich, die etwas außerhalb des Schlafzimmers auf Elia warteten, konnten alles mit eigenen Augen mit ansehen. Elia hatte nichts bemerkt, so sehr war er in seine Gebete versunken. Mario hingegen brach zu Tode erschrocken in Tränen aus und begann laut zu schreien.

„Beruhige dich, Mario, das tun sie nur, weil sie nicht verschwinden wollen und Angst haben, dass Elia sie dazu zwingt ... Bleib ganz ruhig, Elia wird gut beschützt und sie werden ihm nichts Böses anhaben können", beschwichtigte ich ihn.

Elia hatte inzwischen seinen Rundgang beendet und ging wieder Richtung Wohnzimmer, während Mario vor lauter Angst wie Espenlaub zitterte. Elia stoppte an der Tür, warf mir einen kurzen Blick zu und trat dann, immer weiter betend, in das Zimmer. Und auch hier, von der ihm gegenüberliegenden Zimmerecke, hob sich plötzlich die TV-Fernbedienung hoch und sauste wie der Wirbelwind quer durch den Raum, um Elia voll in den Nacken zu treffen, dabei in tausend Stücke berstend. Ich hatte den Eindruck, dass Elia in dem Augenblick wieder aus seinem halb bewussten Zustand erwachte. Mit schmerzverzerrter Miene rieb er sich die Stelle, wo er getroffen worden war.

Mario stand wie versteinert da, während ich ruhig Elias Hinterkopf untersuchte, wo sich bereits eine gut sichtbare Beule gebildet hatte. Dann sagte Elia: „Ich bin mir nicht sicher, ob sie alle weg sind ... Nächste Woche werde ich noch einmal zur Kontrolle vorbeikommen."

Was ihn anbelangte, war das Ritual zu Ende und wir hätten auch nach Hause fahren können. Mittlerweile war es 20.00 Uhr geworden und Elia und ich, keineswegs erregt wegen des Vorgefallenen, hatten großen Appetit. Mario jedoch weniger. Jedenfalls hockten wir in knapp einer halben Stunde zu dritt am Tisch, um uns eine vorzügliche Pizza schmecken zu lassen. Es war fast Mitternacht, als wir nach Hause fuhren, und noch im Wagen planten wir unsere nächsten Termine. Am nächsten Sonntag würden wir Maria und ihre Freunde besuchen, dann wollten wir meine Tochter mit ihrer Familie zum Mittagessen einladen, und dann waren da noch Genni und viele andere. Mit all diesen Menschen entstand eine herzliche Freundschaft, die immer weiter wächst und sich mit jedem Tag festigt. Auch ihre Geschichten könnte ich erzählen, aber ich möchte mich nicht wiederholen.

Eines Tages bat mich die Geschäftsführerin meines Verlages um ein Gespräch. Ich hörte sie ausrufen: „Die Lektorenkonferenz fand Ihr Buch sehr spannend ..., auch mir gefiel es. Das einzige Problem mit dieser Art von Geschichten ist, dass wir keine eigene Reihe dafür haben. Genauer gesagt: Es ist unsere Gepflogenheit, immer nur Bücher zu veröffentlichen, die in unsere Kategorien passen, wie zum Beispiel über das Meer, die Wissenschaft usw. Die wenigen Male, wo wir einen so genannten Außenseiter veröffentlichten, hatten wir keinen Erfolg ... Angesichts der Tatsache, dass diese Art Buch aber ein ‚Zugpferd' sein könnte, möchte ich die Rückkehr des Verlegers abwarten. Ich habe nicht die Vollmacht, so etwas zu entscheiden ..."

„In Ordnung, warten wir also ab", antwortete ich, „wann kommt er zurück?"

„In zwei Wochen etwa, rechnen Sie mit circa zwanzig Tagen."

Ich fuhr nach Hause zurück und dachte, da das Buch ja noch nicht ganz fertig war, könnte ich den Verleger schon überzeugen, eine Ausnahme zu machen, auch angesichts der Tatsache, dass Elia ja einen Erfolg vorhergesagt hatte ...

Indessen bemühte sich meine Schwester Sandra, die private Telefonnummer des berühmten Monsignore herauszubekommen, und Elia war nervös, weil er meinte, viel Zeit sei nicht mehr zu verlieren.

Am 12. Februar kam Gualtiero müde, aber voller Enthusiasmus zurück. Zum Glück war alles gut verlaufen und in Kürze würde ein Projekt starten, das diesem so bedürftigen Volk konkrete Hilfe bringen würde. Nach wenigen Tagen jedoch begann er sich nicht wohl zu fühlen: Er litt unter Kälteschauern, extremer Mattigkeit und hatte Probleme mit der Atmung.

„Du hast dir eine Grippe eingefangen", diagnostizierte ich, „versuch weniger zu rauchen und bleib im Bett liegen."

Und obwohl er kein Fieber hatte, fühlte sich Gualtiero aller Energie beraubt und vermochte sich kaum auf den Beinen zu halten. Elia legte ihm die Hände auf, einige Male gelang es ihm auch, ihn für ein paar Tage etwas zu beleben, aber danach schwanden seine Kräfte wieder weg und ließen ihn erschöpft und in einem grippeähnlichen Zustand zurück.

Am 20. Februar fühlte auch Elia sich nicht wohl. Ich erinnere mich des Datums, weil das sein Geburtstag war. Auch er litt unter Kurzatmigkeit und starkem Druck auf den Brustkorb. Mir jedoch sagte er nichts davon. Piera, die mit ihm telefoniert hatte, informierte mich.

„Der Junge hat sich mit seinem Haus total überanstrengt ... Er hat Symptome, die mir nicht gefallen ... Er will nicht zum Arzt ... Ich bin am Überlegen, ob ich nicht einen uns befreundeten Kardiologen rufen sollte. Was denkst du?"

„Gut Piera, ... aber wie komisch, wir haben gerade erst miteinander gesprochen und er hat keinerlei Andeutungen darüber gemacht. Vielleicht wollte er mich wegen Gualtiero nicht beunruhigen? Ruf mich nach dem Besuch des Kardiologen an, ich bitte dich ...“

Gualtiero indessen versuchte sich mit Aspirin und Grippemitteln soweit zu kurieren, dass er nach ein paar Tagen, obwohl er nicht wieder ganz in Form war, überlegte, zu einer Geschäftsreise nach Apulien aufzubrechen.

Inzwischen hatte der Kardiologe Elia nach seiner Untersuchung geraten, sich sofort für ein Elektrokardiogramm ins Krankenhaus zu begeben. Den Termin machte der Arzt selbst für ihn ab, weil er, wie er Piera erklärte, den dringenden Verdacht einer akuten Ischämie hatte. Doch Elia, noch nicht darüber im Bilde, setzte, da er sich gerade wieder gut fühlte, sein Leben weiter unbekümmert fort, indem er unentwegt arbeitete und für uns alle betete.

Eines Tages sagte Lechitiel zu ihm: „Gott hat deine Gebete erhört ... Gualtiero hatte eine Ischämie, aber nicht so schwer, wie sie eigentlich hätte sein sollen, ... andernfalls ... Du hast ihm zum Teil das Leben gerettet und dein Herz weist jetzt dieselben Symptome auf. Doch hab keine Angst, es geht dir bald wieder besser ...“

Elia dankte Lechitiel und wartete mit verständlicher Neugier auf den Tag seines Elektrokardiogramms.

Gualtiero kehrte Ende Februar aus Apulien zurück. Er sah sehr elend aus.

„Ich schaffe es einfach nicht, mich von dieser Grippe zu erholen", teilte er mir ziemlich entmutigt mit. „Ich sollte mich wirklich für ein paar Tage ins Bett legen ...“

„Ruf einen Arzt", redete ich auf ihn ein.

„Wenn es mir morgen früh nicht besser geht, werde ich das tun.“ Das war Donnerstagabend. Er durchlitt eine höllische Nacht mit einem überaus heftigen Asthma-Anfall (das dachte ich) und Beklemmungsgefühlen im Brustkorb. Gegen Morgen hörten die Anfälle auf, aber Gualtiero sah furchtbar aus.

„Warum rufen wir keinen Arzt?", bedrängte ich ihn erneut.

Und so riefen wir unseren Hausarzt an, der aber leider verreist war. Sein Anrufbeantworter informierte uns, dass er am Montag wieder zurück sein würde. Was tun? Meiner Ansicht nach konnte Gualtiero nicht warten und so schlug ich vor, mit ihm in die Notaufnahme zu fahren. Seltsamerweise willigte er ein. Man schickte ihn ohne weitere Erklärungen zu einer Reihe allgemeinärztlicher Untersuchungen. Es sah so aus, als handelte es sich um einen Herzanfall. Am nächsten Tag ging es Gualtiero schon wieder besser, er hatte eine ruhige Nacht gehabt, so dass er für die Serie von Untersuchungen bereit war. Auch ich war erleichtert und änderte weder meine Verpflichtungen in Bezug auf meine Arbeit noch gegenüber Elia.

Endlich war es Sandra gelungen, die Telefonnummer von dem Monsignore herauszubekommen, und ich rief ihn sofort an.

„Warum möchte er ausgerechnet mit mir sprechen?", erkundigte er sich erstaunt.

„Ich kann es nicht erklären, aber Elia wünscht es sich schon seit längerer Zeit ...“

Ich versuchte ihm mit wenigen Worten die nötigsten Informationen zu geben, einschließlich der Meinung, die ich mir von ihm gemacht hatte.

„Das klingt alles sehr schön, was sie mir da sagen", stimmte er mir am Ende meiner Rede zu. „Schicken Sie mir, was sie geschrieben haben, und ich werde Sie dann zurückrufen.“

Eine Woche später rief seine Sekretärin bei mir an: „Der Monsignore erwartet sie am nächsten Donnerstag um 10.00 Uhr. Ich bitte Sie, pünktlich zu sein, da der Monsignore Ihnen nur eine Stunde zur Verfügung stehen kann.“

Total aufgeregt benachrichtigte ich sowohl Elia als auch Gualtiero, der sich noch im Krankenhaus befand. Meinem Mann ging es entschieden besser und zwischen den Untersuchungen konnte er sogar einen kleinen Spaziergang im Garten machen.

„Wann werden sie dich entlassen, Gualtiero?"

„Auf keinen Fall am Wochenende, da ich Montag noch ein Szintigramm machen muss ...“

„Dann kann ich also Elia zu dem Monsignore begleiten? Ich möchte das auch ausnutzen, um Pater Maurizio in Umbrien zu besuchen, zu einem letzten Interview ... Samstagabend würde ich wieder daheim sein.“

Vor der Abreise schaffte Elia es noch, das Elektrokardiogramm machen zu lassen, mit dem Resultat einer „möglichen Ischämie“. Dieses Ergebnis erforderte eine weitere Untersuchung, die aber im Moment nicht vorgenommen werden konnte. Doch er machte sich ohnehin keine Sorgen, da er davon überzeugt war, dass alles bald wieder in Ordnung mit ihm sein würde. Er fuhr sogar für einen Tag nach Verona, um sich von Elenas Fortschritten zu überzeugen, und bei diesem Anlass fiel Elena auf, dass Elia sich oft die Hände auf die Brust legte und dabei tief einatmete.

„Was hast du, Elia?"

„Möglicherweise habe ich eine geringfügige Ischämie, doch das geht rasch wieder vorbei...“

An diesem Punkt, so berichtete Elena mir am gleichen Abend, sei ihr ein Licht aufgegangen.

„Du hast nicht zufällig die Ischämie an Stelle Gualtieros auf dich genommen? Überrumpelt konnte Elia nicht anders, als es zuzugeben: ‚Ja, aber nur teils. Auch Gualtiero leidet darunter ..., sagen wir einmal so: Wir haben sie uns geteilt ...‘ Dabei lachte er. ‚Aber erzähle das bloß nicht Fiorella ... Sie darf es nicht erfahren.‘ Natürlich“, fuhr Elena fort, „musste ich dir das erzählen, um dir wieder einmal zu zeigen, wie gern Elia euch hat ...“

„Danke, Elena“, stammelte ich.

Am Donnerstag fuhren Elia und ich schon sehr früh los, um pünktlich für die Verabredung mit dem Monsignore vor Ort zu sein. Ich bemerkte sofort, dass Elia außer der Reisetasche noch eine große Tüte bei sich hatte.

„Ich habe mein weißes Gewand mitgenommen, weil ich möchte, dass der Monsignore es für mich segnet ...“

Und während Elia die Taschen einlud, konnte ich nicht umhin, zu bemerken, dass er hinkte und seine Handgelenke entzündet und geschwollen waren. „Es ist Donnerstag", dachte ich. „Er wird auch wieder Schmerzen im Rücken haben."

Elia nahm sich zusammen und gab sich trotz allem äußerst fröhlich. Auch ich freute mich darauf, zwei Tage mit Elia zu verreisen und endlich die geplanten Besuche hinter uns zu bringen. Die Idee mit der Segnung seines Gewandes erschien mir jedoch recht kühn. Wie konnte er dem Monsignore nur so eine Bitte vortragen? Der Monsignore würde ihm antworten, dass er doch schon ein Gewand gehabt habe, warum er das denn abgelehnt habe? Elia bemerkte meine Verstörung und munterte mich mit einem bezaubernden Lächeln wieder auf. Wir kamen eine halbe Stunde vor unserem Termin an und hatten noch genug Zeit, uns die Sehenswürdigkeiten des Ortes anzuschauen. Während wir zum Bischofssitz gingen, gab er mir die üblichen Anweisungen: „Ich bitte dich, sei brav, fang nicht wieder an zu sagen: Schauen sie, das ist so und das so ... Ich bitte dich, sei nicht so aufgeregt ..., alles verläuft genau so, wie ER es will, du wirst schon sehen!"

Der Monsignore empfing uns so einfach und herzlich wie nur möglich, hieß uns vor sich am Schreibtisch Platz nehmen und nachdem er uns in Augenschein genommen hatte, lächelte er uns zu: „Also jetzt zu dem Manuskript. Ich habe es gelesen ... Es ist wirklich eine schöne Geschichte!"

Als ich sah, wie sich beim Überkreuzen der Arme Elias Ärmel hochschoben und seine Handgelenke freilegten, wandte ich mich ganz unbefangen an den Monsignore, indem ich auf die entzündeten Wunden deutete: „Sehen Sie, Monsignore, niemand kann doch wohl annehmen, dass diese Schwellungen von Elia selbst verursacht worden sind ..."

Während ich redete, sah ich, wie Elia mich mit einem Blick strafte.

„Ich habe es gesehen, ich habe es gesehen ...", wiederholte der Monsignore, und dann verlief alles wie am Schnürchen, als wäre das Ganze schon lange festgeschrieben.

Elia fügte hinzu: „Nennen Sie mich doch bitte beim Namen, Elia."

Monsignore stellte ihm Fragen und Elia antwortete. Monsignore erteilte Ratschläge und Elia stimmte zu. Monsignore ermutigte ihn und Elia lächelte.

Ich hörte zu, und langsam löste sich meine Anspannung und machte einer immensen Freude Platz. Trotzdem kam mir alles zu einfach und perfekt vor, und so hielt ich es für geraten, ihn zu unterbrechen: „Monsignore, ich wollte ihnen nur sagen, dass Elia ein leicht entflammbares Temperament hat ..."

„Das hatte auch Jesus", gab er zurück.

„Monsignore, Elia hat die Stigmata an den Handgelenken, und nicht in der Handmitte ...“

„Auch Jesus hatte sie an den Handgelenken ...“

„Monsignore ...“

„Auch Jesus ...“

„Aber er ist nicht Jesus ...“, und gemeinsam brachen wir wegen dieses Wortwechsels in ein schallendes Gelächter aus. Danach wandte der Monsignore sich an Elia: „Und du möchtest wirklich kein Priester sein?“

„Nein.“

„Dann könntest du doch Diakon auf Lebenszeit werden. Weißt du, wer Diakone sind? Das waren die von den Aposteln auserwählten Personen, die ihnen helfen sollten. Wenn du dein Familien-Haus eröffnet hast, hättest du als Diakon das Recht, eine Kutte zu tragen, ein spezielles Gewand, niemand könnte dir dieses Recht verwehren und niemand das Recht, dieses Gewand auch segnen zu lassen ...“

Kaum hatte ich die Worte vernommen, konnte ich nicht umhin, als eilig Elias weißes Gewand aus der Tüte zu ziehen und zu sagen: „Dann segnen Sie es ihm, Monsignore ...“

Der Monsignore schien von meinem Ansinnen in keiner Weise überrascht zu sein und mit einem engelhaften Lächeln segnete er uns, zusammen mit dem Gewand mit den grünen Borten.

„Warum diese Borten?“, erkundigte sich der Monsignore.

„Um mich von den anderen zu unterscheiden“, erwiderte Elia.

„Weißt du, was die Farbe Grün bedeutet, Elia? Es ist die Farbe der Kirche und die Farbe der Hoffnung ...“

Und während ich das Gewand wieder in der Tüte verstaute, umarmte der Monsignore Elia und machte ihm ein wunderschönes Buch zum Geschenk. Dann wandte er sich an mich und gab mir eine Visitenkarte.

„Ich habe darauf die Telefonnummer unseres Verlegers vermerkt ... Er ist ein bedeutender Experte für derlei Dinge. Er steht in Kontakt mit den charismatischen Menschen in der ganzen Welt. Er weiß in dieser Hinsicht viel mehr als ich ... Rufen Sie ihn an!“

Als wir den Bischofssitz verließen, waren Elia und ich trunken vor Glück. Elia hatte alles bekommen, was er sich gewünscht hatte, und ich den Namen eines Verlegers, ein Experte für diese Materie, der mich beraten könnte.

Es war erst 11.00 Uhr morgens, als wir beim Kloster von Pater Maurizius ankamen. Es waren zwei wundervolle Tage: der Monsignore, Pater Maurizius, das Kloster, das Grün dieser üppigen Natur, die herrliche Zeit und die Gesellschaft von Elia, der mir auf einmal viel gereifter und selbstbewusster vorkam.

Gegen Samstagmittag rief mich mein Ehemann an.

„Ich muss dir etwas sagen ... Man hat mir mitgeteilt, dass ich eine Ischämie hatte, ohne mir dessen bewusst gewesen zu sein ... Reg dich nicht auf, es geht mir schon wieder besser ... Ich werde für abschließende Untersuchungen gleich in die Kardiologie gebracht. Du brauchst dich nicht zu beeilen, da ich noch einige Tage hier bleiben muss ...“

Mir stockte der Atem.

„Das wusste ich schon, Gualtiero, ich wollte es nur nicht glauben ...“

Und dann erzählte ich ihm kurz das, was Elena mir verraten hatte. Ich schaute Elia an und sah, dass er mich interessiert beobachtete. Natürlich hatte er mitbekommen, dass ich schon seit geraumer Zeit über alles auf dem Laufenden war und schüttelte deswegen den Kopf.

Wir fuhren bald zurück. Während der Fahrt schien Elia völlig in Gedanken versunken. Lange Zeit saß er still da, um mir dann zu sagen, dass er das Gefühl hatte, mit einer großen Bürde belastet zu sein. In einem einzigen Augenblick hatte er sein ganzes Leben vor sich ablaufen sehen, seine Leiden, seine Kämpfe, das Unverständnis und die Schwierigkeiten, welche vor ihm lagen, und mit einem Mal fühlte er sich einsam und müde.

„Warum ich?“, fragte er sich. „Wozu?“

Dann brach er in ein befreiendes Weinen aus. Ich redete auf ihn ein, in der Absicht, ihm Mut zu machen: „Nun hast du doch schon beinah den halben Weg zurückgelegt ... Es ist ganz normal, Momente der Mutlosigkeit und der Furcht zu haben. Uns gibt es ja auch immer noch und wir werden dich ganz sicher nicht im Stich lassen ...“

Als Elia sich wieder gefasst hatte, fiel ihm die Visitenkarte ein, die Monsignore mir gegeben hatte.

„Du wirst sehen, dieser Herr wird dein Buch veröffentlichen.“

„Das wäre mir auch lieber so ...“, gab ich zu.

Der Rest ist Geschichte. Ich rief Piero Mantero vom Verlag Segno an, stellte mich unter Bezugnahme auf den Monsignore vor, schickte ihm alles zu, was ich bisher geschrieben hatte, und am Ende hatte ich seine wohlwollende Zustimmung zusammen mit dem Angebot, das Buch zu veröffentlichen, dem ich gerne zustimmte.

Leider und trotz aller Hilfe von Elia stellte sich heraus, dass Gualtiero ziemlich schwer krank war. Ihm blieb keine andere Wahl, als einen langen und riskanten chirurgischen Eingriff über sich ergehen zu lassen, und so musste er wegen des Risikos weiterer Komplikationen noch zwei lange Monate im Krankenhaus bleiben. Sowohl für ihn wie auch für uns war es Stress.

Eines Sonntagnachmittags hockte ich allein und äußerst deprimiert und zerstreut vor dem Fernseher, und wartete auf die Besuchszeit im Krankenhaus. Ich war todmüde und schaute auf den Bildschirm, ohne der Sendung wirklich zu folgen, in der Absicht, mich ein wenig zu entspannen. Ich blickte auf die Uhr, es war erst drei ... Mir blieben noch zwei Stunden, um meine „Batterie" wieder aufzuladen. Elia war seit dem Morgen in Mailand zu Gast bei Freunden. Er würde erst am Abend wieder zurück sein, um mit mir zusammen zu essen. Plötzlich sah ich ihn vor mir ..., mit seinem schwarzen Regenmantel und seiner Tasche ..., genauso wie ich ihn am Morgen hatte weggehen sehen. Seine Gestalt war von einer goldenen Aura umhüllt, er stand einen Meter von mir entfernt und verdeckte mit seinem Körper den eingeschalteten Fernsehapparat. Er schaute mich mit gramerfüllter Miene an und sagte: „Sei nicht traurig ..., alles wird gut gehen. Wenn sie seinen Brustkorb öffnen, werden sie feststellen, dass alles viel weniger gravierend ist, als sie dachten. Ich habe alles in Ordnung gebracht ..."

Dann verschwand er. Bis zu dem Moment war ich wie versteinert sitzen geblieben. Jetzt stand ich auf und rieb mir die Augen. Elia war mir in einem goldenen Ei erschienen! Ich habe es ganz deutlich gesehen. Ich habe nicht geschlafen, sondern in den Fernseher geschaut! Und er hatte ihn mit seinem Körper verdeckt ...

Als Elia abends zurückkam, erwähnte ich nichts, weil ich darauf wartete, ob er etwas sagen würde. Er machte jedoch nicht die geringste Andeutung über das Vorgefallene. Also machte ich den Anfang: „Wo bist du gestern um drei Uhr gewesen, Elia?"

„Ich war in Mailand, in einer Kirche, um zu beten. Während die anderen ein Nickerchen machten, bin ich vor die Tür gegangen."

„Hast du auch für mich gebetet?"

„Wie immer, ... und ich habe auch deinen Kummer gesehen ..."

„Und ich habe dich gesehen, Elia, wie du mich getröstet hast."

Und während er mich mit seinen Augen voller Licht anschaute, erklärte er nur: „Wie du weißt, so etwas kann schon vorkommen ..."

Nach zwei Monaten wurde Gualtiero operiert und alles verlief genau so, wie Elia es vorhergesagt hatte. Die Ärzte, die mich über den Ausgang des Eingriffs informierten, benutzten dieselben Worte wie Elia: „Es war viel weniger schlimm, als wir gedacht hatten ..." Jedenfalls blieb Gualtiero vor dem Eingriff den ganzen April über im Krankenhaus, außer einem kleinen Urlaub während der Ostertage, die wir gemeinsam mit Elia feierten. So war ich frei, ihm während seiner „Passion" die ganze Zeit zur Seite zu stehen und ihm zu helfen, so wie er sich das von mir gewünscht hatte. Inzwischen hatte auch Elia seine Kontrolluntersuchung hinter sich gebracht, mit dem Resultat, dass da keine Spur mehr von einer Ischämie zu finden war.

Ich vergaß hinzuzufügen, dass Elia viele Angebote bekam, um sein Programm in die Tat umzusetzen. Er hätte praktisch schon morgen sein erstes Familien-Haus eröffnen können, aber noch hat er sich nicht für einen Ort entschieden. „Nicht ich bin es, der entscheidet ... Im richtigen Augenblick wird ER mir zeigen, wohin der Weg führt ..."

Und während ich dabei bin, meine Geschichte zu beenden, möchte ich gerne noch versuchen, die Lehren Elias zusammenzufassen, all das, was er mir durch sein Beispiel beigebracht hat. Sein immer gleich bleibendes Thema war die Liebe.

„Genauso wie das strömende Wasser bringt die Liebe dich weiter ..."

Das ist wahr, Elia, denn durch dich habe ich begreifen gelernt, dass das Ziel aller menschlichen Liebe ist, sie bis zum Äußersten zu leben, bis hin zur wahren Liebe. Nur das ist bewusste Liebe. Alles andere ist nur die Art von Liebe, die den Menschen in Bezug auf sein wahres Selbst unbewusst lässt.

Osterwoche 2001

Elia rief mich Montagabend an. In fünf Minuten war ich in seinem Haus. Sein Gesichtsausdruck war verstört, die Augen fiebrig. Er war barfuß, so dass ich an seinem Fußrücken sofort zwei tiefe, senkrechte Schnitte von cirka einem Zentimeter in rosiger Farbe sehen konnte. Ich war erstaunt über die Tatsache, dass sie nicht bluteten, sondern von einem transparenten Häutchen bedeckt waren. Aus den Handgelenken, auf jeder Seite, begannen zwei rundliche kleine Wunden eine seröse Flüssigkeit abzusondern. „Zeig mir deine Brustwunde!", bat ich ihn.

Elia schob sein T-Shirt hoch. Auf der rechten Seite stach ganz klar ein roter Strich hervor, etwa acht bis zehn Zentimeter lang, der mich an einen schon gut verheilten chirurgischen Schnitt erinnerte. Das Wundgebiet war sichtbar entzündet, ähnlich wie bei einem Sonnenbrand. Elia griff nach meiner Hand und ließ mich die schwieligen Höcker tasten, die den Köpfen kleiner Nägel ähnelten. Sogleich zog ich meine Hand wieder zurück, weil ich das Gefühl hatte, ihm Schmerzen zu verursachen. Ich berührte seine Stirn. Sie war glühend heiß.

„Geh ins Bett", riet ich ihm.

„Nein, ich ziehe es vor, mich zu bewegen und abzulenken."

Also half ich ihm, einige Bilder aufzuhängen und ein paar Dinge zu ordnen. Wir schalteten sogar den Fernseher an. Ich erinnere mich, dass wir einen Zeichentrickfilm sahen. Hin und wieder jammerte Elia, massierte sich die schmerzende, ausgerenkte Schulter, krümmte sich wie eine Kugel zusammen; dennoch fuhr er fort, im Haus herumzuwerkeln, wobei er sagte: „Es ist nichts ..., es geht vorüber."

Am Dienstag wollte ich in der Früh bei ihm vorbeischauen, bevor ich ins Büro fuhr. Ich läutete an der Klingel und das Schloss sprang auf, doch er war nicht am Eingang, um mich wie gewohnt zu begrüßen. Ich ging hinein. Er humpelte. Er hatte die Hemdsärmel hochgekrempelt, die den Blick auf riesige blaue Flecken freigaben, welche sich über den gesamten Vorderarm ausbreiteten. Am Hals hatte er einen langen roten Striemen, der am linken hinteren Ohr entsprang und den er zu verbergen suchte, indem er seinen Hemdkragen hochgeschlagen hatte.

„Haben sie dich wieder einmal verprügelt!", rief ich aus.

Er senkte den Blick und gab keine Antwort.

„Lass mich deinen Rücken sehen ..."

„Nein."

Ich bestand darauf. Nichts zu machen.

„Sag mir wenigstens, was sie dir angetan haben ..."

Die Sorge und der Druck, der meiner Stimme anzumerken war, brachten Elia dazu, mir zu erzählen, was passiert war.

„Die Kräfte des Bösen haben mich mit einer unvorstellbaren Brutalität mehrmals gegen die Wand geschleudert. Zum Glück habe ich meinen Kopf mit den Händen geschützt. Ich betete dabei ohne Unterlass und ließ sie gewähren, im Bewusstsein, dass es ihnen nicht gelingen würde, mich umzubringen ... Mein Verhalten hat sie so irritiert, dass sie mir den Kopf zwischen die Tür klemmten und ihn einquetschten, in der Absicht, mich zu erwürgen. Aber ich hatte keine Angst."

Ich hörte seinem Bericht zu und versuchte meinem Gehirn jedes Wort einzuprägen, um alles wahrheitsgetreu zu Papier bringen zu können.

„Soll ich bei dir bleiben, Elia?"

„Nein, absolut nicht ..., heute Nachmittag muss ich eine Person empfangen. Ich bin zum Letzten bereit ... Wir sehen uns heute Abend ..."

Am Abend kehrte ich zurück und fand ihn ziemlich entspannt, wenn auch voller Schmerzen, vor.

„Das wird das letzte Jahr sein, in dem ich im Bett liegen bleiben werde ..."

Ich teilte ihm mit, dass ein paar Leute, die nicht auf seiner Besuchsliste vermerkt waren, den Wunsch geäußert hätten, ihn während seiner Passion besuchen zu dürfen. Er prüfte gründlich alle Namen, die ich ihm vorlegte, und willigte dann ein, etwa fünfzehn davon zu empfangen, darunter auch seinen Kardiologen und den neuen Verleger meines Buches, den er noch nicht kennen gelernt hatte. Gegen 21.30 Uhr bat er mich, nach Hause zu gehen.

Am Mittwochmorgen rief ich ihn an: „Haben sie dich wieder geschlagen?"

„Nein, ... heute Nacht waren Cherubine um mich herum. Ich sah ihre Lichter, es gelang mir sogar, mich ein wenig auszuruhen ... Ich bin glücklich ..."

„Soll ich kommen, Elia?"

„Nein, ... es geht mir gut, ... komm lieber heute Nachmittag."

Von Curzios Erzählungen wusste ich, dass Mittwochnachmittag das Fieber ansteigen, die Wunden sich vergrößern und dieser Tag der Beginn seiner wahren und eigentlichen Passion sein würde. Ich richtete es so ein, dass ich gegen 15.30 Uhr bei ihm war. Ich fand ihn auf der Terrasse vor, wie er gerade ein Rinnsal Blut abtupfte, das auf seiner Wange Spuren hinterlassen hatte. Rundum herrschte eine befremdliche Stille, ... obwohl der Gesang der Vögel zu hören war.

„Ich bin auf die Terrasse gegangen, um etwas frische Luft zu schnappen ... Spürst du die erwartungsvolle Stille?"

„Ja, Elia ... Kann ich dir irgendwie helfen?"

„Ja, lass uns die Wäsche bügeln ..."

Gemeinsam zogen wir die Wäsche aus der Waschmaschine, um dann auf die Terrasse zu gehen. Danach fing Elia an, aufzuräumen, wobei er sagte: „Lass mich nur machen ... Ich muss mich ablenken ..."

Also blieb ich auf dem Sofa sitzen und beobachtete ihn. Dann bat er mich: „Wenn wir allein sind, mach ein paar Fotos für mich ... Es werden vielleicht die letzten sein ..."

Ich nickte. Indessen verging die Zeit und die Zeichen, auf die wir warteten, kamen bald in ihrer ganzen Heftigkeit zum Vorschein. Während ich telefonierte, ohne ihn aus den Augen zu lassen, bemerkte ich auf einmal, wie aus dem Scheitel seines Kopfes (buchstäblich) ein Strahl Blut spritzte, das ihm über die Augen rann, über die Stirn und die Ohren. Ich lief sofort zu ihm, um nachzusehen, doch am Kopf war keine Wunde zu finden. Dann schwollen ihm in schneller Folge die Augen an, das linke Ohr verfärbte sich violett, Kratzer und Abschürfungen aufweisend. Er konnte nur noch mit Mühe schlucken. Er erklärte mir, dass jemand ihm eine Schnur um den Hals gewickelt hätte und daran zog. Seine Augen fingen an, sich zu trüben.

„Bleib ganz ruhig", sagte er zu mir, „und fürchte dich nicht vor dem, was du morgen zu Gesicht bekommen wirst ... Es geht vorüber ..."

Im Augenblick behielt ich noch die Ruhe, im Bewusstsein, neben einem Mann zu sitzen, der von Gott gesandt war. Ich erhielt die letzten Telefonanrufe von seinen Eltern, die ich beruhigte, indem ich ihnen versprach, ihn unter gar keinen Umständen alleine zu lassen. Stattdessen ging ich, gemäß unserer Abmachung, gegen 22.00 Uhr nach Hause und ließ Elia die ganze Nacht allein. Ich schloss ihn mit einer zweifachen Umdrehung ein und nahm die Schlüssel mit. Nach einer halben Stunde rief Elia bei mir an.

„Ich weiß, dass du beunruhigt bist, versuche zu schlafen ..."

„Danke, Elia, jetzt denk bitte nur an dich ... Ich bin okay!"

Gegen 23.30 Uhr kam erneut ein Telefonanruf von Elia: „Warum schläfst du nicht? Alles muss sich genau so erfüllen, wie es vorherbestimmt ist ... Mir wird nichts Schlimmes passieren, ... jetzt schlafe ..."

Natürlich verbrachte ich keine geruhsame Nacht. Jede Stunde wachte ich auf, auf die ersten Lichter der Morgendämmerung wartend. Gegen Morgen nickte ich wieder ein, bis ich von dem schlagenden Ton einer Kindertrommel aufgeweckt wurde. Elia hatte mir das Versprechen abgenommen, nicht vor 9.00 Uhr zu ihm zu kommen, und exakt zu dieser Stunde schritt ich durch sein Gartentor. Das Herz schlug mir bis zum Hals, als ich das Tor zu der Wohnanlage aufmachte. Sofort nahm ich einen intensiven Rosenduft wahr. Ich rannte eilig die Treppe hoch und drehte den Schlüssel im Schloss, ... und schon wurde ich von einer Wolke starken Blumendufts völlig eingehüllt. Ich trat ein. In der tiefen Stille spürte ich die Anwesenheit von intelligenten

Energien, die mich beobachteten … Für ein paar Sekunden stand ich unbeweglich da, weil ich den Rausch dieses Gefühls auskosten wollte. Dann ging ich ganz ruhig in Elias Zimmer. Die Tür stand halb offen und ich erblickte ihn. Er lag unbeweglich in seinem Bett, bis zu den Schultern zugedeckt. Ich näherte mich dem Bett; sein Kopf lag auf einem Frotteehandtuch, das mit seinem intensiv duftenden, rosa Blut vollkommen durchtränkt war. Breite Rinnsale liefen ihm übers Gesicht. Sie kamen aus dem Kopf und aus den Augen. Ich wischte sie ihm mit einem Taschentuch weg. Er wachte auf, sah mich und lächelte. Ich zog seine Decke zur Seite. Sein geschundener Körper lag unbeweglich in einer Blutlache, um den Brustkorb hatte er eine blutgetränkte Bandage gewickelt, und auch seine Hände und Füße waren mit blutigen Verbänden umwickelt, die seine Handgelenke und die Ärmel seines weißes Hemdes besudelten, das ebenfalls voller Flecken war. Ich ertrug den Schock und er verstand.

„Tapfer", flüsterte er mir zu, „du bist stark."

„Du hast mich stark gemacht, Elia."

Dann nahm er meine Hand und legte sie tief in seine Brustwunde. Eine ungeheure Rührung übermannte mich, zusammen mit einem immensen Gefühl der Dankbarkeit für das, was ich hier erleben durfte. Was hätte ich noch Größeres im Leben erfahren können? Es war ein langer Augenblick des Ergriffenseins, in dem ich meiner begnadeten Seele begegnete. Als ich mich wieder gefasst hatte, sah ich, dass Elia mich anlächelte.

„Hör die Nachtigall!", flüsterte er.

Und tatsächlich konnte ich ganz in der Nähe einen lieblichen Gesang hören, der das Gezeter der Spatzen übertönte.

„Ja Elia, ich höre sie …"

„Sie ist hier auf dem Fensterbrett …!"

Ich näherte mich dem Fenster, aber die Nachtigall war verschwunden.

Karsamstag – 14. April 2001 – 14.00 Uhr

Jetzt sitze ich in meinem Arbeitszimmer und meine Gedanken kehren zurück zu dem Morgen am Gründonnerstag, zu dem süßen Gesang der Nachtigall und zu der Wolke intensiven Rosendufts. Mir kam es so vor, als sei das schon eine Ewigkeit her, … zu viel war geschehen und zu heftig waren die Emotionen gewesen. Ich versuchte mich zu entspannen und mit nüchternem Abstand den Ablauf dieser unerklärlichen Ereignisse noch einmal zu durchleben, welche sich seit vielen Jahren pünktlich wiederholen, immer zur gleichen Stunde, immer präzise einer identischen und unveränderlichen Regie folgend. Ich bin mir vollkommen bewusst, dass ich unter allen Freunden Elias die Gnade hatte, das Privileg, das Geschenk, an drei aufeinander folgenden Tagen der Geißelung, dem Todeskampf und der Auferstehung eines Menschen beizuwohnen, der durch göttlichen Willen exakt das gleiche wie Jesus auf Golgotha wieder erleben muss, mit den gleichen Qualen und dem gleichen Martyrium. Stunde für Stunde habe ich den erschütternden Veränderungen eines „Schauspiels" beigewohnt, welches die tatsächlichen Geschehnisse von damals offenbart, bis zum äußersten Punkt des Todeskampfes, des Sterbens, der Reise ins Paradies, der Wiederkunft, der Auferstehung. Werde ich fähig sein, die Fakten wiederzugeben, ohne mich vom Tumult meines Herzens davontragen zu lassen? Das, was ich wirklich hervorheben möchte, ist, dass ich drei Tage der Seligkeit und des unendlichen Friedens erlebt habe, dass ich nicht einmal dieses Schmerzenlager verlassen wollte, welches mir unerklärlicherweise eine große Ruhe und Freude einflößte.

Ich hatte es so eingerichtet, dass die Besuche in kleinen Gruppen und zu festgesetzter Stunde erfolgten, um Elia nicht zu ermüden, und auch so, dass er sich zwischen den Besuchen ausruhen konnte. Er war nicht immer bei Bewusstsein, aber wenn er „zurückkam", interessierte er sich für die Anwesenden und machte sich sogar Gedanken, weil sie oft eine lange Reise auf sich genommen hatten, um ihn zu besuchen. Für alle hatte er eine persönliche Botschaft und Worte des Trostes. Einem Herrn, der unter Magenschmerzen litt, legte er sogar für ein paar Minuten die Hände auf. Ich erinnere mich, dass ich mich in dem Moment gerade mit anderen Leuten für ein paar Minuten im Wohnzimmer aufhielt, als er rief: „Fiorella, geh bitte in mein Arbeitszimmer und hole einen kleinen Kanister mit dem Wasser der Quelle der Madonna von Caravaggio ... Füll damit ein Glas und bringe es hierher."

Ich brachte ihm das Glas. Elia gab mir einen Wink, es dem Herrn zu geben.

„Trink", befahl er ihm. „Komm nächste Woche wieder hierher und ich werde alles in Ordnung bringen ..."

Der Mann, völlig verblüfft, trank das Wasser, und später, als wir uns über das Vorgefallene miteinander unterhielten, gestand er mir, dass er nicht begreifen könne, wie Elia die Kraft haben konnte, sich seiner anzunehmen. Elia ist das lebende Beispiel für die Ausübung der Lehren Jesu, er lebt für den Nächsten und liebt seinen Nächsten wahrscheinlich mehr als sich selbst, ohne Anstrengung, ohne Ermüdung, weil in ihm der göttliche Funke brennt.

In den Momenten, in denen ich mit ihm allein war, kauerte ich mich auf den Boden neben sein Krankenbett und erlebte mit, wie er manchmal stöhnte, manchmal seinen Engeln zulächelte, aber zum größten Teil hörte ich, wie er mit schwacher Stimme die Welt beschrieb, die er sah: „HIER IST AUCH EIN FLUSS ... ICH SEHE EINEN REGENBOGEN ... UND EINEN ADLER ... Lechitiel."

Es gelang mir sogar, ein paar Fetzen seiner wunderbaren Botschaften aufzuschreiben: Elia wollte nicht in ein Restaurant eingeladen werden, sondern in die Wärme einer Familie, um dort vom Herrn zu reden, um Familien in einer Krise Worte des Trostes zu bringen, ... auf dass der Friede Gottes in ihr Haus eintrete ... Wenn eine Familie heil ist, teilt sie ihren Traum mit den anderen, teilt ihren Tisch mit anderen und muss sich nicht hinter einer Welt von Lügen verbarrikadieren. Man sollte seine Tür mit Freude öffnen. Kaum jemand ist heute mehr in der Lage, so zu leben. Es ist nötig, miteinander zu reden und ein gutes Verhältnis untereinander aufzubauen. Das sind die Lehren Jesu, ... gemeinsam zu wachsen und in Eintracht zu leben. Gott begleitet uns Tag für Tag und er unterweist uns, weil er von uns allen will, dass wir gute Jünger sind.

Ich machte auch Fotos für Elia. Wenn er aufwachte, erklärte er mir, was in den folgenden Stunden geschehen würde.

„Morgen, am Gründonnerstag, um 15.00 Uhr, werde ich fortgehen müssen. Sie holen mich ab ... Zu dieser Stunde schließe bitte die Tür und lass mich für einige Zeit allein ... Ich werde dann zwar sprechen, aber das werde nicht ich sein, sondern in mir wird sich jemand durch meine Stimme manifestieren, von gleicher Beschaffenheit, doch ich selbst werde weit weg sein ..."

Ich hörte aufmerksam zu, um buchstabengetreu alles wiedergeben zu können, was er von mir wollte. Gegen 21.00 Uhr verließ ich ihn in dem Wissen, dass er nicht alleine bleiben würde. Seine Engel würden ihm das Bett frisch machen, in Erwartung der Seelen seiner lieben Verstorbenen, die er wie in jeder Nacht vor Gründonnerstag in den Garten Eden begleiten würde, um sich an der Liebe und dem Frieden dort zu erquicken.

Am Gründonnerstagmorgen war Elia besonders unruhig. Das Blut floss in Strömen aus allen seinen Wunden. In seinen Augenwinkeln verklebte ein großes Rinnsal ihm die Wimpern. Ich versuchte es wegzuwischen, während er sich mit schmerzverzerrtem Gesicht abwandte.

„Es geht mir nicht gut, ... wie spät ist es?"

„Es ist elf Uhr, Elia."

„Noch vier Stunden ... und dann werde ich endlich weg sein ... Jene, die mich erwarten, sind bereits hier, ... zwei sitzen auf dem Schrank und zwei hier auf dem Bett ...“

„Darf ich dir das Frotteehandtuch unterm Kopf wechseln, Elia?"

„Nein, bitte nicht ..., die Schmerzen sind zu stark ...“

Und während er sprach, drehte er sein Gesicht nach links, hob seine Hand hoch und streichelte eine unsichtbare Gestalt.

Früh am Nachmittag traf unser Verleger Piero ein, der sich, da er sich in unserer Stadt nicht auskannte, zweimal verfahren hatte, bis er endlich Elias Hauseingang fand, wo ich schon ungeduldig auf ihn wartete. Wir begegneten uns das erste Mal, und beide waren wir gespannter Erwartung, am anderen etwas zu entdecken, das uns „ja" oder „nein" sagen lassen würde: Würde zwischen uns eine Verbindung zustande kommen? Würde unser gemeinsames Projekt realisiert werden? Wir standen beide vor einem Vorhaben, dem wir noch nicht trauten. Jedenfalls sagte meine innere Stimme sofort „ja", und während wir uns die Hand reichten, sagte er mir, dass mein Rosenparfum umwerfend sei.

„Ich benutze kein Rosenparfum", erwiderte ich verwundert. „Das kommt vom Garten ...“

Und er, noch verwunderter als ich, wiederholte, dass dieser außergewöhnliche, vielleicht ein wenig zu intensive Duft ganz bestimmt von mir herrühre ...

Inzwischen hatten wir die Tür zu der Wohnanlage geöffnet und die übliche, überaus wohlriechende Wolke hüllte uns ein. Ich schenkte Pieros Verwunderung keine große Beachtung; ich hatte es zu eilig, ihn zu Elia zu führen, damit er diese himmlischen Phänomene persönlich in Augenschein nehmen konnte. Piero blieb vier Stunden bei uns, und er hatte auch Gelegenheit, mit Elia zu reden. Er war schockiert, nicht so sehr über das, was er zu sehen bekam, sondern vor allem wegen Elias Wohlwollen für seine Belange und der Sorgen, die er sich wegen seiner langen Anreise gemacht hatte.

Die Zeit verging und Elias langwieriger und schmerzensreicher Todeskampf begann. Stöhnend legte er sich die Hände auf die Brust, sein Atem wurde keuchend, seine Augen glasig und sein Gesicht fahl.

„Mir ist kalt", jammerte er.

Die Stunde war nah. Wie versprochen entfernten wir uns gegen 15.00 Uhr von ihm und schlossen die Tür hinter uns ab. Ich erinnere mich noch an seine Worte: „Ohne das Leiden gibt es keinen wahren Ruhm; ... ER tröstet den, der IHN liebt."

Und während wir im Nebenzimmer auf ihn warteten, flog Elia mit seinen Engeln in den Himmel, die ihn schauen ließen, was uns nach dem Tod erwartet: reines Licht, reines Leben, reiner Gedanke. Ein unfassbar leuchtendes Licht, weißer als der Schnee, blendender als alle Sterne, hüllte ihn in einer sich aufwärts bewegenden Spirale ein, strahlender noch als das Licht selbst ... Er überließ sich dieser Umarmung der Seligkeit, während eine Stimme zu ihm sagte: „Fürchtest du dich noch, Elia?"

„Nein, ich bin bereit."

„Bis jetzt habe ich dich immer an der Hand geführt, nun musst du den Weg allein weitergehen, aber ich werde stets bei dir sein, bist du bereit?"

„Ja."

Elia drehte sich um und erblickte eine große Zahl von Personen, die ihm folgten. Und dann spielte sich alles ab, wie es vorherbestimmt war: seine Rückkehr, seine Unterhaltung mit Personen, weniger Schmerz, weniger Blut, gallertartige, weißliche Tränen. Gegen Abend kam es mir vor, als sei sein Kopfkissen fast wieder trocken.

Karsamstag

Kaum wieder zurück, hatte ich das Glück, Elia noch einmal dabei zu beobachten, wie er seine gewohnte „Aufladung mit Licht" bekam, die er zu Beginn seiner Passion in regelmäßigen Abständen von zwei bis drei Stunden empfängt. Wenn das geschieht, liegt Elia unbeweglich im Bett und bedeckt die Augen mit seinen Händen, oder er wendet den Kopf mit geschlossenen Augen ab.

„Verflixt, ... es gelingt mir nicht, die Augen offen zu halten ..., dieses Licht macht mich schier blind", murmelte er.

„Nimm die Hände von den Augen weg ... Gib dich dem göttlichen Licht preis, Elia ...", erlaubte ich mir, ihm zuzuflüstern, und er folgte mir. Unmittelbar danach schlief Elia ein und ich nutzte die Zeit, ins Wohnzimmer zu gehen und einige Termine zu verschieben. Plötzlich ein Schrei: „Hilfe, Hilfe, sie ziehen mich an dem Füßen!"

Ich rannte zu ihm. Mit schmerzverzerrtem Gesicht bat Elia mich, seine Decke hochzuziehen. Seine Beine waren gekrümmt und steif wie die einer Ballerina, wenn sie auf den Fußspitzen tanzt. Ich fasste sie an, und sie waren eiskalt und gefühllos. Noch ein Schrei: „Welch ein Schmerz! Sie ziehen mich weg ...“

Und während ich ungeschickt versuchte, ihm mit meinem Körper Deckung zu geben, um ihn vor welcher Wesenheit auch immer zu beschützen, schrie auch ich: „Verschwindet, ... lasst ihn in Ruhe!"

Plötzlich entspannte er sich, fast wie erlöst.

„Ich fühle mich viel leichter", sagte er mir, auch wenn sein Gesicht noch immer denselben Ausdruck von Schmerz hatte.

Es war 10.10 Uhr, und draußen brach ein Inferno los. Ein heftiger Eishagel ging über der Stadt nieder, während der Himmel sich so drohend schwarz färbte, als wollte er sich in ewige Nacht hüllen. Die Klingel kündigte mir die Ankunft von Giorgio an, dem Kardiologen. Ich führte ihn auf der Stelle zu Elia, der gerade in diesem Moment wieder einen heftigen und schmerzlichen Muskelkrampf erlitt. Der Arzt verfolgte das Phänomen mit sichtlichem Interesse und mit Professionalität. Er bat mich um eine Nadel, die ich nicht fand. Ich reichte ihm meinen Ohrstecker und Giorgio stach ihm damit wiederholt in die Ferse, danach in den Finger und in den ganzen Fuß. Doch Elia spürte nichts, sondern wiederholte nur immer wieder, es sei ihm kalt.

„Sie haben ihn vom Kreuz gezogen", hörte ich mich sagen, und während Giorgio in Gedanken versunken nickte, verließ er das Zimmer, ging ins Wohnzimmer und ließ sich verstört aufs Sofa fallen. Diese Phänomene waren nicht erklärbar. Dann fasste er sich wieder und sagte zu mir: „Ich empfehle dir, alle blutgetränkten Verbände und Frotteehandtücher aufzuheben ... Sie könnten in Zukunft einmal nützlich sein ...“

Ich aber, die Elia gut kannte, wusste, dass er alles verstecken würde. Als ich Elia dann später darauf ansprach, wollte er natürlich nichts davon wissen.

„Lass mir doch zur Erinnerung wenigstens ein Taschentuch mit deinen Tränen", insistierte ich, „der Doktor hat auch eins mitgenommen."

„Nein", kam seine trockene Antwort, „ich bin doch hier bei euch, das genügt."

Als Giorgio später wieder ins Zimmer kam, untersuchte er ihn noch einmal, setzte sich neben ihn und stellte ihm dann die Frage: „Elia, warum gibt es so viele Übel in der Welt?"

Elia antwortete: „Die Kinder respektieren ihre Eltern nicht mehr, die Eltern respektieren sich gegenseitig nicht, und sie haben keine Ahnung mehr, wie man Kinder erzieht. Die Familien zerbröckeln, ... man ist unfähig zu verstehen, was Liebe wirklich bedeutet. Doch Gott will das Böse nicht, ... es ist die Welt, die es erschafft, durch ihre Gier und ihren Machthunger ... Kriege brechen aus im Namen Gottes, doch Gott bejaht so etwas nicht ... Wer sich seine ,Lorbeeren' nicht verdient, wer zur Führung nicht taugt, wird sich durch seine eigenen Taten selbst bestrafen. Niemand kann ohne den Willen Gottes an die Macht kommen ... Die Kirche muss sich vereinigen ..."

Das schöne Gespräch weitete sich in noch umfassendere und universellere Themenbereiche aus, die mich Elia aber überraschenderweise aus dem Text streichen ließ ...

„Über diese Dinge wirst du in deinem nächsten Buch berichten ..."

Dann wischte Giorgio ihm eine rosarote Träne ab und verließ uns. Es war 11.00 Uhr. Gegen Mittag würde auch ich mich gemäß seiner Anweisung auf den Weg machen. Von dieser Stunde an würden ihm seine Engel beistehen und ihm dabei helfen, wieder zum Leben zu erwachen.

„Komm um vier zurück", bat er mich, als ich ging.

Ich würde ihm die erste warme Brühe zu trinken geben, nach vierzig Tagen Fasten. Er wird zehn Kilo verloren haben ... Hoffen wir, dass er sich schnell wieder erholt ...

16.00 Uhr

Fünf Minuten zu früh und mit dem Herzen in Hochspannung lief ich im Eiltempo die Treppen hoch und klopfte. Niemand antwortete. Ich trat ein.

„Eliiiaaa!"

Stille. Ich ging in Richtung Schlafzimmer. Ich sah, dass das Bett gemacht war, Bad, Küche, Wohnzimmer waren perfekt aufgeräumt, nur er war nicht da. Für einen Augenblick geriet ich in Panik. Plötzlich ging die Eingangstür auf und er erschien, strahlend wie nie zuvor, lächelnd und taufrisch wie eine Rose. Er schien wahrhaft wieder auferstanden zu sein. Ich brachte kein Wort heraus.

„He, ... so begrüßt du mich also?"

„Wie geht es dir?", stammelte ich.

„Bestens, und dir?"

„Wo bist du gewesen?"

„Ich habe den Mülleimer geleert."

Mein Blick fiel auf seine Handgelenke, gezeichnet von zwei kleinen, rostroten Krusten. Ich blickte auf seine nackten Füße, und auch auf den beiden Fußrücken stachen zwei senkrechte Schnitte von rosaroter Farbe hervor. Elia holte Luft und schob das Hemd hoch. Auf dem Brustkorb befand sich eine lange Narbe, die vollständig verheilt war, eingebettet in ein umfangreich gerötetes Hautareal. Dann schob er die kleine Schublade des Schränkchens im Vorzimmer auf und zog ein Taschentuch daraus hervor, getränkt mit seinem duftenden Blutserum, eingewickelt in ein Frotteehandtuch.

„Nimm es", sagte er lächelnd zu mir, „ und da ist auch noch eines für den Herrn Doktor ... Gehen wir?"

„Hast du Hunger?"

„Es ist noch nicht der Moment dafür. Morgen werden wir feiern, ... Wenn du für das Osterfest noch einkaufen musst, komme ich mit dir. Ich habe das Bedürfnis zu laufen ..."

Und während ich daran dachte, dass ich in meinem Kühlschrank noch die letzte Limone liegen hatte, und die letzte Zwiebel von Elias Almosensammlung, hakte ich mich bei ihm ein und nahm ihn mit, wohl wissend, dass ich meinen Engel nur noch für kurze Zeit bei mir haben würde.

Man kann einen strömenden Fluss nicht aufhalten!

NACHWORT

„Es gibt Unaussprechliches – es ist das Mystische." (Ludwig Wittgenstein, Tractatus logico-philosophicus, Proposition 6.522). Und sicherlich ist es einer der Höhepunkte der menschlichen Vernunft, sich der Unendlichkeit aller Dinge bewusst zu sein, „welche sie übersteigen" (Blaise Pascal, Pensés, 466), über sie hinausreichen. Das Absurde wie das Mystische, das Wunder wie das Verrückte oder das paranormale Phänomen mit voreiligen Erklärungen zu transzendieren, ist zu einfach; und die Sache wird noch komplizierter, wenn das Unerklärliche mit Übermacht in den expliziten Bereich des christlichen Glaubens drängt.

Die katholische Kirche ist extrem vorsichtig damit, paranormale Phänomene einem göttlichen oder auf Wunder beruhenden Ursprung zuzuordnen (Erscheinungen, Heilungen usw.), welche eine oder mehrere Personen mit einbeziehen können. Auch in unserem Fall befinden wir uns vor etwas „Merkwürdigem": Elia ist der Mittelpunkt einer manchmal mühsamen Suche von Menschen, die sich Heilung wünschen, ob an Körper oder an Geist spielt eine nur geringe Rolle, wie auch sensationeller Fakten. Elia erlebt ekstatische Augenblicke, aber auch schmerzvolle, welche ich als Theologe nicht beurteilen kann, solange sie stattfinden; in jedem Fall hat er für jeden Menschen ein gutes Wort und macht vielen Mut.

Was seinen Fall für die Katholische Kirche interessant macht, ist, dass er alles Gute auf Gott zurückführt, das viele meinen durch Elia erworben zu haben, und das sieht er im Kontext eines persönlichen Verhaftetseins im christlichen Glauben, so wie dieser Glaube in der Katholischen Kirche gelebt wird. Die Katholische Kirche wird auf den Plan gerufen, gerade wegen des Glaubens, der von Elia klar bejaht wird, und zwar weit mehr, als wegen des Zustroms an Menschen, welche manchmal für ein wenig zu leichtgläubig gehalten werden können, sich zu sehr nach „Brot und Wundern" sehnen.

Die Katholische Kirche sind alle Getauften, die aus den unterschiedlichsten Gründen und bei den verschiedensten Gelegenheiten mit Menschen wie Elia zusammentreffen können, und sich dadurch auf einmal inmitten von etwas „Unerklärlichem" befinden, das sich „zeigt". In der Katholischen Kirche gibt es außerdem ein Amt, das für die christliche Gemeinde die interne Aufgabe wahrnimmt, solche

Geschehnisse zu beurteilen. Wie verhält sich das katholisc
im Hinblick auf solche Phänomene?

Seine Hauptaufgabe ist, die Gläubigen an die Worte Jesu an Tho-
mas zu erinnern: „Selig sind, die nicht sehen und doch glauben" (Joh.
20,29). Der Glaube sollte nicht übernatürlichen Ereignissen entspringen,
auch wenn diese gelegentlich vorkommen und sich in einen besonderen göttlichen Plan einfügen. Daher wird neben der Aufforderung, die rechten Glaubensgrundlagen im täglichen Leben zu suchen, die hauptsächlich auf dem häufigen Hören des Wortes Gottes
und dem Empfang der Sakramente beruhen, zur Vorsicht geraten,
da übernatürliche Geschehnisse nicht unbedingt einen göttlichen
Ursprung haben müssen. Der Aufforderung zur Vorsicht muss auch
die zur Geduld beigefügt werden: Denn tatsächlich kann kein end-
gültiges Urteil gefällt werden, solange ein Ereignis noch im Gang
ist. Aus dem Grund werden auch die Heiligen erst nach ihrem Tod
als solche anerkannt. In der Zwischenzeit sammelt man Daten, bemüht sich um Verständnis, macht Erfahrungen.

Das Buch von Fiorella Turolli darf als ein Beitrag in dieser Richtung verstanden werden, doch ihr eigenes Erstaunen sollte den ge-
wissenhaften Leser nicht dazu verführen, voreilige Schlüsse zu ziehen. Fiorella ist eine wertvolle Zeugin einiger recht bedeutender
Geschehnisse, und ihr Buch ist eine kostbare Erzählung. Mit der
einzigen Auflage, sich nicht zu sehr von Fiorella Turollis Gefühlen
davontragen zu lassen, der es mit ihrem einfachen und unmittelba-
ren Stil gelingt, das Thema gut herüberzubringen.

Eine letzte Warnung: An Frau Turolli wird nicht der Anspruch
gewissenhafter theologischer Gründlichkeit gestellt, sie ist Unter-
nehmerin und keine Theologin! Was man ihr hoch anrechnen muss,
ist ihr Wunsch, Zeugnis davon zu geben, was sie mit eigenen Augen
erlebt hat, und dass sie die Mühe auf sich nahm, fremde Zeugnisse
im Hinblick auf die Begebenheiten zusammenzutragen, die Elia zum
Protagonisten haben.

Don Angelo Pellegrini

Dozent für Theologie an der Theologischen Fakultät von Mittelita-
lien (Florenz)
Dozent für Philosophie des Mittelalters und der Renaissance an der
Päpstlichen Universität Gregoriana (Rom)

Der zweite Band von Fra Elia in deutscher Sprache ist in Vorbereitung.

Der Folgeband „Das Mysterium des Lichts", eine neue und unglaubliche Reise durch das außergewöhnliche Leben des Fra Elia von den Aposteln Gottes. Ebenfalls von Fiorella Turolli ein spannender, erschütternder und anrührender Bericht mit neuen, einmaligen Farbfotos.

Ingrid Malzahn

Pater Pio
von Pietrelcina

Wunder, Heilungen und von der Kraft des Gebets

GRASMÜCK

gebunden, 136 Seiten
16 s/w-Abbildungen
€ (D) 14,90/sFr 25,80
ISBN 3-931723-12-7

Ingrid Malzahn

Pater Pio von Pietrelcina
Wunder, Heilungen und von der Kraft des Gebets

Aus aller Welt strömten sie zu ihm: Pater Pio von Pietrelcina, der demütige Mönch, der die fünf Wundmale Christi trug, der an zwei Orten gleichzeitig wahrgenommen wurde und der in die Seelen der Menschen schaute wie durch ein offenes Fenster.

Durch seine Fürbitten ereigneten sich zahllose Wunder, es kam zu spontanen Heilungen von Krankheiten, bei denen ärztliche Kunst versagte, und viele unerklärliche Vorkommnisse trugen dazu bei, dass unzählige Menschen zum Glauben an Gott und an einen Sinn ihres Lebens und Leidens zurückfanden.

Als Pater Pio am 23. September 1968 starb, hinterließ er das Versprechen, dass er auch aus der jenseitigen Welt zum Wohle der Menschheit weiterwirken wolle.

Und so kommt es auch heute noch – mehr als dreißig Jahre nach seinem Tod – überall auf der Welt zu Wundern, Heilungen, unerklärlichen Begebenheiten und „Begegnungen" mit dem im Juni 2002 heilig gesprochenen Pater Pio...

„Bleib frohen Mutes.
Derjenige, der deine Wunden öffnet,
weiß auch, wie man sie wieder schließt und heilt.
Und das ist wunderbar." *(Pater Pio)*

Das wohl schlagkräftigste Beispiel von Pater Pios Fähigkeit, unheilbar Kranken durch seine Gebete zu helfen, ist der Fall der bereits erwähnten Polin Frau Dr. Wanda Poltawska. Ihre durch zwei handgeschriebene Briefe von Papst Johannes Paul II. belegte Heilung von Magenkrebs trug ganz wesentlich zu der Zustimmung der Kurie bei, den stigmatisierten Kapuzinermönch selig zu sprechen. Am 11. Oktober 1962, als Karol Wojtyla noch Kapitularbischof von Krakau war, reiste er zusammen mit 24 polnischen Bischöfen und Kardinal Wyszynsky nach Rom, um an dem von Papst Johannes XXIII. einberufenen Zweiten Vatikanischen Konzil teilzunehmen. Die Delegation bezog Quartier im Polnischen Kolleg auf dem Aventin-Hügel. Dort erreichte Wojtyla die Nachricht, dass die Ärzte bei der Frau seines langjährigen engen Freundes, des Philosophen Andreji Poltawska, einen bösartigen Tumor diagnostiziert hätten, mit sehr schlechter Prognose. Wojtyla schnitt die Nachricht ins Herz; war ihm, der seine eigenen Eltern schon früh verloren hatte, doch die Familie Poltawska mit ihren vier Kindern seit langem zur eigenen Familie geworden. Seit seiner frühesten Kindheit war er mit dem Ehepaar eng befreundet gewesen, und der geistige Austausch mit der Ärztin und Psychiaterin über Familienplanung und gemeinsame christliche Ziele hatten ihre Freundschaft in den kalten Tagen des Kommunismus besonders wertvoll gemacht. Darum betete er jetzt inbrünstig zu Gott um Gnade für die Ärztin, die schon in ihrer Jugend im Konzentrationslager Ravensbrück fünf Jahre lang inhaftiert gewesen war und im "Hospitalblock", in dem die Nazis brutale Versuche an Gefangenen vornahmen, viel durchgemacht hatte. Als ihn aber ein paar Wochen später die Mitteilung erschütterte, dass Frau Poltawska wegen ihres schlechten Zustandes in ein Krankenhaus eingeliefert werden musste, und die Ärzte ihr höchstens noch eineinhalb Jahre zu leben gaben, erinnerte Wojtyla sich plötzlich an Pater Pio, den er 1947, als junger Priester während seiner Studienzeit in Rom, in seinem Bergkloster in Gargano besucht hatte. Nach einem intensiven Gedankenaustausch hatte er den Stigmatisierten damals zutiefst beeindruckt verlassen.

Am 17. November 1962 schrieb Wojtyla Pater Pio einen in Latein abgefassten Brief, mit der Bitte, für die Genesung der lebensgefährlich an Krebs erkrankten 40-jährigen Ärztin Wanda Poltawska, die Mutter von vier Kindern, zu beten. Als Kurier wurde dieser Brief Kommendatore Angelo Battisti anvertraut, einem hohen Beamten im Vatikan, der im November 1957 von Pater Pio zum Verwalter seiner Klinik berufen worden war. Als sein gewissenhafter geistlicher Sohn und guter Freund hatte er jederzeit Zutritt zu ihm. Nachdem Battisti auf Pater Pios Wunsch ihm Karol Wojtylas Brief vorgelesen hatte, sagte er: "Oh, den können wir wirklich nicht zurückweisen." Battisti wunderte sich; niemand im Vatikan hatte je Besonderes von diesem Bischof aus Polen gehört! Wenig später begab er sich in die Kapelle, um für die Kranke zu beten. Bereits am 28. November schickte Wojtyla erneut einen Brief an Pater Pio, in dem er ihm im Namen Gottes, und im Namen der Familie Poltawska, für die wunderbare Heilung der polnischen Ärztin dankte. Denn am 21. November, als die Chirurgen bei der letzten Untersuchung feststellen wollten, ob in dem fortgeschrittenen Stadium von Krebs die geplante Operation überhaupt noch sinnvoll sei, konnten die erstaunten Chirurgen bei der Patientin keine Spur mehr von dem Tumor finden. Das Wunder der spontanen Zurückbildung hatte sich also direkt vor den Augen der behandelnden Kliniker vollzogen. .....